JN410646

서지학용어사전

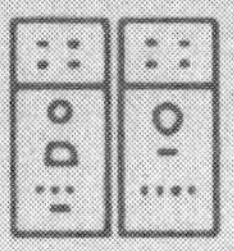

서지학 용어사전

김연경 지음

BIBLIOGRAPHIC

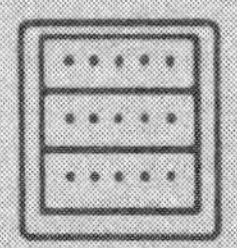

GLOSSARY

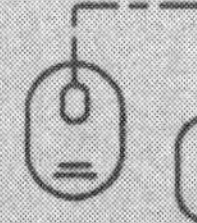

추천사

최근 급격한 과학기술 혁신을 통한 산업 사회의 구조변화와 더불어 이 사회는 정보화 사회로 진입하고 있다. 정보화 사회는 정보를 물질, 에너지에 이은 제3의 자원으로 인식하면서, 자원을 대량으로 소비하면서 재화나 서비스를 생산하는 산업을 대신하여 정보를 생산, 가공 및 유통이 물질적 생산 활동 이상으로 가치를 지니는 사회를 말한다.

도서관은 사회의 창조물인 것이다. 정보자료의 유통을 담당하고 있는 도서관의 사회적 기능은 이제 이 사회의 생존과 발전에 직접적인 관련을 맺고 있는 것이다. 이와 같은 시대적 요구에 부응하기 위해서는 도서관과 관련된 문헌정보학의 학문적, 응용적 뒷받침이 실무에 반영되지 않으면 안된다.

이러한 시점에서 본서는 문헌정보학과의 서지학용어사전으로 관심 있는 학생과 교수, 실무자, 연구자에게 크게 도움이 될 수 있는 자료라고 확신하며 이 책을 추천하는 바이다.

2025년 9월

중앙대학교 문헌정보학과 교수

문학박사 남 태 우

머리말

과학기술이 발전하면서 등장한 컴퓨터는 많은 분야에 영향을 미치고 있다. 현대에 이르러 컴퓨터는 모든 분야에 이용되고 있다고 해도 과언이 아닐 것이다. 각종 산업과 교통, 통신, 교육, 학문연구, 경제, 경영, 행정 등 다각적인 면에서 이용되고 있는 실정이다.

스피드시대에 살면서 서울에 모모 대학 교수의 경제학원론 머리말에서 예전에는 "쉬운 것도 어려운 말로 가르치는 것"이 잘하는 것이라고 하였으나 "현대 사회는 어려운 것도 알기 쉽게 풀어서 가르치는 것이 잘 가르치는 것"이라고 하여 서지학용어에 관심을 가지게 되었다.

대학도서관에 근무하며 관계 자료를 수집하면서 서지학용어를 알기 쉽게 풀어 보고자 한 것이 집필계기가 되었다. "지혜 있는 자는 듣고 학식이 더할 것이요, 명철한 자는 지략을 얻을 것이라(잠언 1장 5절)".

이 책은 우리나라 문헌정보학에서 서지학 발전을 연구하는 학생이나 교수, 도서관과 서지관계 실무자에게 조금이라도 도움이 되고자 하며, 이 책을 바탕으로 더욱 체계 있고 깊은 연구서가 나오기를 기원한다.

그동안 지도 편달해 주신 김중권, 안태경, 이종엽, 홍정표, 김영안, 이의현 박사님께 감사의 말씀을 드린다.

언제라도 신념과 용기를 주는 박영수, 나창훈, 임현, 김은옥, 김진경, 권성상, 유춘섭, 김이현 선생님께 감사의 말씀을 드린다.

2025년 9월

김연경 축원기도 합니다

목차

부록

ㄱ

가각본(家刻本) | ① 저자(著者)가 자가(自家)에서 스스로 새긴 책. ② 관리나 학자가 개인적으로 출판한 사간본(私刊本). 사가판(私家版).

가독성(可讀性) legibility, readability | 문자의 가독 용이도. 그 문자를 볼 수 있는가 하는 것과, 판독할 수 있는가의 여부는 별개의 문제임. ①레저빌리티(legibility)글자 한 자 한 자에 대한 가독성을 뜻하는 것. ②리더빌리티(readability)좀더 포괄적으로 문장적·디자인적인 면에서의 가독성을 의미한다.

가드 북 카탈로그 guard book catalog | 제본된 책이나 가제식 책 페이지에 개별 서지기록을 포함 한 슬립(slip)을 붙여서 만든 카탈로그. 대개는 몇 항만 기록하고 나머지는 후에 기입하도록 공간을 남겨 두고 있다.

가상선 mean line | 인쇄에 있어서 X자 높이의 문자와 같이 모든 문자의 상단을 따라 그어지는 가상선이다.

가서(家書) | 조상으로부터 물려받아 가장(家藏)하고 있는 책이다.

가숙본(家塾本) | 개인이 설립한 글방(私塾)에서 간행한 사각본(私刻本)이다.

가제본(假製本) interior binding | 일시적인 필요에 따라 간단하게 제본한 것. 즉 번호가 완결되지 않은 정간서(定刊書) 등을 완결할 때까지 잠시 이용하거나 또는 분산(分散)을 방지할 목적으로 하는 임시적인 제본을 말한다.

가제식 제본(加除式 製本) loose leaf binding | 원하는 위치에 필요한 페

이지를 삽입하거나 삭제하는 것이 자유로운 제본방식이다. 공책·법령집·삽입 삭제 장부 등.

가제식 출판물(加除式 出版物) | 법령집과 같이 내용의 일부가 개정되는 일이 많은 출판물을 위해 철하여 넣는 방식으로 해서 변경에 따라 그 부분만을 가제(加除)를 자유롭게 한 것이다.

각본(脚本) drama | 공연·방송·영화 등에 사용하기 위하여 작성된 저작물(著作物)을 말함.

각색(脚色) dramatization | 소설 등 비연극적 작품을 극화하는 것을 말함. 저작재산권에 포함되는 권리의 하나로서, 저작자는 그 저작물을 각색하여 2차적 저작물로 작성할 권리를 갖기 때문에, 타인(他人)이 저작물을 각색할 때는 원작품의 저작재산권자의 허락을 받아야 한다.

각색료(脚色料) | 원작을 각색할 때에 각본가에 대하여 지불되는 개런티를 말함. 각본이 원작(原作)에 어느 정도 의존하여 제작되는가, 즉 각본가의 오리지널 부분이 어느 정도 더해졌는가에 따라 각색료 지불방식이 다르다.

각서(刻書) block book | 판본(板本) 또는 목활자 등 조각(彫刻)한 판으로서 인쇄한 도서, 자필본(自筆本), 사본(寫本), 고사본, 모사본(模寫本)에 대한 호칭임. 각본(刻本)이라고도 한다.

각서(覺書) memorandum | 주로 사실 또는 논점을 기술하는 경우에 쓰이며, 협상이나 회의에서 상대방에게 논지(論旨)를 전달하는 경우에 쓰이는 형식. 3인칭을 사용 하는 게 보통이다. 수신인 이름도 서명도 쓰지 않으며, 영어나 불어로 쓰는게 원칙이다.

각수(刻手) | 조각을 직업으로 하는 사람.

각자장(刻字匠) engraving | 글자를 새기는 사람이다. 문자 도안 등을 한다.

각주(脚註) foot note | 본문의 설명이나 인용 등을 표시한 주해이다. 본문의 하단에 설명을 가한 인용, 전거 등을 표시한 주, 번호, 문자, 기호로

써 본문 중의 해당개소(該當個所)와 관련되어 있다.

각판(刻版) printing block ｜ ①판각하는 데 쓰는 널조각. ②판각(板刻)이다.

각판본(刻版本) book printed from a block ｜ 서화(書畫)따위를 목판(木版)에 새겨서 인쇄한 책. 판각본(板刻本). 각판(刻版).

각형본(角形本) square ｜ 도서표지의 높이 3/4 이상 가로가 더 크고, 세로가 더 작은 도서이다.

간각본(刊刻本) ｜ 글씨나 그림을 새기어 만든 책이다.

간격문자(間隔文字) space character ｜ 인쇄되지 않은 도형문자로서 말과 말을 주고받기 위하여 사용된 그림문자이다.

간경도감(刊經都監) ｜ 조선 세조2년에, 불경을 언해(諺解)해서 간행하기 위하여 설치한 기관.

간경도감본(刊經都監本) ｜ 조선 세조~성종 연간에 간경도감에서 간행한 책이다.

간기(刊記) colophon ｜ 주로 동양서(東洋書)의 마지막 페이지에 인쇄되어 있는 것으로, 간행물의 뒤 면에 간행과 목판본의 간행사항을 적은 기록.

간략초록 skeleton abstract ｜ 정보검색을 하는데 있어서 기계로 입력처리하기에 알맞도록 간략하게 줄인 초록이다.

간략판(簡略版) abridged document ｜ 원저작물(原著作物)의 본질을 이루는 특징과 내용을 유지하면서, 그 저작물을 짧게 개편한 도서이다.

간별 간도(刊別 刊度) frequency ｜ 간행빈도. 연속간행물에서 발행주기를 말하며, 주간, 월간, 계간, 연간 등이 있다.

간본(刊本) ｜ 목판본과 활자본을 통틀어 이르는 말이다. 간행본(刊行本), 인본(印本), 판본(版본).

간인(刊印) printing ｜ 출판물을 인쇄

함이다.

간인기(刊印記) | 간인기는 간기(刊記)와 인기(印記). 간기는 목판본의 간행사항을 적은 기록이며, 인기는 활자본(活字本)의 인출 또는 이미 새겨진 책판(冊板) 또는 경판(經板)에서, 단순히 인출해낸 인출사항을 적은 기록이다.

간인본(刊印本) printing book | 목판에 글자와 그림 등을 새겨서 찍어낸 책이다. 동의어 각인본(刻印本) 침인본(鋟印本) 누인본(鏤印本) 조인본(雕印本) 등이다.

간자(間字) | 실록(實錄),국조보감(國朝寶鑑), 상소(上疏) 등에서 임금에 대한 존경을 표시하기 위해 문장 중 한 자를 비워 둔 것을 공격(空隔)이라 한다.

간지 lining paper | 접어서 맨 책의 종이가 얇아서 힘이 없을 때, 그 접은 각장의 사이에 넣어 받치는 종이로 속장이라고도 한다. 표지와 표제지 사이의 백지를 간지라고 한다.

간찰(簡札) | 간지(簡紙)에 쓴 편지.

간책(簡冊) | 옛날에 종이 대용으로 문자를 쓰던 죽간(竹簡), 목독(目讀).

간체자(簡體字) 또는 간자체(簡字體) | 글자 획수를 줄여 간략하게 쓴 한자(漢字). 속자(俗字) 약자(略字)의 일종으로 현재 중국대륙에서 표준으로 쓰고 있는 자체(字體). 간화자(簡化字), 간자체(簡字体).

간판본(刊板本) 간각본(刊刻本) 각판본(刻板本) | → 목판본을 보라

간행자 미상 sine nominee | 라틴어에서 유래된 것으로 without a man의 뜻이다.

간행지 미상 sine loco | without a place의 뜻으로 라틴어에서 유래된 것이다.

감본(監本) | 송(宋)과 명(明)의 국자감(國子監)에서 새긴 것을 말함. 남감본(南監本)은 명나라 때에 남경(南京)에 있는 국자감에 각본(刻本)을 말하며, 북감본(北監本)은 명나라 때 북

경(北京)에 있는 국자감의 각본(刻本)이다.

감식(鑑識) discernment | 사물의 가치나 진위 등을 감정하여 식별함.

감압지(感壓紙) | 필기할 때에 압력에 의해 복사를 뜨는 종이. 이것은 종이 표면에 무색의 색소를 갭슐에 넣어 도포(塗布)한 것으로, 압력에 의해 캡슐이 부서지면 발생하도록 된 방식임. 무색카본지, 화이트카본지라고도 한다.

감영판(監營版) | 지방 감영에서 각간(刻刊)한 판본이다. 글씨나 그림 등을 새기어 간행하다.

감지(紺紙) | 감지는 진한 청색이 나는 종이를 말하며, 쪽풀에서 채취한 염료를 물들인 것이다.

갑인자(甲寅字) | 세종16년(1434)에 가늘고 빽빽하여 보기 어려운 경자자의 단점을 보완하여 경연 소장의 효순사실(孝順事實), 위선음즐(爲善陰騭), 논어(論語) 등을 자본으로 이천의 감독아래 장영실과 이순지 등이 주조한 동활자이다.

개간본(開刊本) | 처음으로 신문·책 따위를 간행하다.

개고(改稿) | 정정원고. 앞서 보낸 원고를 정정하는 경우를 말함. 개고(改稿)에는 전면적개고, 짜넣기정정(組入訂正), 상감(象嵌)정정 등이 있다.

개더링 gathering | 도서를 제작하기 위하여 여러 부분을 바른 순서대로 조립하고 배열하는 과정이다.

개인저자(個人著者) | ①personal author 저작물의 지적 예술적 창조에 주된 책임을 지닌 사람. ②personal authorship 책의 내용이나 표현양식이 완전히 한 개인의 책임아래 이루어졌고, 개인의 능력범위 내에서 이루어진 저작물의 저자이다.

개인집서(個人集書) private collection | ①학자, 문인, 또는 집서가 소유하고 있는 개인 집서를 개인도서실로 개방한 것. ②도서관에 기증, 기탁한 개인 집서이다.

개작(改作) adaptation | 원래의 의도와는 다른 목적이나 이용을 위하여 저작물을 수정하는 것이다.

개작권(改作權) right of adaptation | 개작(改作)이라 함은 새로운 저작물이 될 수 있을 정도로 기존저작물에 수정·증감을 가하거나 변형, 복제하는 것을 말하며 개작할 수 있는 권리를 개작권이라 한다.

개작서(改作書)1 epitome | 개간서(概刊書), 특히 고전(古典)의 내용을 시대에 적응하도록 개작한 도서, 또는 내용의 변혁과 보충(補充)을 한 책. 또는 단지(單只), 문자, 문장(文章)만을 개작 발표하는 것을 말한다.

개작서(改作書)2 adaptation | ① adaptation 특별한 목적에 의하여 부분적 혹은 전체적으로 다시 쓰거나 편집한 책. 예)성인용 도서를 아동용 도서로 개작하는 경우. 원본과 다른 형식으로 다시 쓴 책. 예)소설을 각본으로 개작한 경우. ②remodelled book 원저작물의 주제(의미)를 상실하지 않고 개작한 도서.

개정(改訂) revision | 저작자가 공표된 자기의 저작물을 부분적으로 개조하는 것으로서, 저작권법에서 말하는 수정증감과 같은 뜻임. 내용이 변경되는 서술·표현을 뜻하고 오자(誤字), 오식(誤植)을 수정하는 경우에는 개정이라 하지 않음.

개정본(改訂本) recension | 구고(舊稿)를 재편집하거나 교정(校訂) 또는 교정(校正)하여 발간한 도서를 말한다.

개정판(改訂版)1 expurgated edition | ①expurgated edition 여러 가지 이유로 인하여 이의가 있을 듯한 부분을 제외시키고 다시 발행한 도서. ②redation 저자가 출판에 부적당한 상태의 저작물을 편집, 개정한 것. 신판(新版).

개정판(改訂版)2 revised edition | 기간서(既刊書)의 내용에 개정(改訂)을 가해 새로 발행하는 판(版). 개정과 동시에 가산(加算)에 의해서 페이지수가 증가될 때에는 증정판(增訂版)이라 할 수 있으며, 또 기간의 내용은 그대로며, 새로 추가 됐을 때는

증보판(增補版)이지 개정판(改訂版)은 아니다. 개정판은 판(版)을 고치는 것이 되므로 그 발행에 앞서 신조(新造), 활판 상징 등의 준비를 해야 한다. 역시 개정판은 초판(初版)에 대해서 2판이 된다.

개판(改版) | 책의 내용을 고치어 다시 출판함. 개정판(改訂版)이다.

개행(改行) | 임금, 스승, 조상, 부처 등에 대한 존경을 표시하기 위하여 글줄을 바꾸는 것. 일본에서는 대두(擡頭): 글을 쓸 때의 예의라 함.

건상본(巾箱本) | 수진본(袖珍本)으로, 권질(卷帙)이 좁고 작아 가지고 다니기에 편하다. 남사(南史)를 보면 "제(齊)나라 형양왕(衡陽王) 균(鈞)이 손수 오경(五經)을 세서(細書)하여 한 권으로 만들어 건상(巾箱) 속에 넣어두어서, 유망(遺忘)에 대비했다. 제왕(諸王)들은 이런 사실을 듣고 서로 경쟁하여 본받아서, 건상오경(巾箱五經)을 만들었다" 했으며 남송서방(南宋書房)에 이르러 결국 각본(刻本)이 적은 것을, 건상본(巾箱本)으로 삼았다. 후에 또 수진본(袖珍本)의 이름이 나온 건 소매 속에 넣을 수 있을 만큼 작기 때문이었다.

걸형본(楬形本) | 방형(方形)의 책을 말하는데, 책의 크기는 4치(寸) 내지 6치(寸) 평방의 것이 많다.

검색(檢索) retrieval | ①문헌 내에 있는 특정 사실이나 정보를 얻기 위한 기술이나 수단. ②문헌을 찾아내거나 소급조사를 하는 것이다.

검색누락 omission of retrieval | 검색시스템에 있어서 적합한 정보 또는 문헌이 검색되지 않은 것이다.

검색장치 retrieval device | 문헌에 필요한 정보를 입수하기 위하여 사용하는 문헌이나 기계로서 초록지, 교재, 도서관 목록, 선별기 전자자료 처리장치 등이 포함된다.

게라교정 galley proof | 책의 면을 짜기 전에 교정용으로 인쇄하는 것이다.

게라쇄(galley刷) | 활판을 1페이지 짜는 일은 얕은 장방형의 쟁반 위에서 하는데, 이 쟁반을 게라(galley)

라 하며, 이 게라에 짜여진 활판을 교정기로 인쇄하여 지정한 대로 자구, 자간, 체제가 짜여져 있는지를 교정하기 위한 인쇄물. 교정쇄이다.

게이트 키퍼 gate keeper | 사회적 사건이 매스미디어를 통해 대중에게 전달되기 전에, 미디어 기업내부의 각 부문에서 취사선택하고, 검열하는 직책 또는 그 기능이다.

견금(絹錦) | ①비단에 그린 글씨와 그림. ②글씨와 그림을 그린 비단의 족자 ↔ 지본(紙本).

견본판(見本版) advance copy | 판매하기 전에 광고 또는 서평용으로 관계기관에 배포하는 도서이다.

견주(肩註) shoulder-note | 페이지 구석이나 상단 바깥 여백에 있는 주(註)석이다.

견출(見出) caption | 본문의 장(章), 절(節), 항목(項目)의 찾기로서 내용의 요점을 문장 앞에 기술한 것이다.

결정판(決定版) definitive edition | 더 이상 수정·증보(增補)할 여지가 없도록 완벽한 것으로 간행하는 출판 또는 그런 출판물.

경국대전(經國大典) | 세조는 조선의 규범을 완성하기 위하여, 정도전의 조선경국전과 하륜의 경제육전(經濟六典)·육전등록(六典謄錄)으로 만든 법전의 결정판이다.

경문(經文) | 불교와 도교 서적이다.

경서(經書) | 유교의 교의(敎義)를 설명한 옛 성현의 책이다.

경영관리(經營管理) business management | 기업에 있어 경영자, 관리자가 담당하는 고유의 기능. 기업이 수행하는 모든 경영활동에 있어 체계적 통일성을 가진 계획적·조직적·통계적인 관점에서 출발하는 사고와 기술을 내용으로 하고 있다. 관리 management 기업 목적의 효과 수행을 위하여 시행되는 사람을 통솔하고 감독한다.

경자자(庚子字) | 세종2년(1420)에 계미자의 단점을 보완하여 주조한

동활자로 뒷모양은 네 면이 있는 추형이었다. 조판은 상하의 변란에서 계선이 분리된 고착식 인판 틀로 개량되어 인쇄의 능률이 향상되어 하루에 20여 지를 인출해 낼 수 있었다.

경장판(慶長版) | 임진왜란 이후 일본은 우리나라에서 동활자 및 활자판본을 다소 가져갔는데, 처음 가져간 동활자로, 고문고경(古文考經)을 인출(印出)하였고, 그 후 이것을 모방하여 목활자 및 동활자를 만들어서 인서(印書)에 사용하기에 이르렀다.

경판(京板)1 | 서울에서 판각(板刻)함, 또 그 각판(刻版)이다.

경판(經板)2 | 불경을 간행하기 위하여 나무나 금속에 새긴 판이다.

경판각(經板閣) | 조선 왕조때 경서(經書)의 각판(刻板)을 보관하던 곳. 교서관(校書館)안에 있다.

경판본(京板本) | 조선시대 서울에서 간행된 목판본을 말한다.

계관시인(桂冠詩人) poet laureate | 영국 국왕이 시인에게 내리는 명예호칭. 이 호칭을 받은 시인은 궁정관(宮廷官)으로 선임되어 국가의 중요 행사를 시로 읊을 수 있다. 시인의 최고 지위이며 현재는 1972년에 임명된 존 베트제만이다.

계량서지학 bibliometrics | 책이나 잡지 기사 등의 주제 문헌의 서지를 수량학적으로 분석함으로써, 문헌을 통한 지식의 배포 및 소통과정 그리고 문헌을 통해 표출되는 지식의 모든 속성과 형태를 연구하는 학문.

계미자(癸未字) | 태종3년(1403) 주자소에서 남송의 촉본 시(詩), 서(書), 좌씨전(左氏傳)을 자본으로 주조한 동활자로 모양은 끝이 둥근 추형(錐形)이었다. 조선에서 처음 주조된 금속활자라 여전히 크기와 모양이 고르지 않고 자획이 일정하지 않으며, 인쇄상태도 깨끗하지 못하였다.

계선(界線) | 본문의 각 줄 사이를 구분하기 위해 있는 선. 괘선(罫線), 계격(界格). 사본에서는 특히 사란(絲欄)이라 한다.

겸백(縑帛) | 비단(명주실로 짠 피륙)에 쓴 글. 또는 그 비단. 이것을 백서(帛書)라고 한다.

고딕체 | 미국의 'Goudy'라는 사람에 의해 창시된 서체(書體)로서 Bold, Bold Face, Goudy Bold Face라고도 불리며 동양(東洋)에 와서 '고딕'이라고 불리게 됨. 본문(本文) 속에서 중요한 부분을 두드러지게 나타내고자 할 때 또는 주의(注意)를 요하는 부분 등을 고딕으로 사용하기도 하며, 크고 작은 타이틀(title)등에도 사용됨. 명조체(明朝體) 다음으로 많이 사용되는 서체(書體)이다.

고려도경(高麗圖經) | 고려시대 자기의 우수성은 서긍(徐兢)의 고려도경(高麗圖經)에 상감청자(象嵌靑磁)이다. 상감(象嵌) 금속·도자기·목재 등의 표면에 무늬를 파고 그 속에 금·은 등을 넣어 채우는 기술, 또는 그 작품이다.

고리제본 ring binding | 금속으로 된 책등(背)에 금속으로 여러 개의 고리를 끼워서 만든 가제식 제본.

고무凸판 | 플라스틱의 일종인데, 열을 가한 성형기(成形機) 위에다 베어크라이트 모형판을 놓고 합성고무판을 겹쳐놓아 압력을 가해서 성형한 뒤, 약품처리를 하고 냉각시켜 표면을 문지르면 실용적인 고무철판이 만들어진다.

고본(稿本) manscript | 사본(寫本), 원고, 필사본(筆寫本)등 손으로 쓴 문서철(文書綴) 또는 도서형태로 된 것. 초고(草稿), 미정고(未定稿)라고도 하며, 이를 책의 형태로 제본한 것. 원고를 그대로 맨 책이다.

고사본(古寫本) | 옛사람의 손으로 된 사본으로 고사본(古紗本)과 같다.

고사촬요(攷事撮要) | 16세기 방각본(坊刻本)민간이 서사(書肆)에서 영리목적으로 찍어, 소백과전서인 고사촬요(攷事撮要)가 있다. 수록된 책판의 수는 총 988개이다. 방각자본(坊刻字本), 방주자본(坊鑄字本).

고사촬요 책판목록(攷事撮要 冊板目錄) | 고사촬요 책판목록은 조선 최고의 책판목록이다. 고사촬요는 명

종9년(1554) 야족당(也足堂) 어숙권(魚叔權)이 편찬한 유서(類書)로, 선비들이 일상생활에서 유의해야 할 공·사 제반사항이 포함되어 있다. 원본은 현재 찾아볼 수 없고, 선조2년(1568)의 을해자본이 현존 최고의 간본으로 알려져 있다.

고서(古書) | ①오래된 옛날의 책. 고서적(古書籍), ②헌책, 고본(古本), ③옛날의 글씨.

고서감정방법(古書鑑定方法) | ① 인쇄방법에 의한 감정: 목판본, 금속활자본 및 목활자본, 목판본의 인출시기, 탁인본. ②서지요소에 의한 감정: 간기, 서문, 발문, 판식, 장서인, 내사기, 책지와 먹, 기타.

고서학(古書學) | 서적학이 아닌 서체학(書體學)으로서, 고문서학의 일부로 서체의 연구에 따라 시대 장소 필자 또는 오류를 판별하는 학문이다.

고서(한적)(古書(漢籍) 동장본(東裝本) 선장본(線裝本) 기준 | 1.한일합방(韓日合邦, 1910)년 이전에 간인 또는 필사된 한국자료
2.신해혁명(辛亥革命, 1911) 이전에 간인 또는 필사된 중국자료
3.명치유신(明治維新, 1868) 이전에 간인 또는 필사된 일본자료

고서(한적) 보존(古書(漢籍) 保存) | 고서실은 폐가제로 운영하고 문헌이용은 담당사서를 통해 가능하게 하며, 가능하면 원본의 이용 빈도를 낮추어야 한다. 담당자가 감독할 수 있는 가시범위 내에서 손상, 절취, 도난, 등의 위험을 사전에 방지해야한다. 원본 사용을 줄이기 위해 많이 이용되는 서적은 영인본을 구입하며, 영인 되지 않은 것은 미리 복사본을 제작하여 이용에 편의를 제공한다.

고서(한적) 보존대책 | ①좀벌레 방지 : 방충제, 살충제(Naphthalene), 연막소독, 에프킬러, 농약, 훈증살충제. ②곰팡이방지 : 산화에틸렌(ethylene oxide)의 진공살균장치법, 훈증법. ③도서관내부 온도 : 16~18 °c, 상대습도 40%~65%.

고서(한적)의 부분 명칭 | ① 광곽(匡郭) : 책의 사주에 그어진 선을 말함. 판광 또는 변란이라고 한다.

② 사주단변(四周單邊) : 사주에 하나의 선
③ 사주쌍변(四周雙邊) : 사주에 두 개의 선
④ 계선(界線) : 본문의 각 줄 사이를 구분하기 위해 있는 선
⑤ 어미(魚尾) : 판심의 양쪽에 물고기꼬리 모양의 것
⑥ 흑구(黑口) : 판심의 중봉 검은 선, 없는 것은 백구
⑦ 판심제(版心題) : 판심에 표시된 제목
⑧ 판심(版心) : 책의 중간이 접히는 부분을 말한다. 또는 판구(版口)라고 한다.
⑨ 권수제(卷首題)/권두제(卷頭題) : 본문의 첫머리에 있는 서명을 말한다. 고서(한적)에 있어서 권수제가 가장 완전한 서명이 되므로 목록기입상 가장 중요시한다.
⑩ 외제(外題)/내제(內題) : 표지에 기재된 서명 또는 내제라고도 한다.

이 판식은 고서의 판종을 감별하는데 매우 중요한 사항이므로 서지기술 할 때에 대개 형태사항이나 주기사항에 기술하고 있다.

고서(한적) KORMARC 기술은 KORMARC 통합서지용을 적용 기술한다.

1) 서지사항과 기술순서 KORMARC
① 서명저자사항 245 ② 판(차)사항 250 ③ 간사(발행)사항 260 ④ 형태사항 300
⑤ 총서사항 4XX ⑥ 주기사항 5XX
⑦ 국제표준도서번호(ISBN) 020

2) 정보원의 우선순위
① 권수제면(卷首題面) ② 표제면(標題面) ③ 이제면(裏題面) ④ 판권기(版權記) ⑤ 간기(刊記), 인기(印記), 사기(寫記), 목기(木記) ⑥ 내사기(內賜記) ⑦ 권미제면(卷尾題面) ⑧ 목록제면(目錄題面) ⑨ 신선눈(進箋文) ⑩ 서문(序文) ⑪ 발문(跋文), 후기(後記) ⑫ 본문, 연보, 행장, 묘지명, 부록 ⑬ 표지앞면 ⑭ 서배(書背) (책등), 판심(版心), 이제면(耳題面), 각종 식어(識語) 등 ⑮ 해당 고서 이외의 참고문헌

3) 서지사항별 으뜸정보원
각 서지사항의 으뜸정보원은 다음과 같다. 으뜸정보원 이외의 부차적인 정보원, 기타 정보원에서 채기한 정보는 각괄호([ ])로 묶어 기술하고, 필요한 경우 그 출처를 주기한다.
① 서명 : 권수제면, 표제면, 표제(제

첨(題簽), 이제면(裏題面), 판심제
② 저자 : 권수제면, 표제면, 이제면(裏題面), 판권기, 진전문(進箋文), 서문, 발문 등
③ 판사항 : 판차-표제면, 판권기
판종 : 간사면(刊寫面), 주자발(鑄字跋), 서문, 발문, 간기, 인기(印記), 사기(寫記), 목기(木記), 간사면(刊寫面)을 감식(鑑識)하여 기재하더라도 각 괄호로 묶지 않음)
④ 간사사항 : 권수제면, 이제면(裏題面), 표제면 등 해당 고서 자체(간사년(刊寫年)을 묘호(廟號)로 바꾸어 기재하더라도 각 괄호로 묶지 않음)
⑤ 형태사항 : 해당 고서 자체
⑥ 총서사항 : 해당 고서 자체
⑦ 주기사항 : 해당 고서 자체 또는 그 밖의 정보원
*영인본은 영인된 자료를 정보원으로 하여 서지사항을 기술한다.

고속사식기(高速寫植機) | 미리 텔레타이프로 원고를 친 종이테이프를 입력하면 빠른 속도로 사진식자를 쳐 내는 능력을 가진 기계이다.

고정지(藁精紙) | 볏짚을 저(楮): 닥나무에 섞어서 만든 종이로, 주로 논이 많은 전라도에서 만들었다.

고주(古註) | 고대의 주석(註釋). 중국에서는 한당(漢唐) 시대의 학자의 주석을 말한다. 송(宋)시대의 것은 신주(新註)라 한다.

고증학(考證學) | 중국 청조(淸朝)에 일어난 학풍으로, 송명(宋明)의 유학자들이 너무, 공리·공론을 일삼았음에 반하여, 문헌에서 확실한 증거를 찾아, 경서(經書)를 설명하려하였다.

고판본(古版本) | ①옛날 목판본의 총칭. ②신판의 책에 대하여 그 이전의 책을 말하며, 고간본(古刊本)과 같다.

골판지(骨板紙) corrugated cardboard | 포장용 판지의 일종으로 파상(波狀)의 단(段)을 넣은, 원지(原紙)를 중심으로 하여, 그 한쪽 또는 양쪽에 라이너원지를 붙여서 만든 것이다.

공백(空白) blank | 데이터 기억매체에서 데이터가 기록되지 않은 부분을 말한다.

공저자(共著者) joint author | 두 사

람 이상이 공동으로 저술한 저작의 저자중의 한 사람이다.

공편서(共編書) joint edited book | 2인 이상이 공동으로 편집한 도서이다.

공편자(共編者) joint editor | 2인 이상의 편저(編著)한 도서의 편자 중 한 사람이다.

관각본(官刻本) | 관부(官府)에서 새긴 책. 송(宋)의 감(監)·원(院)·사(司)·고(庫) 및 주(州)·군(郡)·부(府).현(縣)등과 원(元)이 감(監)·서(署) 및 각로(各路)의 유학(儒學)·서원(書院)·의원(醫院) 등, 명(明)의 남북감(南北監) 및 제번부(諸藩府)등에서 새긴 책들을 말한다.

관리(管理) management | 기업 목적의 효과 수행을 위하여 시행되는 사람을 통솔하고 감독한다.

관보(館報)1 library bulletin | 도서관의 이용안내, 자료소개, 논문기사 등이 수록되는 도서관 발행의 홍보용 연속간행물.

관보(官報)2 official gazette | 정부가 일반 국민에게 널리 알릴 사항을 발행하는 인쇄물.

관제(冠題) us area | 본서명 앞에 기재된 10자 이상의 문구.

관칭(冠稱) us area | 본서명 앞에 기재된 10자 미만의 문구.

관판(官版) | 중앙이나 지방관청에서 간행한 책으로 사판(私版)의 대어(對語)이다.

관판본(官板本) | 관판본은 중앙이나 지방의 관청에서 간행한 책으로 관판(官版), 관간본(官刊本), 관본(官本) 중앙관본, 지방관본으로 구분하기도 하고, 기관명에 따라 비서성본, 대장도감본 등으로 구분하기도 한다.

광곽(匡郭) | 책의 사주에 그어진 선을 말함. 판광(版匡) 또는 변란(邊欄)이라고도 한다.

교감학(校勘學) 또는 교수학(校讐學) → 원문서지학을 보라

괘선(罫線) | 괘(罫) 또는 선(線)의

합칭으로 조판의 구획과 장식에 사용하는 표괘(表罫), 이괘(裏罫), 점괘(點罫), 파괘(波罫)등의 각종이 있다.

교니활자(膠泥活字) | 교니활자는 찰흙에 문자와 숫자, 기호 등을 새기고 구워서 만든 활자로 토활자(土活字)의 일종으로, 송대 경력연간(1041~1048)에 필승(畢昇)에 의하여 발명되었다. 북송의 심괄(沈括)의 몽계필담(夢溪筆談)에 의하면, 필승의 교니활자 제작과 인출의 공정은 교니를 사용해 활자를 만들며, 운(韻)에 따라 배열하고, 사용할 때는 운에 따라 배검(排檢)해서 먹으로 인쇄하는 것이었다. 그러나 안타깝게도 활자나 인본은 전래되지 않는다.

교본(校本)1 | 교정을 다 보아 틀리거나 빠진 글자가 없이 된 책. 교열본(校閱本).

교본(敎本)2 | 교재로 쓰는 책. 교과서(敎科書).

교열(校閱) | 원고와 교정쇄(校正刷)를 대조하면서, 교정함과 동시에 내용의 정오(正誤), 모순 등을 검토심사하는 것이다.

교외지(郊外紙) suburban paper | 도시 수변의 주택지역(bed-town)에서 발행되는 잡지나 신문.

교정(校正)1 proof reading | 활판인쇄에서 오식을 수정하기 위하여 판쇄(版刷)와 원고를 대조하면서 읽는 것. 잘못된 곳이 있으면 보편적으로 인정되는 기호로 표시한다.

교정(校訂)2 recension | 고서를 새로 조사하여 잘못된 곳을 바로 고치는 것. 고서의 복각(複刻)에는 반드시 교정자를 필요로 한다.

교정본(校正本) | 고서의 문장, 어구 등을 후세 사람이 교정하여 출판한 도서. 고전, 고서 등의 문장 어구를 보정(補訂)한 서적이다.

교정쇄(校正刷)1 proo-print | 정상적인 인쇄 전에 찍어낸 그림의 쇄(刷)이다.

교정쇄(校訂刷)2 proofs | 여러 단계의 식자과정에서 발생되는 오식을

검사 수정하기 위하여 전속활자판, 사진필름, 자기테이프나 자기디스크로 찍은 시험쇄. 도서 인쇄과정에는 여러 종류 및 단계의 교정이 있게 된다. 즉 형식에 따라 에러 교정, 페이지 교정, 목적에 따라 저자교정, 작가교정, 하판지 교정, 인쇄교정, 전사지교정 등이 있다.

교정자(校正者) proof reader | 활자 구두점 내용상의 잘못을 찾아 교정지시를 하는 사람이다.

구갑(龜甲) | 기호활자의 하나로 6각형을 반으로 자른 형상의 괄호. 구갑파렌이라고도 한다. [ ].

구결본(口訣本) | ①한문의 한 구절 끝에 다는 토. ②한자의 한 부분을 딴 약호로써 한문 사이에 다는 토. ③한문의 구절 끝에 다는 토를 약호로 나타낸 것. 구결이 붙여진 것을 구결본(口訣本)이라한다.

구문활자(歐文活字) alphabetical type | 알파벳의 활자. 대문자(capital)와 소문자(lowercase)에 숫자나 각종 부호가 부속되어 있다.

구서법(求書法) | 필요로 하는 책을 구하는 방법이다. 구매 필사 복사.

구안자(具眼者) | 사물의 시비나 선악을 판단할 수 있는 견식(見識)이 있는 사람.

구텐베르크 성서 Johann Gensfleisch zum Gutenberg | 서양의 금속활자 인쇄술은 독일의 구텐베르크에서 시작되었다. 서양의 최초 금속활자 인쇄본은 1455년 간행된 '구텐베르크 성서'이다. 우리나라 금속활자 인쇄본은 프랑스 국립도서관 소장 '백운화상초록불조직지심체요절' 1377년(선광7년)간기. 2001년 세계최고 금속활자본으로 인정 유네스코 세계기록유산으로 등재되었다.

구회(口繪) frontispiece | 단행본이나 잡지의 권두(卷頭)에 앞입(押入)되는 사진이나 회화류(繪畫類) 또는 본문의 설명을 보강하기 위해 표제지의 전면에 그려져 있는 도판(圖版)이다.

국가서지(國家書誌) national bibliography | 특정국가에서 출판된 모든 도서와 출판물을 수록한, 서지로서 때로는 특정

시대에 출판된 새로운 출판물이라는, 뜻으로 쓰인다. 또 특정국가에 관한 서지(자국어이든 외국어이든)의 뜻으로, 때로는 자국 내에서 발행되고 자국어로 쓰여진 출판물을 뜻하기도 한다.

국별전기 national biography ∥ 한 국가의 유명인사의 전기를 수록한 자료로서 보통 인명(人名)의 자모순으로 배열되어있다.

국제표준도서번호(ISBN) ∥ International Standard Book Number. 매 도서마다 발행처, 서명, 권호 등을 확인하기 위하여 발행 전에 주어지는 번호이다. 0에서 9까지 10개의 숫자로 되어 있으며, 처음 그룹은 지역을, 나머지 그룹은 발행처와 서명을 나타내며, 마지막 숫자는 체크를 위한 것이다.

국제표준서지기술(ISBD(M)), 단행본 ∥ ①서명저자 ②판(차)사항 ③발행사항 ④형태사항 ⑤총서사항 ⑥주기사항 ⑦국제표준도서번호(ISBN).
☞ 서지기술도 보라

국제표준서지기술(ISBD(S)), 연속간행물 ∥ ①표제서명, 표제변동 ②발행사항 ③형태대조사항 ④현재간행빈도, 이전간행빈도 ⑤권연차사항 ⑥국제연속간행물번호(ISSN).

국제표준연속간행물번호(ISSN) ∥ International Standard Serial Number. 연속간행물을 증명하기 위하여 국제적으로 인정된 코드로서 간결하고, 특이하고 명확하다.

국제표준화기구(國際標準化機構) ISO ∥ International Organization for Standerdization. 지적, 과학적, 기술적, 경제적 각 분야에서의, 협력활동을 목적으로 1947년에 결성되어 본부는 제네바에 두고 있다. 구체적 업무는 ①가맹각국의 국가규격의 조정·통일을 도모할 것. ②가맹각국에서 표준화에 관한 정보교환. ③표준화 문제에 관한 다른 국제기구와 협력을 도모할 것.

궁체(宮體) ∥ 궁중에서 비빈(妃嬪)과 궁녀들의 필체로 독특한 글자체이다.

권(卷) volume ∥ ①tome 권 또는 도서, 특히 무겁고 큰 책. ②volume 연

속간행물의 각 호가 완결된 최소의 단위. 다른 도서와 구분하거나 동일 저작물의 다른 권과 구별하기 위한 것으로 독립된 자체 표제지, 생략표제, 표지서명이 있으며 페이지도 독립하여 부여된 도서이다.

권두(卷頭) | 서적·잡지의 첫 페이지를 뜻함. 주로 잡지에 있어 본문 첫 페이지를 가르키며, 권두언이나 시(詩) 또는 선현(先賢)의 명언 따위를 넣는다.

권두언(卷頭言) | 주로 잡지에 있어 편집자의 말 혹은 사회시평(社會時評)같은 것을 말하며 서적에 있어서의 서문(序文)과 비슷한 것이다.

권두제(卷頭題)/권수제(卷首題) | 본문의 첫머리에 있는 서명을 말한다. 고서(한적)에 있어서 권두제(卷頭題)/권수제(卷首題)는 목록기입상 완전한 서명이 되므로 중요시 한다.

권두화(卷頭畫) | 서적·잡지·교과서 등의 권두에 가까운 부분에 삽입하는 회화, 사진, 도판(圖版) 등을 말한다.

권말제(卷末題) | 책의 본문의 끝에 표시된 제명(題名)을 권말제(卷末題) 또는 권미제(卷尾題)라 한다.

권수(卷數) | ①수권. 수책으로 된 도서의 각 책에 주어진 번호. ②여러 책으로 된 동일 저작의 각 책을 구별하기 위하여, 도서기호 다음에 권수 표시를 한 번호이다.

권수도(卷首圖) | 본문 속에서 다루고 있는 삽도 외에 책머리에 실려 있는 도판을 권수도라 한다. 현대서에도 책머리에 도판을 두는 경우가 흔하지만 고서에도 책머리 한두 장을 권수도로 하는 경우가 있다.

권수제(卷首題)/권두제(卷頭題) | 본문의 첫머리에 있는 서명을 말한다. 고서(한적)에 있어서 권수제(卷首題)/권두제(卷頭題). 이를 외제(外題)와 대칭하여 내제(內題)라고도 함. 목록기입상 완전한 서명이 되므로 중요시 한다.

권자본(卷子本), 권축장(卷軸裝), 권자장(卷子裝) scroll | 필사 또는 간인한 비단이나 종이를 이어 붙여 한

끝에는 둥근 봉축(棒軸), 다른 끝에는 죽심(竹心)을 가늘게 깍아 표지로 덮어싸고 그 중앙에 책끈을 달아 보존할 때 둘둘 말아 두는 것. 장정(裝訂). 권축장(卷軸裝), 권자장(卷子裝) 두루마리. 무구정광대다라니경(無垢淨光大陀羅尼經) 세계최고 목판 권자본이다.

권점(卷點) ① 글을 맺는 끝에 찍는 고리형상의 둥근 점. ②글이 잘된 곳 또는 중요한 곳을 표시하기 위하여 찍는 둥근 점. ③한자(漢字) 옆에 찍힌 사성(四聲)을 표시하는 둥근 점이다.

권축(卷軸) scroll 두루마리 책의 중심의 나무 장치를 권축이라 하며, 불경에서는 경심(經心)이라고도 한다. 일반적으로 목축(木軸), 단축(檀軸), 칠축(漆軸), 귀중한 것은 상아축(象牙軸), 옥축(玉軸), 수정축(水晶軸), 책호축(栅瑚軸), 호박축(琥珀軸), 유리축(瑠璃軸) 등이 있다.

권축장(卷軸裝) 비단과 종이로 만든 권자장(卷子裝)은 기록매체의 맨 끝에 가늘고 둥근 봉축(捧軸)을 붙여 두루마리 방식을 사용하였다.

권표시 volume signature vol.1, 혹은 단순히 1, 기타문자로서 표현된 권수로서 여러 권의 혼합제본 되는 것을 방지하기 위함이다.

궐문(闕文) 문장의 글귀나 글자의 일부가 빠져있는 것. 글자나 글귀가 빠진 문장.

궐필(闕筆) 궐서(闕書) 또는 피서(避暑)라고도 하는데 중국 북송시대의 역대 천왕의 어휘에 해당하는 문자는 그대로 쓰는 것이 허락되지 않고, 문자의 끝획을 일부러 상하게 하거나 다른 동의자(同意者)로 대신하도록 한데서 비롯된 말. 송조(宋朝)와 청조(淸朝)에 심히 행해졌으며, 관판본(官版本)은 방각본(坊刻本)보다도 더 엄중하였다. 이러한 궐필은 책의 간행 연대를 추측할 수 있는 근거가 되기도 한다.

귀갑(龜甲) 거북의 등 껍데기, 문자사용 초기 중국에서 사용하여 기록을 남겼다.

귀속권(歸屬權) 저작자가 저작물에 대하여 저작재산권과는 관계없이 또한 저작재산권의 이전 후에도 그의 저작물에 대하여 저작자임을 주장할 수 있는 권리이다.

귀중도서(貴重圖書), 귀중본(貴重本) precious | 자료의 희귀성이나 역사적 가치가 있는 귀하고 귀중한 도서. 일반 장서와는 별도로 관리함.

규장각(奎章閣) | 조선시대 임금의 어제(御製)에 대한 글과 서화(書畫)·선보(璿譜: 왕실족보) 등을 관리하며, 내각의 서적을 보관하던 관청.

규장각본(奎章閣本) | 규장각에서 간행 또는 소장하였던 도서이다.

규장총목(奎章總目) | 규장총목은 규장각장서에 대한 가장 오래된 목록으로, 정조5년(1781) 서호수(徐浩修)가 열고관(閱古觀)과 개유와(皆有窩)에 소장된 중국본과 서고(西庫)에 소장된 한국본을 정리한 것이다. 조선에서 사분법으로 분류된 최고의 목록으로 해제가 붙어 있다. 현존 목록은 중국본을 수록한 「개유와서목(皆有窩書目)」뿐이다. 「규장총목」의 기술은 서명을 표출하고, 권질(卷帙), 편찬자, 내용해설 등을 기재하고 있다. 배열은 사분법이나, 각부의 유(類)와 속(屬)은 다른 사분법과 많은 차이가 있다. 중국본 목록인 「열고관서목(閱古觀書目)」은 순조29년(1829) 이후에 작성된 것으로 알려져 있다.

그래픽 출판 graphic publishing | 양방향출판 형태와 같은 것인데, 그림, 사진 등 그래픽 화면을 책으로 편집하여 판매하는 형태이다.

그레이 문헌 grey literature | 비공식적으로 발행되었거나 살 수도 없는 반 출판물을 말한다. 따라서 서지 사항을 알기 어렵다.

그레이 스케일 grey literature | 인쇄제판에서 농담(濃淡)의 기준이 되는 차트화된 그림 또는 필름. 보통 완전한 흰색을 10으로 해서 10%씩 단계적으로 구분한다.

그린페이퍼 green paper | 영국 정부부서에서 제의한 정책에 대하여 토의를 촉진시키기 위해 출간한 문서이다.

그림 = 회화(繪畫) = 도화(圖畫)

picture | 회화, 도면, 사진과 같이 평면상에 사물이나 사람을 표현한 것이다.

그림 이야기책 picture storybook | 이야기체로 쓰여진 설명문이 딸린 그림책으로서 어린들의 흥미와 독서능력에 알맞게 꾸며져 있는 책이다.

그림책 picture book | 도서의 내용이 전부 혹은 대부분이 그림으로 표현된 어린이용 도서이다.

극소본 miniature book | 보통 높이가 3인치 이하의 도서로서 작은 용지에 작은 활자로 인쇄된 것이다.

극소판 miniature edition | 가로·세로 10cm 미만의 극히 작은 도서이다.

글로스 gloss | 필사본에 있어서 어구를 설명하는 여백 또는 행간 주기이다.

글자 따 붙이기 방식 tranfer and paste-down letters | 조판소나 사식집에 없는 활자가 필요한 경우에, 투명한 용지에 글자가 미리 인쇄된 것을 필요한 자리에 붙이는 방식.

글자 모양 | 목판본은 글자를 하나하나 따로 새겨서 찍기 때문에 똑같은 글자 모양(字樣)이 없다. 그러나 금속활자본을 정교하게 번각한 번각본의 경우에는 매우 ,비슷한 글자모양이 자주 나타나고, 목활자본을 정교하게 번각한 번각본의 경우에는 매우 비슷한 글자모양이 더러 나타난다. 금속활자본은 동일한 어미자로 만든 활자로 찍은 것은, 글자모양이 똑 같다.

금박(金箔) gold leaf, gold foil | 요즈음은 색박(色箔)으로 불린다. 색박인쇄는 철인(鐵印)을 장치한 부분에 전기(電氣)로 열을 가하여 표지에 지정된 위치에 색박지를 덮고, 압력을 가해 인자(印字)하는 것이다.

금서(禁書) suppression of publication | 정치적, 종교적, 도덕적인 이유 또는 기타의 이유로 국가가 법률로서 도서의 출판·판매·소장·통독(通讀) 등을 금지한 도서이다.

금서목록(禁書目錄) suppression index | 로마 가톨릭교에서 종교상 이유로 일반에게 열람을 금지한 도서

의 목록이다.

금속박인쇄(金屬箔印刷) | 주로 알루미늄 박(箔) 인쇄이다. 두루마리, 낱장 또는 성형(成形)된 상태로 인쇄 가공되어 특수한 잉크를 사용, 그래뷰어(gravure), 凸판, 평판으로 인쇄하게 된다.

금속활자본(金屬活字本) | 금속활자 인쇄술은 우리나라에서 발명되었다. 우리나라는 13세기 초 고려 때 이미 세계 최초 금속활자 인쇄술을 발명하고 실용화에 성공하였다. 프랑스 국립도서관 소장 백운화상초록불조직지심체요절 1377년(선광7년)간기. 2001년 현존하는 세계최고의 금속활자본으로 인정 유네스코 세계기록유산으로 등재되었다. 서양의 금속활자 인쇄물인 독일의 구텐베르크 성서 인쇄본은 1455년 간행되었다.

금속활자(金屬活字) 인쇄술 | 금속활자란 활판인쇄를 하기 위해 녹인 쇠붙이를 주형에 부어 만든 각종 활자를 말한다. 금속활자는 재질에 따라 석(錫)활자, 연(鉛)활자, 동(銅)활자, 철(鐵)활자 등이 있다. 재질이 어떤 것이든 금속성 재료로 만든 것을 총칭하는 것이다.

금양장(金鑲裝) | 책을 오래 사용하면 책장이 마손되고 찢어지며 떨어지게 되는데, 이를 보강하기 위해 접은 책장 속에 그 책장 크기, 또는 그보다 크게 접은 종이를 넣어 책장을 보호하는 것. 친장(襯裝), 활친(活襯), 양친장(鑲襯裝), 포투친(枹套襯).

금자서 chrysography | 금을 개어 그것으로 글을 쓴 도서를 말한다. 우리나라에서는 사경(寫經) 등에서 볼 수 있다.

금지본 prohibited book | 행정, 종교, 풍속 및 기타 이유로 열람이 금지된 도서이다.

급수식(級數式) | 우리나라에서 가장 많이 사용하고 있는 문자규격(文字規格)으로서 컴퓨터 조판과 수동자식(手動子植)에서 사용됨. 0.25㎜를 1급으로 정하여 계산하기가 쉽다. 가장 세밀하고 작은 단위로 되어 있어 문자의 크기를 다양하게 쓸 수 있다.

기계가독데이터파일 machine-readable data file | 데이터 처리시 기계의 사용이 전제가 되도록 코드화된 일단의 정보. 예로서 자기테이프, 펀치카드, 애퍼츄어카드, 디스크 등에 수록된 파일.

기계가독레코드 machine-readable records | 펀치된 종이테이프나 자기테이프, 디스크, 드럼과 같이 매체에 코드형태로 입력된 레코드나, 정보의 내용. 이러한 코드파일 정보는 기계에 의해서만 검색이 가능하다.

기계가독자료 machine-readable material | 기계, 특히 컴퓨터에 의하여 열람기능하게 되는 자료군이다.

기계가독정보 machine-sensible information | 정보검색에 있어서 적절한 기계로 읽을 수 있는 형태의 정보이다.

기계교정 machine proof | 조판이 인쇄기에 올려지고 조판 교정쇄(校正刷)나 페이지 교정쇄를 수정하기 위한 교정쇄로서 인쇄 전에 찍어내는 마지막 교정쇄이다.

기계색인작성 mechanized indexing | 기계에 의한 색인작성 과정으로서 색인, 편집, 분류, 색인카드배열 등이 포함된다.

기계식자 machine composition | 수작업으로 식자하는 것과 구분하여 기계로 식자(植字)하는 것이다.

기네스북 Guinness Book | 영국의 기네스라는 맥주 회사에서 매년 발행하는 세계 최고기록만을 모아 엮은 책. 더블린의 기네스맥주회사에서 매년 발행한다. 1982년에 발행된 기네스북 29판은 23개 국어로 4600만부가 발행되어 그 자체가 세계기록이 되었다.

기념논문집 festive book | 학자나 연구자등의 정년퇴직 회갑 고희 또는 단체의 창립을 기념하기 위하여 간행하는 논문집이다.

기능적 서적(機能的 書籍) function book | 도구(道具)로서의 서적이라고 한다. 에스카르비의 '출판혁명(出版革命)'에서 교육서, 어학서, 기술서 등을 이렇게 부른다.

기록문 records | 기록매체나 특징 및 출전에 관계없이 사실이나 사건을 수록한 모든 기록을 말한다.

기록자료 recorded materials | 교육공학에서 정보가 수록된 자료를 말한다.

기록집 record list | 헌장, 규약 증서 또는 기타 기록을 모은 것이다. 또는 위와 같은 기록의 목록이다.

기서(奇書) | 진본(珍本), 흔히 볼 수 없는 책이다. 내용이 기이한 책이다.

기수면 recto | 도서나 사본의 오른쪽 페이지로서 대개 기수의 페이지 번호가 적힌 곳이다.

기술서지학(記述書誌學) descriptive bibliography | 분석서지학을 통해서 얻은 정보를 사용하여 열거서지학을 통해 제시된 책, 가능한 한 그 문헌에서 가장 이상적인 판본, 즉 선본(善本)의 서지학적 본질을 기술하고 설명하는 것이다. 기술서지학은 실제로는 책의 나열이란 점과 분석서지학이 제공하는 책의 제작 등에 관한 전문적인 기술적 정보를 활용하므로 열거서지학과 분석서지학의 중간에 위치한다고 할 수 있다.

기억(記憶)1 memory | ①계산에 필요한 정보를 저장하는 것. 일반적으로 필요한 정보를 신속히 저장하고, 저장한 정보를 신속히 인출하고, 또한 불필요한 정보를 삭제하는, 특성이 요구된다. ②디지털 컴퓨터를 구성하는 일부분으로 계산에, 필요한 정보를 기억하는 장치이다.

기억2 store | ①정보검색에서 어떤 매체에 실제로 기록된 일련의 모든 기호. ②레코드의 주세가 되는 장서나 정보로서 도서관일 수도 있고 교과서나 초록지와 같은 한권의 출판물일 수도 있다.

기억3 to store | 기억장치나 자기테이프 등의 매체에 데이터를 기억하는 것.

기억용량 memory copacity | 기억장치에 저장하는 정보의 양. 일반적으로 어수, 지수 또는 비트수로 나타낸다.

기입본(記入本) | 저자 혹은 소장자 등에 의해 기입돼 있는 도서로서, 특

히 기입본은 그 도서의 가치를 높이는 자용이 있는 것이 필요하며, 저자가 그 고본(稿本)이나 미간본(未刊本)에 기입하는 것, 저명인이 기입하는 것, 기타 본문에 영향을 미치는 감상, 이설(異說), 보정(補訂) 등의 내용을 갖는 것이다. 때로는 저자가 기입한 수택본(手澤本)과 혼용되어 사용되는 경우가 있다.

기증 presentation ┃ 원저자 또는 출판사에서 저서를 무상으로 주는 것. 저자가 외부로 기증하는 것은, 저자 매수분의 부수 중에서 처리되는 것이 통례이다. 출판사의 기증은 주로 출판한 서적, 잡지의 서평(書評) 기타 선전을 목적으로 한 것이며 신문사, 잡지사 기타 최대의 선전 목적이 달성된다고 인정되는 곳에 보내진다. 우리나라 경우 국립중앙도서관, 문화체육관광부(대한출판문화협회)에 의무적으로 초판일 경우 4부 재판일 경우 2부를 납본해야 한다.

기증도서(寄贈圖書) donated books ┃ 개인 또는 단체에서 무상으로 받은 도서이다.

기증서(寄贈書) deed of gift ┃ 금전에 관계없이 자발적으로 기증임을 서명한 문헌이다.

기증의뢰 gift request ┃ 도서관에서 필요한 자료에 대하여 개인, 관청, 단체 등에 기증을 의뢰하는 것이다.

기탁도서(寄託圖書) deposited book ┃ 장서가 정부기관이나 기타 단체가 일반에게 열람시킬 목적이거나, 또는 보존 불가능할 때 도서관에, 그 관리 이용을 기탁한 도서. 관리자는 불가항력적 손실에 대해 책임을 지지 않는 것이 원칙이다.

기탁장서 deposit collection ┃ 한 출판사나 한 개인으로부터 기탁받은 자료들을 대중이 이용할 수 있도록 도서관에 모아둔 것이다.

기탁장서 deposition collection ┃ 기탁도서관이 수집하거나 기탁된 전체 집서(集書)이다.

기호활자(記號活字) ┃ 문장이나 어귀(語句)를 단락짓거나 또는 생략·강조를 표시하고 혹은 기술(記述)을 대용하기 위해 부호를 활자와 같은 모양으로 주조한 것을 말한다. 단락기호·,·? 괄호기호 ( ) [ ] 「 」이음기호 - / ~ =· 수학기호 + x 화학기호 악보기호 화살표 →

ㄴ

나이스 페이퍼 rice paper | 도서의 구회(口繪)나 초상화(肖像畵) 등의 위에 삽입하는 극히 엷은 종이. 중국지(中國紙 : china paper), 인도지(印度紙 : India paper)와 같다.

낙관(落款) | 서화(書畵)의 필자가 그 화면 안에 자필(自筆)의 증거로서 자신의 이름이나 아호(雅號) 등을 쓴 서명. 낙성관지(落成款識)의 준말이다.

낙장본(落張本) defective | 장수가 빠진 불완전한 도서이다.

낙정(落丁) missing | 책의 일부, 또는 여러장이 누락되어 있는 것으로 당연히 있어야 할 페이지 수가 떨어져 나가 없는 경우. 낙장(落張)과 같은 것이다.

낙질(落帙) lacuna, volume missing | 총서, 전집, 전집등과 같이 여러 권 또는 여러 책으로 이루어진 완질(完帙)에서 권책이 빠져있는 것이다.

난경(難經) | 중국 고대의 한의서(漢醫書). 한의학의 근본이 되는 황제내경(黃帝內經)과 소문영추(素問靈樞) 가운데 가장 중요한 골자만을 추려서 알기쉽게 풀이한 것으로 진(秦)나라의 명의(名醫) 편작(扁鵲)이 지은 것이라 한다.

난외(欄外) | 난미(欄眉), 서미(書眉), 상층(上層), 난각(欄脚), 광곽외(匡郭外)를 난외라 칭한다. 난외의 상층에 있는 것을 난미, 서미, 미상(尾上)이라 칭한다. 두주(頭注)가 있는 책에 있어서는 붕(棚)이라 칭하여 상층이라 한다. 하란외(下欄外)를 난각(欄脚)이라 한다. 좌우의 난외는 좌우의 좌우난외(左右欄外)라 한다.

난외제(欄外題) | 광곽(匡郭) 밖의 좌우 하단에 표시된 제명(題銘).

난외주(欄外註) marginal notes, marginatia | 책의 본문 난외에 짜 넣어지는 주(註)의 총칭으로서 천(天)의 여백에 짜 넣은 것은 두주(頭註), 지(地)의 여백에 횡조(橫組)로 다는 것은 견주(肩註), 책 둘레에 넣은 것은 방주(傍註)이다. 본문하부의 종조(從組)의 주(註)는 주석서, 참고서, 역사, 지리서 등의 책과 같은 특수한 경우에 사용되는 수가 있다. 모든 난외주는 조판(組版)의 증가 또는 페이지 수의 증가를 초래한다.

난외주기 marginal note | 페이지 여백에 손으로 쓰거나 인쇄한 주기나 해설. 페이지 하단에 기록된 것을 각주라 하고, 페이지 상단구석에 기록된 것을 견주라고 한다.

난외표제(欄外標題) running title, caption title | 도서의 전페이지 또는 일부에 인쇄된 표제로서 도서의 각 장(張)의 난외 즉 본문의 상단이나 하단에 게시한 서명 또는 편(編), 장(章)의 제목을 말한다. 보통서명과 각 장의 제목을 홀수와 짝수 항으로 나누어 기재한다.

난정(亂丁) | 페이지 순서가 흩어져 맞지 않는 것이다.

난중일기(亂中日記)/이순신(李舜臣) | 충무공 이순신(李舜臣) 장군이 임진왜란 7년 동안 기록한 일기이다. 국보 76호. 2013년 6월 18일 유네스코 세계기록유산으로 등재되었다.

난판(亂版) | ①동일서 중에 정판(整版)과 활자판으로 박은 것이 혼입되어 진권의 판식이 일정치 않은 판본. ②정판(整版)으로만 박은 것 중에도 각종판본이 섞인 것이다.

남격초본(藍格鈔本) | 계판을 사용하여 짙은 청색(靑色)으로 계선을 찍어낸 종이에 필사한 책.

납본(納本) peposit copy | 신간도서를 발행하였을 때 또는 판권(版權)을 얻으려할 때 법에 의하여 규정된 관청이나 도서관에 납입하는 도서를 말한다. legal deposit라고도 한다.

납본제도(納本制度) deposit system | 법률이 정하는 바에 따라 그 국가에서 새로 출판되는 출판물(도서·소책자·축자간행물·악보·지도) 등을 소정기관에 납입하는 제도이다.

납초본(納草本) | 조선왕조실록의 기본 자료가 되는 원고로서, 사관(史官)이 자기직무 분야에서 보고 들은 바를 기록하여 정본을 춘추관에 올렸다.

낭독(朗讀) recitation | 저작물을 읽어서 공중인(公衆人)에 전달하는 것. 낭독이 저작물로서 저작권법상의 보호를 받는지 여부에 관해서는 설(設)이 나누어져 있으나, 일본의 현행법은 구술(口述)의 어의에 포함시키고 그 위에 실연(實演)에 해당하는 것을 제외한다고 하고 다시금 구술권(口述權)은 저작권으로 인정하고 있기 때문에 낭독에는 실연(實演)으로서 보호되는 것과, 구술로서 보호받는 것이 있다고 할 수 있다.

낭독권(朗讀權) recitation nights | 저작권법상의 용어는 아니나 구술권(口述權)의 동의어로서 통속적으로 쓰이는 용어이다. 즉 언어의 저작물을 공공연히 낭독하는 권리이다. 이 낭독권(朗讀權)은 실연가(實演家)가 행하는 구연(口演) 과는 구별되어야 한다. 예를 들면 시(著作物)를 공중(公衆)의 앞에서 낭독하면 그 시의 저작자의 낭독권이 작용하여 낭독한 자(者)는 실연가로서, 그 낭독에 대해 별도로 보호된다.

낱장붙이기 | 접지가 되지 않는 낱장이나 면지(面紙), 권두화(卷頭畫), 속표지 같은 것은 지질(紙質)이 달라 따로 인쇄를 하는 경우가 많은데, 이 낱말들은 작업이 진행될 때 빠지는 경우가 있어 해당 순서에 미리 풀로 붙이는 것이다.

내교정(內校正) | 인쇄자측(인쇄물 제작자)이 하는 교정으로 내교(內校)라고도 한다.

내비적 저작물(內祕的 著作物) | 일기, 서간과 같이 본래 타인에게 공시하는 것을 목적으로 하지 않은 저작물을 가리키는 저작권법상의 용어이나, 조문으로서의 규정은 없다. 저작물은 공표를 목적으로 저작하는 것이 통례이나, 일기는 자기를 위해 또는

서간(書簡)은 자기와 수신인을 위해 작성되는 것이며, 공표를 목적으로 하지 않는다. 일기와 서간은 내비성(內祕性)을 지니는 것이며, 타인이 보든지 이것을 공표하는 것은 허용되지 않는다고 해석되며, 헌법 또는 통신의 비밀이 보장하고 있다.

내사기(內賜記, 內賜本) | 내사본 면지에 내사년월(內賜年月), 피내사자(被內賜者)의 직함, 성명, 서명 및 건수, 명제사은(命除謝恩)을 기록한 것. 그 끝에는 임금의 명령을 받들어 내사한 승지(承旨) 또는 규장각(奎章閣) 각신(閣臣)이 그 직함과 성명(姓名)을 표시하고 서명(署名)을 한다.

내사본(內賜本) | 임금이 신하에게 내려준 책. 반사본(頒賜本).

내사인(內賜印) | 내사본(內賜本)의 첫 장에 찍힌 보인(寶印). 반사인(頒賜印), 선사지기(宣賜之記), 규장지보(奎章之寶), 동문지보(同文之寶), 흠문지보(欽文之寶) 등이 있다.

내용목차 table of contents | 도서에 기재된 내용의 제목과 수록면수를 부가하여 순서적으로, 배열한 안내서로서 보통은 서문 다음에 개재한다.

내철(內綴) | 포배장(包背裝)과 선장(線裝)에서 서배(書背) 쪽 가까운 부분 양쪽 끝에 송곳으로 각각 두 개씩 구멍을 뚫은 다음 종이끈을 꿰어 조금여유 있게 남기고 끊고 그 끝에 풀칠하여 나무 방망이로 쳐서 책지 위에 밀착시킨 것.

네거티브 negative | ①대상에 대해 밝음과 색의 농담(濃淡)이 반대의 양상을 띠고 있는 것. 음화상(陰畫像). ②그 음화상을 반늘기 위해 사용되는 생 필름. ③필름에 노출은 되었으나 현상처리가 되지 않은 상태. ④현상처리도 완료하여 실제로 음화상으로 완성된 필름이다.

노트용지(note 用紙) note paper | 노트용지는 이름이 노트라고 불리고 있지만 대체적으로 일반 단행본에서 제일 많이 쓰고 있는 용지임. 화학 펄프를 70% 내외의 원료로 하고 그 나머지는 쇄본(碎本)펄프를 사용한다.

노티스 notice | 저작물의 각 복제물

에 저작권에 관계가 있는 일정한 사항을 표시하는 것. 저작권 표시라고도 한다. 미국을 비롯하여 방식주의를 취하는 국가에서는 notice를 저작권 취득의 한 요건으로 하고 있는데, 예를 들면 미국저작권법은 발행저작물의 일체의 복제물(刊行物)에 notice를 붙인 것 또는 copyright(약어, copr.) 또는 ©기호 및 저작권자의 성명과 저작권 취득의 해를 병기(倂記)할 것을 정하고 있다.

노하우 know-how | 기술의 사용 또는 응용방법에 관한 비밀지식 또는 경험을 말한다. 이러한 지식이나 경험은 특히 실용신안(實用新案)등의 공업소유권과 마찬가지로 기술도입 등의 경우에 교섭의 대상이 되는 일이 많다.

녹권자본(錄券字本) | 그동안의 공적을 기리어 축하하는 기록이다.

녹음분 talking book | 음반형태로 된 맹인용 도서이다.

논설(論說) discourse, dissertation | 일반적으로 신문, 잡지에 실은 사설(社說), 컬럼, 서명논문 등 정치, 경제, 사회, 문화 등 시사적인 여러 문제를 포착하여 논한 기사(記事)를 말한다. Agenda-Setting 기능으로서 많은 뉴스 가운데 가장 중요한 아이템을 선정하는 기능으로서 논설·사설을 들 수 있다. 여기에서 선정한다는 것은 주제의 성격 설명 지시 결과의 방향, 즉 여론을 설명해서 지시해 주는 것을 말한다.

논설기사 article | 신문·잡지의 논설기사. 연속간행물 중에 1인 또는 그 이상의 사람에 의하여 쓰여진 논설기사이다.

논픽션 nonfiction | 비소설이라 번역되어 소설(fiction) 이외의 일반도서(一般圖書)를 말함. 기록문학 역사문학 전기(傳記) 수기(手記) 등이 이에 속하며 그 기원은 미국의 베스트셀러의 발표가 주로 소설인데 대해, 도서관측에서 소설 이외의 베스트셀러표(表)를 만드는 것을 제한하고 출판계도 이에 찬성하여 1912년 ≪publishers weekly≫지가 픽션과 논픽션의 2계열로 나누어 베스트셀러 각 10위까지를 발표한데서 시작

되었다. 제1차 세계대전 때문에 1914~1916년은 1계열이 되었으나 1917년에 부활하여 현재에 이르고 있다. 오늘날 오히려 논픽션이 소설보다 대량으로 판매가 되고 있으며, 각 출판사에서도 이것에 힘을 쓰고 있다.

누가본(累加本) cumulated volume | 누가 혼합하여 작성한 목록이나 색인을 내용으로 하는 책을 말한다.

누가색인(累加索引) cumulative index | 개별적으로 발행된 색인을 혼합하여 하나의 순서로 작성한 색인이다.

누적판 cumulative volume | 색인이나 서지의 경우에 먼저 발행된 여러 권이 합하여 한권으로 발행된 것이다.

누판고(鏤版考) | 판목(板木)에 글자와 그림을 새기다.

뉴미디어 new media | 미디어시대를 4개의 기(期)로 나눠보면 ①제1기는 기록·저장·전달을 가능케 한 활자미디어 시대. ②제2기는 거리와 시간 개념을 크게 단축시킨 전파미디어 시대. ③제3기는 화상(畫像)전달을 가능케 한 비디오미디어 시대. ④제4기는 기존 미디어를 복합적으로 활용하는 뉴미디어 시대이다. 뉴미디어는 다채널·쌍방향이 특정인 도시형 CATV 단말기에서 전화회선을 통하여 데이터베이스에 접근(access)하여 필요한 정보를 얻는 새로운 정보전달 수단을 총칭한다.

능라(綾羅) | 두꺼운 비단과 얇은 비단. 능(綾)과 나(羅). 능단(綾段).

능화(菱花) | 표시에 아로 새겨진 문양(紋樣)으로 동양에서는 중국이나 일본과 달리 우리나라에서만 독특하게 발전되었음. 흔히 꽃무늬, 불교의 상징인 만(卍)자 그리고 더 아름답게는 풍경 등을 그려 넣은 것이 있는데, 이 같은 각종의 문양을 목판(木板)에 조각하여 표지에 꿀찌게 같은 것을 바르고 그 위에다 눌러서 색도(色度)없이 압인(壓印)하는 것이다.

ㄷ

다국어 대역판 polyglot edition | 본문을 3개 국어 이상의 대역으로 번역한 도서.

다국어사전(多國語辭典) polyglot dictionary | 3개 국어 이상의 대역사전. bilingual는 2개 국어 대역사전.

다권본(多卷本) multipart item | 다권본은 구성된 물리적인 형태에 따라 단위명칭을 권(volume, roll), 부(part), 책(volume, pamphlets), 장(pieces), 함, 갑(case), 첩(folder), 브로드사이드(broadside), 축(roll), 시트(sheet), 포트폴리오(portfolio) 등을 채기한다.

다미 dummy | ①자료가 대출 등으로 인하여 서가의 정위치를 떠나게 될 때, 그 자리에 대신으로 꽂아두는 나무토막 또는 그 외의 물건을 말하며, 그 뒷면에는 해당도서의 청구번호를 기입한 테이블을 끼우 jensek. ②배열된 목록에서 필요한 카드를 임시 뽑았을 경우, 그 카드 대신 끼워 넣은 카드를 말하며, 뽑아낸 카드의 소재 등을 기입한다. ③어떤 데이터를 저장하기 위한 컴퓨터 레코드이다.

다중매체자료 multimedia | 둘 이상의 상이한 형태의 자료를 포함하고 있는 자료로서, 어느 것도 그 자료를 구성하는 형태 중 우세하다고 말할 수 없는 상태의 자료이다.

단락(段落) paragraph | 단(段), 문단(文段), 절(節)이라고도 하는데, 긴 문장에 끊은 곳 또는 끊어진 부분으로 구획된 소문(小文)을 말한다.

단본(端本) | 책 수가 부족하여 전부가 갖추어지지 못한 책. 비슷한 말로

는 결본(缺本), 영본(零本), 영책(零冊), 결책(缺冊), 결서(缺書), 영편(零編), 단편(斷編) 등이 있다.

단체저자 corporate author | 문헌이 정부 또는 학회 협회나 기관 등과 같은 단체에서 발행되었을 때 이들을 저자로 간주하는 것이다.

단체저작물(團體著作物) | 공사(公私)의 법인(法人), 기타 저작명으로 공표된 저작물. 단체에는 국가 또는 지방 공공단체의 기관, 학교, 협회, 회사, 조합 기타를 포함한다. 법인저작물이라 하는 수도 있으나 반드시 법인격(法人格)을 가진 것에 한하지 않는다.

단체출판물 society publication | 학회, 학술기관 혹은 협회의 후원으로 이들 단체에서 발행한 공식 출판물이다.

단행본 monograph | 하나의 주제나 한 인물에 관한 독립된 논술로서, 내용이 상세하나 정해진 범위를 벗어나지 않고, 통상 많은 참고문헌을 포함한다. 종종 시리즈 형식으로 출판된다. 목록에서는 연속 간행물이 아닌 출판물이다.

대명률(大明律) | 조선시대의 법률은 물론 조선전기의 서지학연구에 소중하다. 조선일보 2025. 3. 12 A18.

대장경(大藏經) | 일체의 불경을 통틀어 모은 책. 경장(經藏)·율장(律藏)·논장(論藏) 등을 모두 모아 놓은 책이다. 개신교에는 성경, 불교에는 불경이 있다.

대장경목록(大藏經目錄) | 재조대장경의 판각목록을 말한다. 재조대장경은 고려 고종24년(1237)부터 동왕38년(1251) 사이에 조조한 것이다. 그 목록은 경판의 점검 함가목록(函架目錄)의 성격을 아울러 지니고 있음이 특징이다.

대장경목판(大藏經木版) | 합천 해인사에 간직된 대장경의 목판이다. 일명 팔만대장경이라 한다. 국보 32호로 2007년 6월 유네스코 세계기록유산으로 등록되었다.

대장목록(大藏目錄) | 초조대장경의 판각목록을 말한다. 고려 현종2년

(1011)에 시작하여 선종4년(1087) 사이에 완성한 것으로 발견되지 않고 있으나, 재조대장경목록인 「대장경목록」 경함(更函)에 들어 있는 대장목록에 의해 내용과 체제를 거의 알 수 있다.

대전체(大篆體) | 주나라의 사주(史籒)가 (역사기록 문서) 고문을 고쳐 만든 전서체(篆書體)=전자(篆字) 도장 새김체이다.

대전회통(大典會通) | 조선시대 고종 2년에 조두순(趙斗淳), 이유원(李裕元) 등에게 명하여 경국대전·속대전·대전통편 등을 수정·보충한 대전회통을 만들어, 이에 세목을 모아 육전조례(六典條例)를 편찬하였다.

대조(對照) collate | ①파손 따위를 조사하여 한 도서의 완전 여부를 가리는 것. ②두 도서가 완전히 일치하는 것인지를 감정하기 위하여 엄밀히 대조하는 것. ③인쇄가 끝난 것을 원고와 대조하는 것.

대출/반납 circulation | 도서 문헌의 대출/반납은 문헌자료의 효율적인 방법으로 유통 관리하는 시스템이다.

대판본(大版本) | 문자가 큰 도서 판이다.

대필자(代筆者) ghost writer | 유명한 사람에 대한 자서전 또는 기사 등을 대별하는 사람이다.

대학출판국(大學出版局) University Press | 1586년에 영국 옥스퍼드 대학에서 처음으로 인쇄소가 설치되어 책 등을 출판한 데서 유래됨. 대학의 1부국(部局)이나 인적(人的)으로서 주로 대학을 위해 출판 활동을 영위하는 것이다.

대형도서배가 large books arrangement | 이절지 또는 특대형 도서를 평면으로 넣을 수 있는 보통규격 이상의 배열 배가이다.

대형판 large paper copy, or edition | 일반 시판책보다 크고 양질의 종이로 인쇄된 도서이다.

대 활자본 large print book | 노인, 아동, 시력이 약한 자를 위하여 큰 활자

를 사용, 읽기 편리하게 한 도서이다.

대흑구(大黑口) | 흑구(黑口)의 선이 굵고 거친 것. 관흑구(寬黑口), 조흑구(粗黑口).

도감(圖鑑) pictorial book | ①자연, 문화현상을 모아 도시한 것. ②그림, 사진을 중심으로 해설한 도서이다.

도기(圖記) | 종(鐘), 정(鼎), 격(鬲) 등의 형(形)을 새긴 목기(木記)의 일종이다.

도랑 ditch | 책의 표지를 열었다가 닫았을 때에 접히는 자리. 도랑은 특히 앞표지의 경우 수없이 접히는 곳이므로, 아주 단단한 자료로 만들어야 할 필요가 있으며, 특별히 가죽으로 하는 책이 있기도 하다.

도서(圖書) 서적(書籍) 전적(典籍) 문헌(文獻) book | 종이, 양피지, 또는 그 밖의 재료위에 인쇄, 필기에 의하여 제작된 책이다.

도서가방 book satchel | 책을 운반하는 가방 손에 들거나 어깨에 메는 것으로서, 중세기에 사용되었다.

도서감정 감별(圖書鑑定)(鑑別) | 고서(한적) 감정은 쉬운 일이 아니다. ① 인쇄방법에 의한 감정: 목판본, 금속활자본, 목활자본, 탁인본. ②서지요소에 의한 감정: 간기, 서문, 발문, 판식, 장서인, 내사기, 책지와 먹, 기타.

도서개발(圖書開發) Book development | 출판관련 제산업(諸産業)에 더하여 도서관이나 독서습관의 보급, 지식문제 등을 포함하여 전체로서 사회개발을 생각하는 것이다.

도서견본시 book fair | 매매나 교환을 목적으로 하는 상업적인 전시회를 말하며 특히, 2차 세계대전 이전부터 Frankfurt와 Leipzig에서 개최된 이래 유명해졌다. Frankfurt 도서 견본시는 근래에 와서 중요한 국제 도서 판매장으로 발전되었다.

도서공동(圖書共同) 선택 cooperative book selection | 자료를 구입하기 전에 중복을 피하기 위해 2개 이상의 도서관이 협의하여 채택하는 선정 방법.

도서관의 발전단계 | ①전통적 도서관, 카드목록 ②전자도서관, OPAC ③디지털도서관, 도서관 포털 ④유비쿼터스 도서관, 개인화, 융합, 지능화 ⑤가상도서관. 개인화, 개별화이다.

도서관의 일상 업무 | ①장서관리 : 자료선택. 입수, 등록, 보존, 이용 ②자료조직 : 분류, 편목, 목록 ③이용자봉사 : 열람, 이용, 대출, 반납 ④참고봉사 : 정보, 상담, 상호대차 등.

도서관 자동화 | ①목록편목, KORMARC 이용 전산화로 수서, 수집, 목록작성, 수정 반입반출 가능하다. ②연속간행물체크인, SISAC 바코드와 스캐너로 읽는다. 관계 결호, 클레임, 제본 등 업무처리 한다. ③대출반납, 전산화로 바코드와 스캐너로 대출 및 반납관계 처리, 자가대출반납기. 무인도서대출반납기. 장서점검기. 연체료결제키오스크 ④참고봉사·상호대차, 전산화로 응용할 수 있다. ⑤일반도서실좌석관리, 전산화로 신분증(이용증)으로 출입관리.
*로봇(Robots) 시대 자동화, 무인화, 개인화, 새로운 인간성계발, 창조적 개발을 하여야 미래에 대처할 수 있을 것이다.

도서삽화 book illustration | 그림이나 삽화로 도서의 본문을 설명하는 것이다.

도서수집 book collecting | 책의 서지적인 면, 역사적인 면, 또는 희귀한 점 등에 관심을 가지고 책을 모으는 것이다.

도서술 book crafts | 도서를 만들어 내는 작업을 말하며, 종이 만드는 것. 인쇄, 도서디자인, 삽화, 제본 등 각종의 기술을 필요로 한다.

도서재킷 book jacket | 도서를 보호하기 위하여 표지를 싼종이 이며, 저자명, 서명, 그리고 추천광고 등이 실려있는 경우도 있다.

도서제작 book production | 도서재료의 선택, 디자인, 삽화, 장정 등 도서의 제작에 관한 기술이다.

도서종이 book paper | 도서 제작용 종이를 말하며, 신문용 종이, 표지종이, 또는 일반 종이와 구별된다.

도서코드 code | 도서관리의 합리화, 신속화를 위하여 개개의 도서에 부여한 컴퓨터 처리상의 고유번호. 같은 책이라도 원가율(매입가)이 달라지면, 코드번호는 달라진다. 전산 슬립에 표시되어, 판매 및 주문관리의 기초자료로 쓰인다.

도서형태 shape | 책의 형태가 정상적이 아님을 표현하는 것으로 폭이 높이보다 크면 횡장체, 폭이 높이의 3/5이하이면 종장체, 폭이 높이의 3/4이상이면 각형본이라고 한다.

도안(圖案) design | 선과 색재의 결합이 물품에 평면적으로 배치되는 것이다.

도안문자(圖案文字) ornamental letter | 구미풍의 장식 디자인에 영향을 받은 문자로서, 문필서체에 대비한 장식적이고 미캐니컬(mechanical)한 서체를 뜻한다.

도자기(陶瓷器) | ①사기그릇·오지그릇·질그릇을 통틀어 이르는 말. ②질흙으로 빚어서 비교적 높은 온도로 구워 낸 그릇이나 건축 재료를 통틀어 이르는 말. 고려청자, 색의 진미, 상감청자(象嵌靑瓷) 자개 장식을 파묻어 무늬를 상감(象嵌)으로 비색(翡色), 세공하여 만든 청자이다. 조선백자, 달 항아리 백색의 미(美)의 향연이다.

도자기 인쇄 | 석판 또는 금속 평판식으로 제판한 것을 특수한 전사지에 도자기용 안료(顔料)로 인쇄하고, 이것을 전사인쇄방법에 의해 도자기의 면에 전사하여 도가니에 넣고 구워 빛깔을 내어 고정시킨 것이다.

도작(盜作) | 타인의 저작물을 전부 또는 일부를 무단으로 자기의 저작물인 양 발표하는 것이다.

도큐멘터 documentor | 데이터 처리방식을 사용하여 프로그램의 순서도, 텍스트, 각종 도표적인 정보를 작성, 유지하기 위하여 설계된 프로그램이다.

도큐멘테이션 decumentation | ①특히 과학기술 분야에서 전문적인 정보를 체계적으로 수집, 처리, 축적, 검색, 보급하는 것. ②어떤 주제에 관

한 문헌의 집합. ③문헌활동, 문헌정보, 문헌조사, 문헌 뿐 아니라 기록물, 시청각 자료 등을 수집 보관, 유통시키는 기술 전체를 말한다.

도큐멘터리 센서 documentation center ┆ 문헌이 수집되면 이들을 처리하여 축적하고, 요약하고 초록 또는 색인하는 곳을 말한다.

도큐멘트 document ┆ 원래는 문서, 논문(論文)을 말하는 것이나, 변하여 중요한 의견이나 사건을 쓴 기록을 의미하게 되었다.

도큐멘트 센터 document center ┆ 도큐멘테이션 센터보다 기능이 작은 기관으로서 특수한 문헌을 선정, 수집, 축적, 검색하는데 국한하고 있다. 초록 및 색인작업 등은 도큐멘테이션 센터에서 실시된다.

도판 plate ┆ ①금속판에 조각하여 본문과는 별도로 인쇄된 그림으로서 한 페이지는 여백으로 남기거나 다른 종이에 인쇄된 것. ②목재, 금속, 동, 니켈, 연으로 만든 판으로서 활자조판의 복제이나 도안을 새긴 것으로 인쇄, 조각에 사용된다. ③인쇄물로부터 전기제판이나 연판을 제조하는 것. ④영미목록규칙, 영국판에서 삽도를 포함하는 페이지이다.

도판본 plates volume ┆ 여러 권으로 발행된 도서 중 본문에 대한 삽도만을 수록한 권으로서 특별히 삽도와 관련없는 내용을 수록하지 않는다.

도판원고(圖版原稿) ┆ 본문 내용의 설명을 보충하기도 하고 흥미를 끌게도 하며, 시각적인 효과를 거두기 위해 삽입되는, 삽화(삽도), 도안, 구조도, 그래프, 지도 및 레터링(lettering, 손문자) 등의 원고이다.

도판차례(圖板次例) lists of illustrations ┆ 사진, 도판, 지도, 표(表) 등이 다수 들어가는 책에서는 이의 검색(檢索)을 위해 별개의 차례를 '도판차례' '지도차례' 등의 제목을 붙여 원차례(原次例) 다음에 심는다.

도표(圖表)1 diagram ┆ 어떤 일의 절차, 공정 또는 논리구성을 도형화한 것이다.

도표(圖表)2 figure | 본문 중의 삽화, 지도, 차아트, 그래프 등을 말하며 아라비아 숫자로 계속된 번호를 매긴다.

도필(刀筆) | ①중국에서 종이가 발명되기 전에 대나무에 문자를 새기는데 사용한 칼. ②문서의 기록 또는 그 기록을 맡았던 관원이다.

도해지도 pictorical map | 자연 및 생물학적 분포상황, 사회 및 경제적 특성 등을 그림으로 표현한 지도이다.

도형문자 graphic character | 제문자의 일종으로 어떤 도형 표시에 사용되는 특수기능 문자이다.

도형저작물(圖形著作物) graphic work | 지도, 도표, 설계도, 약도, 모형 등의 저작물을 말한다.

도화(圖畫) drawing | 투명하거나 반투명한 재료에 연필, 펜, 잉크, 크레용으로 그린 스케치 또는 디자인이다.

도활자(陶活字) | 도활자는 도자기를 빚는 찰흙에 문자를 새기고 구워서 만든, 토활자(土活字)로 오지활자라고도 한다. 필승(畢昇)에 의한 교니활자(膠泥活字)도 일종의 도활자(陶活字)였다.

도활자본 clay type edition | 도활자로 박아낸 책. 우리나라에서는 함경도 청해에 있던 일도자계(一陶字契)에서도 활자를 만들어 삼략직해(三略直解)를 박아낸 것이 효시이다.

독서문제아 | 독서에 관심이 없거나 독서를 싫어하는 독서 무 흥 미 아. 신체적 또는 지능적 결함으로 인하여, 정상적인 독서력을 발달시키지 못한 독서지진아. 어떤 형식 또는 주제의 도서만을 편독하는, 독서편향아 및 독서력이 비정상적으로 발달하였거나 과도하게, 독서하는 독서조숙아 등을 총칭한다.

독서요법(讀書療法) bibliotheraphy | ①정신 건강상 또는 신체 의학상 치료를 목적으로 독서를 시키는 치료방법. 의학사서들은 이에 필요한 자료들을 광범위하게 파악하여야하고, 그룹 리더십과 개인적인 지도방법을 습득하여야 한다. ②독서가 사람의

마음을 풀어주는 작용을 가지고 있는 것을 전제로 하여 독서에 의해 병의 치료를 꾀한다는 심리요법이다.

독서지도(讀書指導) reading guidonce | 독자의 능력과 취미에 맞는 도서를 선택할 수 있게 지도하는 것이다.

독서치료(讀書治療) remedial reading | 독서 능력이 표준보다 늦어진 자(者), 독서를 하려 하지 않는 자(者), 치우친 독서를 하는 자(者) 등 독서에 관해 제반 문제를 지니고 있는 자(者)를 정상적인 독서에 이르게 하도록 교정하는 것을 독서치료라고 한다.

독서흥미 reading interests | 연령, 성별, 직업, 수입, 문화적 배경 등의 차이에 따라서 각각 상이하게 나타나는 독서경향.

독피제본 calf binding | 송아지 가죽으로 제본한 것이다.

돈사경(頓寫經) | 여러 사람에게 필사를 분담시켜 단시일 내에 완성시킨 사경(寫經)이다.

돈피제본 pigskin binding | 돼지가죽으로 제본한 것이다.

돈황(頓煌) | 한지(漢紙) 9건, 진지(晉紙) 1건이 출토되었다. 1990년부터 3년에 걸친 발굴 작업에 의하여 발견된 종이로 돈황의 역참 현천치(懸泉置)에서 만 5천여 건의 간독과 목기, 양식 등과 함께 발굴되었다. 이 유적지는 한무제 원정6년(기원전111)부터 위진시대까지 4백년의 유물이 발굴된 곳으로, 총 6층에서 한의 간독이 3만 5천여 매 발견되었는데, 그 가운데서 연대가 기록된 것은 천 9백여 매이다.

동서(東書) oriental book | 동양에서 출판되는 동양어로 된 도서에 대한 총칭. 주로 한국, 중국, 일본에서 발행되는 도서.

동의보감(東醫寶鑑)/허준(許浚) 1539-1615 | 조선시대 선조의 명을 받아 허준(許浚)이 1597년(선조 30)-1611년(광해군 3)에 완성, 1613년(광해군 5)에 간행하였다. 동의보감은 중국, 일본, 대만 등 각지에서 대단한 인기를 받은 저서로써 명성을 떨쳤으며, 지금도

한의학에서 중요한 교재로 활용하고 있는 우리의 자랑스러운 문화유산이다. 국보319호. 2009년 7월 유네스코 세계기록유산으로 등록되었다.

동장본(東裝本) 선장본(線裝本) | 동양식 장정본(裝釘本). 일반적으로는 동양의 재래식 철장(綴裝)을 그 대표로 한다.

동판(銅版) copper plate | 제판용으로 쓰이는 동판의 총칭이다.

동판본(同版本)1 | 동일한 책판 또는 활판에서 인쇄해낸 것을 동판본(同版本)이라 한다.

동판본(銅版本)2 | 동판 인쇄에 의한 간본(刊本). 동판본(銅版本). 일부의 서책(書冊). 또는 매쇄(枚刷)의 전부가 같은 판(版)인 것. 동일의 판목(板木)으로 된 책이나 기타의 인쇄물이다.

동활자(銅活字) | 동으로 만든 활자. 금판이라고도 한다. 조선조(朝鮮朝) 태종(太宗) 3년 계미년(癸未年 1403)에 우리나라에서 최초로 만든 계미자가 유명하다.

돼지가죽 pigskin | 돼지 껍질로 만든 질긴 가죽으로서 대형도서의 표지용으로 적합한 가죽이다.

두문자어(頭文字語) acronym | 일련의 관련된 말의 첫 번째 글자를 따서 만든 단어. 예를 들면 BASIC은 Beginner's All-purpose, Symbolic, Instruction, Code에서 만들어짐.

두본(豆本) | 왜소본(矮少本)으로 극히 소형의 책을 총칭한다. 외국에서는 누본(midget book, miniature book)은 19c중엽의 소형본(小型本)을 말하며, 중국에서는 건상본(巾箱本), 한국에서는 수진본(袖珍本)이라 한다.

두서(頭書) | 책의 본문의 해석을 돕기 위해 그 상란(上欄)에 써넣는 문장이나 어구를 말함. 머리말, 관주(冠注), 표주(標註)와 같다.

두주(頭注) head note | 주기(註記)의 일종으로서 책의 본문페이지의 난외(欄外)의 상부에 기입하는 주(注).

본문의 해당 부분의 행(行) 바로 위 해당하는 곳에 소활자(小活字 8~6 point)로 달아 요약·초록·참조를 간략한 어구로 하는 것이 통례(通例)이다. 서미(書眉)에 있는 주석. 오두(鼇頭: 자라, 큰 바다 거북).

두줄제본 twin-wire binding | 도서 본문에 가장 끝에 구멍을 뚫어 여기에, 두줄로 된 코일을 끼워넣는 기계 제본 양식이다.

뒤붙이 end mattere | 본문에 이어 뒤붙이로 부록·색인·발문(跋文)·판권지(版權紙) 등이 있다.

뒷페이지 back page | 펼친책의 왼쪽페이지를 가리키며 짝수이다.

뒷표지 back cover | 앞표지에 대응해서 책의 뒤쪽의 표지를 말한다.

두주(頭註) | 본문의 머리에 다는 주석. 서미(書眉)에 있는 주석. 또는 오두(鼇頭).

드라이 포인트 dry point | 단단한 조각침만으로 동판의 면에다 직접 묘각(描刻)하여, 만든 예술적인 조각판(彫刻版)이다.

등(背) back | 책을 서가에 꽂았을 때 책등에 쓰여진 책등의 문자, 예컨대 저서명(著書名)·저자명(著者名) 그리고 출판사를 볼 수 있어 책을 찾는데 필요한 부분이다.

등록주의(登錄主義) | 지적소유권 분야에서 권리의 발생 또는 보호의 조건으로서 등록을 요구하는 제도를 말함. 특히 상표권에서 많이 사용한다.

디럭스판 deluxe edition | 보통판이 아니라 증가분을 포함한 특별한 판이다.

디소러스 thesaurus | →시소러스 thesaurus를 보라

디스크 책 disk book | CD-ROM, 디스켓, 플로피디스크, 광디스크, 디스크팩(카드식 하드디스크)은 내용이나 모양에 관계없이 모든 디스크를 사용하므로 종이책과 구별하여 디스크책이라 한다.

디지털 컴퓨터 digital computer | 숫자에 의한 표현을 사용하여 연산을 하는 계산기로서 가장 간단한 것으로는 주판도 이에 속한다. 디지털 컴퓨터 ↔ 아날로그 컴퓨터.

딸림자료 accompany material | 딸림자료는 출판물과 동시에 간행된 것으로, 그 출판물과 함께 사용되도록 되어있으며, 또한 그 출판물과 물리적인 연계성이 있는 것을 말한다. 딸림자료에는 해답서, 교과용지침서, 지도책 등으로 딸려나온 자료를 말한다.

딸림자료포캣 cover pocket | 도서의 딸림자료인 낱장의 자료를 보관할 수 있도록 표지의 내측에 첨부되어 있는 주머니를 말한다. 필요한 경우 딸림자료명과 함께 목록에 주기한다.

띠지(帶紙) book-band | 책띠라 할 수 있다. 책의 카바 위에 선전용의 문구를 특별히 인쇄하여 덮개로 씌운 것으로써, 표지 이외의 부착물(附着物)로 책표지(上下)의 4분의1 내지 4분의 1정도의 높이로 두룬 때 상태의 인쇄물이다.

ㄹ

라이노타이프 linotype | 한 활자씩 손으로 고르던 방식에서, 한 줄씩 기계로 고르는 방식으로 자동적으로 자모(子母)를 모아 1행이 한 덩어리로 되게 조판되는, 구문(區文)의 주식기(鑄植機). 1행이 한 덩어리로 되어 있어, 정정이나 교정시 그 행 전부를 다시 고쳐야 하는 결점이 있다.

라이스 종이 rice paper | 대만에서 자라는 아라리아(aralia)라는 작은 나무로 만든 종이이다.

러닝타이틀 running title | 서적전체를 통해서 주로 우수(偶數)페이지에 그 책의 표제(表題) 또는 그 약칭을 내건 것이다.

레이싱 인 lacing-in | 제본하고자 하는 책에 나무판을 펴서 붙인 후 구멍을 뚫어 끈으로 고정시키는 방법이다.

레이아웃 layout | ①인쇄업자가 신문 도서 잡지 및 선전물 등의 인쇄물을 제작함에 있어서 문자, 사진, 회화, 도형 등을 일정한 간격으로 배열 구성하는 기술을 말한다.
②전체 도서 등의 인쇄계획. ③컴퓨터시스템의 배치 또는 컴퓨터실의 배치설계를 하는 것.
④데이터파일이나 레코드의 설계를 하는 것이다.

레이아웃 교정(layout 校正) | 인쇄물이 레이아웃 지정과 같이 제판되었는가 여부를 확인하는 교정. 청사진 교정, 인쇄교정 등이 이것에 해당된다. 보통문장교정이 교료(校了)가 된 뒤에 나온다.

레지스터 register | ①서표(書表)로서 책에 붙인 리본. ②초기 인쇄본이 권말에 붙인 접지번호. ③컴퓨터에

있어서 지정된 양의 데이터를 기억할 수 있는 장치.

레크람 문고 | 레크람 문고라고 하는 것은, 이를 창시한 사람의 이름, 즉 출판사명을 그대로 부른 때문임. 문고이름은 따로 세계문고(Universal Bibliotheca)다. 레클람(1807~1896)이 1867년에 시작해 1954년까지 87년간에 총 7천5백종 2억 7천 5백만 부를 발행함. 수필이나 일기 따위보다 학술서나 사상적인 고전이 많다.

레크레이션 도서 recreational reading | 기분 전환 를 위한 읽을거리. 연구, 조사의 목적에 이용되는 도서와 구별된다.

레터링 lettering | 조형(造形), 시각효과의 입장에서 문자를 디자인 하는 것, 또는 그 기술을 말한다.

레퍼리드 refereed | 학술잡지의 출판을 위해 원고가 게재되기 전에 편집자 이외의 적어도 관련 분야의 주제 전문가에 의하여, 원고를 평가 받게 하는 정기간행물이나 연속간행물을 말한다.

로고 logo | 특수활자의 조합 또는 특수하게 디자인된 문자를 가지고 상품이름, 회사명을 표현한 것으로 광고요소 가운데 가장 어필 포인트(appeal point)가 되는 것이다. 로고타이프의 문자는 '보는'형태로 바꾸는 것으로 각 문자의 형, 선, 각도 등을 정리함으로써 전체의 형이 완전히 이루어진다.

로만체(Roman 體) | 영문서체, 구문 활자서체의 일종으로 가장 표준적이고 가장 많이 사용되고 있다. 횡선(橫線)이 가늘고, 종선(縱線)이 굵으며 앞머리에 세리프(serif)가 있는데, 로만체는 이 세리프의 형태에 따라 분류된다.

로열티 royalty | 본뜻은 왕이 허락한 자연자원의 사용권에 대한 사용료의 뜻인데, 변하여 저자권에(著者權) 사용료(印稅)를 말한다.

로우카프 low calf | 보통 채색하지 않은 소가죽이나 양가죽을 사용한 가죽 제본으로서, 주로 법률서적 제본

시 사용하였으나, 현재는 풀이나 아교를 먹인 아마포로 대체되었다.

록킹업 locking up | 인쇄준비 과정으로서 활자가 움직이지 않도록 금속판에 조판을 끼워 넣는 것이다.

롤지(roll 誌) on-side calendered paper | 양키 초지기(Yankee 抄紙機)로 떠서 만든 한 쪽 면이 반짝이는 포장용지. 표백하지 않은 설파이드(sulphide) 펄프100%인 것을 S roll, 그랜드 펄프 60%와 표백하지 않은 SP 40%인 것을 G roll, 표백 SP 100%인 것을 순백롤(純白 roll)이라 한다.

롤 페이퍼 roll paper | 종이는 일정한 폭으로 연속해서 제조되는데, 규격 폭으로 만들어서 윤전기에, 걸수 있도록 한 인쇄용지를 말함. 규격치수로 재단한 인쇄용지는 매엽지(枚葉紙)라고 한다.

롬 ROM | ROM은 read-only memory의 약칭. 일단 정보가 기억되면 필요한 때마다 읽어낼 수는 있으나, 내용의 변경은 불가능한 기억장치. 최근 많이 사용되는 비디오디스크가 그 예이다.

롱 레터 long letter. | f, j, k와 같이 윗 쪽이 길거나 아래쪽 혹은 양쪽이 다 긴 활자이다.

롱 셀러 long sellder | 오랜 기간에 걸쳐 지속적으로 팔리는 책으로, 동일저작(同一著作)의 한 개의 판(版) 또는 각종의 판을 포함한 전체의 부수가 수년간 혹은 수십년간에 걸쳐 계속 팔리는 것을 말한다.

롱 페이지 long page | 다른 어떤 페이지보다도 활자의 행이 많은 페이지이다.

루드로 머신 ludlow machine | 사람의 손으로 자모를 뽑아서 한 줄이 되면 납을 부어(casting) 슬러그를 만드는 것. 제목을 조판할 때 사용하는 방식이다.

루비 ruby | 한자(漢字)옆에 음을 단 51/2 포인트의 작은 활자를 말하는데, 속칭으로서는 읽기 어려운 문자의 옆이나 위에 토를 써 넣은 작은 문자를 말한다.

루스 리프서비스 loose leaf service | 가제식 바인더에 새로운 페이지를 삽입함으로써 개정, 추록, 누가 색인된 연속간행물이다.

리놀륨판 인쇄 linoleum | 리놀륨판을 사용하여 본판 인쇄처럼 매장마다 찍어내는 인쇄방법의 일종이다.

리넨제본 linen binding | 아마를 재료로 사용하여 제본한 것이다.

리넨종이 linen paper | 원래는 리넨으로 만든 종이나 보통천으로 만든 종이이다.

리넨페이스트 line faced | 종이의 한 면 혹은 양면에 리넨 표면을 한 종이이다.

리더 reder | 일반적으로 리더라 할 경우에는 ①독자 ②낭독자(朗讀者) ③교정쇄를 읽고 수정되었는지 확인자 ④독본(讀本) ⑤마이크로카드 등의 확대열독 장치 확인 ⑥출판사의 원고 열독(閱讀) 자(者) ⑦저자의 원고를 열독하고 출판의 가부 결정한다.

리더십 사이즈 readership size | 어떤 활자매체의 독자수를 말함. 일반적으로는 최대의 도달량을 뜻하고, 그 매체 한부당 열독(閱讀) 인원(평균)에 부수를 곱해서 얻어진다.

리더스 세트 reader's set | 수정이 가해진 일련의 교정쇄(校訂刷)로서, 보통 인쇄소 직원이 수정할 부분을 표시한 교정쇄이다.

리무부 removes | 본문활자보다 작은 활자로 페이지 하단에 기록한 인용문. 절(節) 혹은 주기(註記)이다.

리미테이션 노티스 limitation notice | 한정판으로 출판된 도서에서 인쇄부수나 그 판(版)의 구성을 기술한 내용이다.

리베이트 rebate | 일반적으로 판매업자에 대한 보상으로 지급되는 현금 또는 그밖의 유가물(有價物)을 말한다.

리얼리즘 realism | 철학적으로는 실제론이고, 정치학에 있어서는 현실주의를 뜻하지만, 예술분야에서는, 사실주의로 번역되며, 예술에 있어서

객관적 현실을 가능한 한 충실하게 재현·묘사하려는 태도, 창작방식을 말한다.

리옹식 제본 Lyonese(Lyonnaise) style | 여러 색깔의 페인트나 에나멜을 기하학적으로 섞어 짠 가죽제본 양식으로서 16세기 후반 리옹지방의 도서제본 양식에서 유래한 것이다.

리프린트 reprint | 이미 출판돼있는 것을 다시 인쇄 출판하는 것. 단 동일의 판(版)에 의한 출판은 재판(再版)이며 리프린트라 하지 않는다.

릴리프 인쇄(relief 印刷) | 유화처럼 원화에 약간의 요철(凹凸)이 있는 것을 복제 인쇄할 때 형(型)따위로 찍어 실물의 느낌을 나타낸 인쇄물을 말한다.

림프제본 limp binding | 부드러운 천이나 가죽으로 제본된 도서이다.

림프 클로스 limp cloth | 출판사의 제본양식을 표현하는 용어이다.

링크도서 limked books | 개별의 도서로 제본되었으나 각각 종합서명의 표제지 또는 총서명을 가지고 있고, 페이지나 도서의 내용이 연속된 도서이다.

ㅁ

마멸(磨滅) | 목판은 오래된 책판으로 찍은 후쇄본의 경우에는 글자가 마모되어 필획이 굵어지며, 글자 획에 나무결이나 터진 자국이 나타나고, 심한 것은 글자 획이 부분적으로 떨어져 나간 것도 있다. 닳아서 없어짐.

마지(麻紙) | 마지(麻紙)는 삼 껍질로 만든 종이이다.

막(MARC)의 이해 | 컴퓨터를 통해 서지데이터를 효율적으로 처리하기 위해서 모든 데이터를 기계가 인식할 수 있는 형식으로 변환시켜야 하며, 이를 정형화된 형식으로 배열하고 식별할 수 있도록 해야 한다. 이와 같이 컴퓨터가 서지데이터 즉, 목록정보를 식별하여 축적, 유통할 수 있도록 코드화한 일련의 표준형식이 MARC(Machine-Readable Cataloging)이며, 이를 통해 여러 가지 기능을 수행할 수 있게 되었다. ①MARC을 통한 분담목록이 가능하여 저록업무의 중복을 피할 수 있으며, 기술의 표준화와 서지정보 공유할 수 있다. ②서지기관간의 상호협력과 효과적 이용 정보서비스 강화 ③국제적인 서지정보 유통망 구축가능, 문헌에 대한 접근성 확대 ④MARC을 통한 온라인 검색의 실현으로 목록기능 확대이다.

만력본 (萬曆本) | 중국 만력년 간에 간행된 책. 남경판(南京版)과 북경판(北京版)이 있다. 우리나라는 선조(宣祖)와 광해군(光海君)때에 간행된 책을 말한다.

망판(網版) | 사진 또는 그림 따위를 복제·인쇄할 때 쓰임. 사진판(寫眞版)이라고도 하는데, 카메라로 습판(濕板) 또는 건판(乾板)의 막면(膜面)

앞에다 스크린을 놓고 촬영하면, 원고의 농담(濃淡)이 점의 대소(大小)로 갈라져 촬영된다.

매뉴얼 manual ｜ ①사람의 손으로 기계의 조작이나 처리를 행하는 것. ②프로그래밍의 설명이나 조작의 순서 ③한 분야의 전 영역을 총 망라한 참고도서로서 대체로 소형의 도서이다. ④작업방식, 업무지침을 상세히 적은 것으로 종업원의 직무를 수행하는데 있어서 필요한 작업상의 지식, 작업을 착수하고 진행해 나가는 방법 등에 관해 기본적인 사항을 체계적으로 정리한 지침서이다.

매스커뮤니케이션 mass communication ｜ 신문·잡지·도서·라디오·TV·영화 등 기계화되고 복잡화한 정보 전달기능을 통하여 지식, 정보, 사상, 감정 등을 불특정다수의 일반 대중을 대상으로 보내지는, 대량의 사회적 매체를 전달하는 커뮤니케이션의 양식을 말함. 일반적으로 대중전달, 대량 통신이라 하며 줄여서 매스컴이라 한다.

매스컴 매체 mass communication media ｜ 신문·잡지·라디오·TV 등 4대 매스컴 매체를 말한다.

매스컴 문화 mass culture ｜ 신문·잡지·라디오·TV 기타 매스컴의 영향에 의한 대중문화이다.

매엽기(枚葉機) ｜ 종이를 낱장으로 인쇄하는 것으로 편면식(片面式)과 양면식(兩面式)이 있으나 대부분 편면식임. 편면식 패엽기의 인쇄속도(印刷速度)는 시간당 1600~2000통이 보통이며, 양면식 매엽기는 4000~5000 통이 보통이다.

매클 mackle ｜ 인쇄시 기계결함으로 인하여 잘못된 인쇄지이다.

매트 mat ｜ 사진 합성용 마스크(mask)로 검게 칠한 종이나 필름을 말한다.

머리그림 frontispiece ｜ 권두(卷頭) 삽화로 표제지(表題紙) 다음에 싣는 것이 책의 내용상의 순서이다.

머리말 foreword ｜ 책 본문앞에 저자외의 사람에 의하여 쓰여진 것을 말하는데, 서문과 같은 의미로 서문에 부가된 형(形)으로도 쓰임. 보통 preface로 교체되는 경우가 많다.

메르텐드식(Mertens 式) | 동원통에 중크롬산칼륨과 글로우의 감광액(感光液)을 바르고, 여기에 망(網)포지티브의 필름을 인화 현상한 다음, 화면을 버어닝하고 에나멜화 하여 부식(腐蝕) 제판한 특수한 그래뷰어(gravure) 인쇄판이다.

메모리 memory | 기억장치 또는 기억소자(記憶素子). 주로 컴퓨터 등에 쓰이는 디지털 메모리를 뜻함. 메모리 종류에는 IC를 이용한 반도체 메모리, 자기기록방식(磁器記錄方式)을 응용한 자기메모리, 광디스크를 이용한 광메모리 등이 있다.

메시지 message | ①커뮤니케이션의 기본적인 구성요소의 하나. ②커뮤니케이션의 송신자 측에서 수신자 측으로 전달하기 위하여 고안된 단어나 기호의 나열. ③데이터전송에서 헤더(header)와 데이터로 구성된 한 방향으로 단일전송. ④네트워크에 있어서 한 교차점에서 다른 교차점으로 전달되는 일련의 정보이다.

메이크업 카피 make-copy | 출판자의 제본지시로서 도서 제본시 바른 순서대로 정리된 삽도, 도면이다.

메이트업 카피 made-up copy | 인쇄 상태가 나쁜 부분을 같은 판의 다른 복사물로 갈아 넣어, 정상 상태로 만든 도서이다.

메조틴트 법 mezzotint engraving | 로커 삼각끝 등의 도구를 사용하여 동판위에 폭파이게 조각한 예술적인 조각요판으로 유화(油畫)의 복제에 사용한다.

메타데이터 metadata | 메타데이터(metadata)란 말은 넓은 의미에서 데이터에 관한 데이터, 혹은 전자자원을 기술하는 데 사용되는 데이터요소이다. 메타데이터는 데이터에 관한 구조화된 데이터로서, 자원과는 독립적으로 존재하면서, 다양한 접근점과 네트워크 주소를 포함한 레코드라고 할 수 있다. 메타데이터를 표현하는 형식으로 널리 알려진 것으로 더블린코어(Dublin Core)가 있다.

메탈포일인쇄 metal foil printing |

금속박에(箔)에 엷은 종이를 안에 대고 튼튼히 하여 인쇄 적성을 부여하는 것이 일반적임. 최근에는 박(箔) 그대로 인쇄하는 경우도 있으나 그 경우는 긴 금속박을 이용한다.

메트릭 페이퍼 인쇄 metric paper printing ǀ 표면을 금속가루로 도포한 종이에 대한인쇄로, 인쇄판식(版式)은 특별히 선택하지 않음. 금속박막을 입힌 경우도 있으나, 금속으로서는 주로 알루미늄을 사용하며, 필요한 색채는 착색에 의해 조제한다.

면(面) page ǀ 책장의 한쪽을 '면'(面). '페이지'·'쪽'이라고 한다.

면주(面柱) headline ǀ 서적이나 잡지에서 각 페이지 최상단 또는 최하단, 혹은 책을 폈을 때 양 바깥쪽에 넣는 서명(書名), 편명(編名), 장명(章名) 등을 면주(面柱)라 한다.

면지(面紙)1 end papers ǀ 서적의 표지 안쪽에 붙이는 4페이지분의 종이로 서적의 본문지와 표지를 연결하는 역할을 한다.

면지(綿紙)2 ǀ 목화솜으로 만든 종이이다.

면지붙이기 ǀ 첫 접장(摺張)과 마지막 접장에 면지(面紙)를 붙이는 작업을 말한다.

명가(名家) ǀ 이름이 높은 집안 명문가의 가문이다.

명감 directory ǀ 개인명, 단체명 등을 자모순 또는 직업별로 배열하여 각 기입에 주소, 성명, 단체명, 전화번호, 업종, 지점, 출장소의 주소, 지명, 기타 일반적으로 참고가 될 사항을 기록한 것이다.

명조체(明朝體) ǀ 명조체는 원래 중국의 명(明)나라시대에 창시(創始)된 것으로서, 동양(東洋)의 전통 서체 중에서는 가장 오래된 것이며, 그 특징으로서는 가로선(線)과 세로선(線)의 굵기가 다른 것이다. 가로선과 세로선의 굵기가 다른 것이다. 가로선과 세로선의 굵기의 차(差)는 작은 문자의 호수에 따라 좀 다르지만, 본문자(本文字)의 경우는 1(가로선의 굵기): 2~3(세로선의 굵기)정도로 그 굵기가 다르고, 타이틀용(14point이상)문자에서는 1:3~5정도로 더 두드러지게 다름. 신선미(新鮮美)가 있고 가독성(可讀性)이 좋은 관계로 우리나라를 비롯 일본 중국에서 많이 사용함.

명판(明版) | 명(明)나라 때의 간본(刊本). 관판(官版)이 많이 간행되었으나 위송판(僞宋版)도 많이 만들어졌으며, 이때부터 광곽(匡郭)에 복선(複線)을 사용하는 명조체(明朝體))가 나타났다.

모각(毛刻) | 목판(木版) 조각으로 모발(毛髮) 등을 나타내는 것을 말하며, 쥐의 이(齒)를 사용한다고 한다.

모각본(模刻本) | 원사본(原寫本)을 모사(模寫)하여 만든 간본(刊本)이다.

모노그램 monogram | 조립문자(組立文字)를 말함. 몇 개의 문자를 서로 합쳐서 마크처럼 한 것으로, 성명(姓名)의 이니셜이나 회사명 따위에서 상표로 쓰이는 경우도 있다.

모노타이프 monotype | 기계식 자기의 하나로 활자가 1자씩 주조되어 가는 방사기의 주식기(鑄植機). 신문이나 잡지의 제목(headline)같은 커다란 글자를 조판하는데 사용한다.

모노포토 monophoto | 금속대신 필름에 문자를 찍어내는 사진식자기로서 Monotype Corporation사가 제작한 것이다.

모등(角背) | 책등(冊背)을 반양장(半洋裝)이나 호부장(糊付裝)과 같이 각(角)이나게 하는 것으로, 페이지 수가 적은 것의 경우에 주로 쓰임. 제본방법은(製本方法)은 tight, flexible, hollow back과 거의 같다.

모면지(毛綿紙) | 중국에서 나는 품질이 낮은 종이의 한 가지이다.

모사(模寫) facsimile | 타인이 저작한 미술적 저작물, 또는 사진의 저작물의 구도를 붓으로 그대로 묘사하거나 똑같이 작성하는 것. 넓은 의미로는 조각 등 다른 종류의 미술저작물을 필사(筆寫)하는 것까지 포함하는 경우도 있으나, 일반적이라고는 말할 수 없다.

모서리 corner | 등(back)의 반대쪽, 즉 표지 앞쪽 귀퉁이의(모서리의) 직각으로 된 부분을 말함. 이음표지에서 이 모서리의 상하는 것을 막기 위해, 가죽 혹은 천 따위의 등에 쓴 포장재료와 같이 재료로 표지바닥 바깥쪽 네 모서리에, 세모꼴 모양으로 붙여서 표지를 만들기도 한다.

모아레 moire | 망점(網點)이나 만선(萬線)이 서로 중복, 간섭하여 생기는 모양. 망점인쇄물(사진인쇄물)을 다시 사진으로 찍어서 제판할 경우에 일어나기 쉽다.

모양맞추기 contour | 글자 구성방법으로 심볼이나 실루엣, 사진 또는 일러스트레이션의 모양에 글줄을 맞추는 방법이다.

모조지(模造紙) | 일본에서 국지(局地 : 인쇄국(印刷局)에서 쓴 용지)를 모방해서 만들었다고 해서 모조지로 명명(命名) 되었던 용지임. 중질(中質)이나 노트지의 상질지(上質紙)이기 때문에 백상지(白上紙)라고도 한다. 색상(色相)으로는 백(白), 미(米), 기타 색모조(色模造)가 있다.

목갑(木匣) | 나무로 만든 책갑(冊匣): 작은 상자

목기(木記) | 도기(圖記) 또는 패기(牌記)로 그 안에 간인자(刊印者)의 이름, 호(號), 자(字), 간인지, 간인년, 등을 표시한 것. 도기(圖記)는 종(鐘), 솥, 술잔 같은 기물을 그린 것이며, 패기(牌記)는 장방형(長方形), 아형(亞形), 타원형(楕圓形) 등의 형태로 된 것임.

목록/편목(目錄/編目) catalogue/cataloging | 목록은 있는 대로의 목록 상품목록이다. 편목은 서지사항 ① 서명저자사항 ②판(차)사항 ③발행사항 ④형태기술사항 ⑤총서사항 ⑥주기사항 ⑦표준도서번호 기술이다.

목차본(目次本) contents-book | 전집이나 총서에 포함된 내용사항과 주제를 차례로 기록한 도서를 말한다.

목판본(木板本) | 목판본은 저작(著作)의 내용을 나무판에 새겨 찍어낸 책이며, 동의어로 간판본(刊板本), 간각본(刊刻本), 각판본(刻板本), 각본(刻本), 판본(板本), 조판본

(雕板本), 조본(雕本), 누각본(鏤刻本), 누본(鏤本), 침누본(鋟鏤本), 침재본(鋟梓本), 침본(鋟本), 간재본(刊梓本), 수재본(繡梓本), 재본(梓本), 개간본(開刊本), 개판본(開板本), 기염본(剞劂本), 참본(槧本) 등이다.

목판본(木板本)의 특성 | 목판본은 필사본이나 활자본과는 다른 특성이 있다. ①목판본은 출판해야 한다는 분명한 목적을 가지고 있기 때문에 교정이 정확하고 문헌의 내용이 완결되어 있다. ②사본이 동시에 같은 책을 만들 수 없는 각각의 유일본인 반면, 목판은 종이만 있으면 같은 모양을 계속 찍어 낼 수 있어 체제의 동양성(同樣性)이 있으며, 특수한 사정이 없는 한 모양이 변하지 않는 양태의 고정성이 있다. ③목판은 비교적 오랜 시간을 두고 계속해서 찍을 수 있는, 영구성을 지님과 동시에, 시간이 지나 많은 분량을 인출하고 나면 책판이 마멸되거나 나중에 판독하기 힘든 난해성이 생긴다. ④판심이나 서체와 판형에서 시대에 따른 변화를 반영하고 출판자의 지위나 경제력이 반영되는 시대성과 사회성이 있다.

목판본이 번각본일 때 특징 | 목판본이 번각본일 경우 비교 특징 ①변란을 중심으로 볼 때 번각본의 경우 저본보다 크기가 줄어드는 경우가 많다. ②번각본은 저본에 비하여 획이 굵거나 가늘어지고, 정교도는 훨씬 떨어져 거칠고 균형이 잡히지 못한 경우가 많다. ③원본의 후세본일 경우에는, 인출면이 초기의 것보다 후기에 찍은 것일수록, 크기가 줄어드는 경향이 있다.

목활자(木活字) wooden type | 나무로 조형한 활자로서 한 자씩 문자 식지하고 인쇄한다. 일명 목각활자라고도 한다.

목활자(木活字) 인쇄술 | 목활자는 장방형의 목판에 문자와 숫자, 기호 등을 조각하여 만든 활자로 나무활자라고도 한다. 목활자는 필승(畢昇)의 교니활자(膠泥活字) 인쇄술이 발명되었을 때 이미 시험적으로 사용되었으나, 나무결(목리(木理)에 높낮이가 맞지 않고, 서로 달라붙어 실용화에 실패하였다.

묘사문자(描寫文字) | 활자나 사식

문제(寫植文字)가 아닌 직접 손으로 그린 문자. 프리핸드의 모필(毛筆) 또는 펜의 서도적(書道的) 서체이다.

묘사석판(描寫石版) | 판판하고 반들반들하게 닦은 석판석의 면에다 직접 해먹(解墨) 또는 크레용으로 인쇄용의 판을 손으로 쓰거나 그린 것이다.

무간기본(無刊記本) undated book | 한적(漢籍)에서 간행지, 간행년의 간기(刊記)가 없는 책으로, 유간기본(有刊基本)의 대칭적 의미이다.

무검인본(無檢印本) | 저자와 출판사 간에 있어서 저자의 검인으로서 인세(印稅)가 지불되는데, 저자의 검인이 없는 도서는 견본이나 기증 등 특정의 부수용(部數用)으로 제공하기 위해 검인을 찍지 않은 것을 말함. 검인폐지, 검인생략은 출판사가 저자와 합의하여 검인을 찍지 않은 것을 뜻한다.

무계(無界) | 형태기술에서 계선이 없는 것을 이르는 말.

무구정광대다라니경(無垢淨光大陀羅尼經) | 신라시대 목판 중 현재까지 알려진 가장 오래된 것은 경주 불국사 석가탑에서 나온 『무구정광대다라니경』이다. 이 도서는 8세기 전기에 간행된 것으로 추정하고 있다. 우리나라 최초 목판 권자본(木板卷子本)이다.

무단사용(無斷使用) | 권리를 가진 자(者)의 허락을 먼저 얻고 저작물 등을 이용하여야 하는데, 그 허락을 얻지 않고 이용하는 것을 말한다.

무방식주의(無方式主義) | 저작권의 취득내지 보호에 하등의 형식요건 내지 절차를 부과하지 않는 저작권 제도. 저작권의 자동적 보호(automatic protection)라고도 한다.

무선철(無線綴) | 책을 꿰매는데 있어 철사(鐵絲)나 실이 들어가지 않은 즉 선(線)없이 풀로만 책을 맨다는 뜻. ①페이지가 많은 경우 ②모조 120이상의 백상지(白上紙)나 아트지처럼 종이에 풀이 침투되지 않는 종이의 경우는 주의해야 한다.

무크 mook | 잡지(magazine)과 북(book)의 합성어로서 잡지의 형태를 하고 있으면서, 내용적으로는 서적과 같이 하나의 테마를 파고드는 간행물. 부정기간행물이라고도 한다.

묵개자(墨蓋子) | 묵등(墨等)에 문자를 음각(陰刻)하여 표시한 것.

묵광(墨匡) | 문장 중 검은 바탕의 소광(小匡)에 각종의 주소(註疏), 편제(篇題), 소제(小題) 등을 새긴 것. 묵위(墨圍)라고도 한다.

묵권(墨圈) | 문장의 미디가 끊어지고, 새로운 마디가 시작되거나 새로운 주석(註釋)이 시작되는 첫머리에 검은 바탕의 권점(圈點)을 친 것.

묵등(墨等) 묵정(墨釘) 등자(等子) | 궐문이 생겼을 때 네모난 검은 덩어리로 남겨둔 것. 묵정(墨釘), 등자(等子)라고도 하는데, 뒷날 그 본문이 밝혀지거나 정확하게 고증되면 보각(補刻)하기 위한 수단이다.

묵원(墨圓) | 문장의 마디가 끊어지고 새로운 마디가 시작되거나, 새로운 주석(註釋)이 시작되는 첫머리에 있는 검은 바탕의 원점(圓點)이다.

묵위(墨圍) | 책속에 새긴 소묵광(小墨匡)이다. 광중(匡中)에는 간단한 말이 적혀 주소(註疏)나 소표제(小標題) 등을 표시하는데 많이 쓰이는 것이다.

묵화법(墨畫法) | 여러 종의 판을 사용하여 명암(明暗), 농담(濃淡)등의 효과를 나타내기 위한 고대의 인쇄술이다.

문고(文庫) | ①책이나 문서를 넣어두는 상자. ②책을 넣어두는 서고(書庫). ③출판물의 한 형식으로, 한 발행소에서 보급을 목적으로 하여 값이 싸고 또 가지고 다니며 읽기 편리하도록 국판(菊版)의 반쯤되게 하여 만들어 낸 총서류(叢書類)이다.

문고본(文庫本) trade series, publisher's series | 소형(小型)의 경장본(輕藏本)으로 다량보급을 목적으로, 싼 값으로 계속적으로 내는 출판물이다.

문고판(文庫版) | 책의 크기의 일종.

A6판으로 세로 8cm 가로 10.5cm로 작은 책자이다.

문선(文選) | ①많은 글 가운데서 명문(名文)만을 가려서 뽑음 또는 그렇게 한 책. ②활판(活版)인쇄에 있어서 원고의 글자대로 필요한 활자를 뽑는 것. 채자(採字)이다.

문장(紋章) armorial bookplate | 소유자의 문장을 구체화한 장서표를 말한다.

문장제본(紋章製本) armorial binding | 제본이 문장이나 그밖의 우아한 모양으로 장식된 것을 말하며, 19세기 중엽이전에 사용되었다.

문헌(文獻) | 학술연구에 자료가 되는 문서를 말한다. 문자로 기록되고 문화의 연구에 도움이 되는 자료를 총칭한다.

문헌정보학(文獻情報學) Library and Information Science | ALA의 「문헌정보학용어집」에 의하면 한 지역사회의 이용자들의 정보요구에 대응하는데 있어서 기록정보를 선택, 수집, 조직하여 유용하게 하는 지식 및 기술이라고 한다. 그리하여 문헌정보학은 "학술과 문화의 효과적 발전을 위한 조건 조성의 원리 및 그 체계와 과학적 방법을 연구하는 학문" 이라고 할 수 있다.

문헌학(文獻學) | 서책(書冊)의 문헌성을 밝히고, 또한 문헌에 의하여 고대문화를 역사적으로 연구하는 학문. 기초 정신과학의 하나로 독일 베커(Bekker, A.I :1785~1871)가 기초를 확립하였다.

물음기호 query | 교정자가 교정쇄 여백에 표시한 물음표(?)로서, 저자에게 내용을 다시 검토하도록 지시하는 기호이다.

뮤데자르 제본 mudejar binding | 코도반(Cordovan)가죽을 사용한 스페인의 제본양식으로서 13~15세기에 유행하였다.

미간본(未刊本) | 아직 출판된 적이 없는 책. 미간서(未刊書)이다.

미국도서관협회(ALA) | ALA는

American Library Association의 약칭. ALA는 세계 최대의 도서관협회로 1876년에 설립되었고, 최선의 도서관 봉사를 발전시키기 위함을 목적으로 한다.

미국서지학회 Bibliographical Society of America | 1904년에 미국에서창설된 서지학회로서, 서지에 관한 연구와 출판물을 발행하는 것이 목적이다. papers 지를 발행하고 있다.

미농본(美濃本) | 대략 미농반지(美濃半紙) 2절 크기의 책이다.

미니언 활자 minion | 7포인트에 해당하는 활자의 크기로서 현재는 사용되지 않는다.

미디엄활자 medium face | 고딕체와 가는 활자 사이의 중간크기의 활자로서, 도서나 정기간행물의 인쇄시 사용되는 활자이다.

미비(眉批) | 광곽(匡郭) 상변 위의 여지(餘紙), 즉 서미(書眉)에 있는 비평어(批評語)이다.

미비본(未備本) | ①갖추어져 있지 않은 서적, 불완전한 서적, 단본(端本)으로 보충한 서적. ②완전히 갖추어진 도서로서 각 책의 판수(版數), 크기, 내용 또는 외관 등이 동일하지 않은 도서이다.

미사전서 missal | 카톨릭의 미사전서로서 연중의 미사의식을 기록한 책. 인쇄술이 발명되기 전 이 책을 쓴다는 것은 수도원에서 격조 높은 기술로 인식되었다. 이 책은 동물가죽에 아름다운 서체로 쓰여졌 고 우아한 장식을 하였다.

미술저작물(美術著作物) artistic work | 회화, 서예, 도안, 조각, 공예, 응용미술작품 그밖의 미술작품 등이 저작물로서 보호받은 것이다.

미시출판(徽視出版) | 개개의 책에 대한 모든 결정에 관련된 문제를 의미. 단권(單卷) 출판(title publishing)이라고도 할 수 있다.

미완간 unfinished book | 한 도서의 일부분은 발행되었으나 나머지 부분은 끝내 완성을 보지 못하였거나, 발

행되지 않은 것을 말한다.

미장본(美裝本) | 아직 제책(製冊) 하지 않은 책이다.

미재단도서 untrimmed | 제본시 절단기로 본문면수를 재단하지 않은 도서이다.

미정고판(未定稿版) provisional edition | 아직 완성되지 않은 판(版)으로, 각 방면으로부터 의견을 받아 부족한 점을 후일 수정·보완하기 위하여 임시 발행하는 것. 아직 완성되지 않은 원고를 미정고(未定稿)라고 한다.

미정교판 pre-print | 결정판으로 출판되기 전에 인쇄한 것으로서, 회의 개최 전에 인쇄된 회의용 자료 등이다.

미정리본 unprocessed book | 분류·목록작성 등이 되지 않아 이용하기에 이르지 못한 도서를 말한다.

미제본(未製本) in quires | 제본되지 않은 채 인쇄된 종이를 접어서 모아놓은 책을 말한다.

미출판본 non publication | 아직 출판되지 않은 책을 지칭. nyp는 not yet published를 줄인 두문자(頭文字)이다.

미캐니컬 mechanical | 레이아웃에서 설계도에 따라 만드는 작업과정으로 완성된 판하(版下). 사식(寫植), 그림, 사진, 모든 것이 화판(畫板)에 풀로 붙여지므로 페이스트업(past-up)이라고도 한다.

미캐니컬 북 mechanical book | 책의 체제를 진열·설명하기 위해, 어떤 특정한 페이지를 열어 놓을 필요가 있을 때 사용되는 것이 미캐니컬 북이다.

밀인쇄 miehle | Chicago의 Robert Miehle이 조판 받침대의 운동속도를 조절하여 능률적으로 인쇄할 수 있도록 고안한 인쇄방식이다.

밀착(密着) | 포지티브 필름의 작성 공정을 말하는 것으로, 네거티브 난백(卵白) 제판(製版) 보다 내쇄력을 증강시키고, 화선(畫線)을 선명하게 하기 위하여 행해지는 필름제작의 공정이다.

ㅂ

바운드 bound | ①제본된 도서 ②조합색인에 있어서 색인어가 서로 결합함으로써, 일반적인 색인어의 의미를 제한하는 것. 예를 들면 free energy는 bound term이고, free와 energy는 각각 free term이다.

바이트 byte | 일련의 비트열로서 1단위를 나타내는 것으로, 일반적으로 8비트가 1바이트이다.

바인더 binder | 잡지, 팜프렛 등을 파일하는 케이스 또는 표지이다.

바코드 bar-code | 흑백의 평행선이나 막대기 모양의 코드로서, 코드가 인쇄된 레이블은 라이트펜 또는 바코드 스캐너에 의해 읽도록 되어 있다. 상품마다 코드를 붙여야 하는데, 붙이는 방법에는 소스 마킹(source marking)과 인 스토어 마킹(instore marking)이 있다.

박엽지(薄葉紙) tissue | 인쇄잉크가 마르지 않은 동안 삽도가 문질러지는 것을 방지하기 위하여 삽도위에 놓은 얇은 고급지이다.

박표지 limp covers | 플라스틱이나 천, 가죽으로 된 얇고 부드러운 도서 표지이다.

반겔더 지 van gelder paper | 네델란드에서 생산되는 고급지의 명칭이다.

반달따기 thumb index, cut-in index | 사전류, 편람(便覽) 등 비교적 페이지가 두꺼운 책에서 내용의 구분을 겉에서 두꺼운 책에서 내용의 구분을, 겉에서 쉽게 찾아볼 수 있게 하기 위해, 배쪽 일부를 반달 모양으로 도려내는 것이다.

반사본(頒賜本) ❘ 임금이 책을 나누어 주다. 반사본(頒賜本).

반사원고(反射原稿) reflection original ❘ 일반 인쇄물이나 제판용 원고와 같이 불투명한 재질에 인화하거나 그린 원고 반사광에 의해서 볼 수 있는 인쇄원고이다.

반속 표제지 ❘ 앞면에 표제를 넣고 뒷면부터 본문을 시작하는 표제지를 말한다. 문고본이나 신서판에서 흔히 볼 수 있다.

반양장(半洋裝) perfect binding ❘ 표지는 호부장(糊付裝)이나 무선철(無線綴)과 같으나, 속장은 모두 총양장(總洋裝)처럼 다양하게 할 수 없어, 역시 호부장 같은 방법으로 하는데, 천이 없이 면지(面紙)와 풀로만 붙이게 되기 때문에, 두께가 있는 책은 표지가 잘 떨어지므로, 이런 경우는 제본소(製本所)와 상의(相議)하여 총양장같은 천을 붙이든지 적절한 조치를 해야 한다.

반자(半字) ❘ 글자획수를 줄여 간략하게 쓴 속자(俗字). 반자체(半字體), 간자체(簡字體), 간체자(簡體字), 약자(略字)이다.

반점(斑點) spot ❘ 목판본과 목활자본은 글자를 확대해 보아도 반점이 보이지 않고, 고르게 찍힌다. 금속활자본은 확대해 보면 반점이 보인다. 얼룩얼룩한 점. 얼룩 점.

반제본 half-binding ❘ 책등과 모서리가 한 가지 재료로 되어있고, 양면이 다른 재료로 제본된 책표지 형태. 반은 헝겊 반은 가죽 등의 경우이다.

반표제지(半表題紙) ❘ 단편집이나 문고본, 신서판(新書版) 등에서 흔히 볼 수 있는데, 표제지가 표지에서 완전하게 기록치 못한 내용, 즉 저자와 출판사 그리고 제호(題號). 특히 긴 부제(副題) 등이 있을 때, 표지보다도 표제지에 기록하는 수가 많은데, 이때 표제지를 완전히 독립된 별도의 용지에다, 인쇄하지 않고 본문지와 같은 용지에다, 전면(前面)에는 표제지의 기록을 하는 한편, 뒷면부터는 본문으로 이어지는 것을 말한다.

발문(跋文) ❘ 서문과 마찬가지로 책

의 저작동기와 목적, 저작자의 생애와 사상, 그 책의 핵심내용 및 간인본의 경우 간인의 동기와 목적을 비롯하여 간인시기, 간인의 주관자와 협조자, 간인처, 간인과정 등을 문장으로 적은 것을 발문(跋文)이라 한다.

발본(拔本) | 완전한 서적의 일부를 빼내어 단행본(單行本)으로 한 책이다.

발원(發願) | ①무엇을 바라고 원하는 생각 ②기원(祈願) 축원(祝願).

발췌(拔萃) excerption, extraction | 어떤 저작물의 원문에서 이느 부분을 생략하여 한 책으로 한 것, 또는 필요한 부분을 변이하지 않고, 그대로 골라 뽑는 것. 뽑아낸 부분을 말한다.

방각본(坊刻本) | 민간의 서사(書肆)=서점(書店)에서 영리를 목적으로 주로 목판에 새겨 찍어낸 책을 말한다. 동의어로 방간본(坊刊本), 방각자본(傍刻字本), 방주자본(坊鑄字本), 서방본(書坊本), 방본(坊本), 서사본(書肆本), 사본(肆本).

방각본 소설(坊刻本 小說) | 사본으로 내려오던 고전 소설을 1846년 이후 서울, 완산(完山), 안성(安城) 등지에서 판각한 것을 말함. 57종이 알려져 있다.

방각판(坊刻版) | 중국의 남송(南宋) 이후 영리를 목적으로 하는 서점에서 출판한 사각본(私刻本)의 일컬음. 방각본(坊刻本). 방간본(坊刊本). 방본(坊本)이다.

방백(傍白) | 청중에게는 들리나 무대 위의 상대방에게는 들리지 않는 것으로 하고 말하는 대사.

방서지(訪書志) | 방문하여 조사 연구 기록한 것. 일본방서지(日本訪書志)/심우준(沈嵎俊).

방식주의(方式主義) formality | 저작권의 발행 및 행사(行使)에 관한 일정한 방식(方式)을 요건으로 하는 주의(主義)로서, 우리나라와 같이 저작권을 자동적으로 보호하지 않고, 저작권의 보호내지 취득에 있어, 일정한 방식을 요구하는 저작권 제도를 말한다. 대표적인 국가는 미국으로, 서적의 경우에는 copyright나 약호

copr. 혹은 ©의 기호로 표시하고, 음반 등 녹음물에 붙이면 저작권을 확보 받는다.

방안지(方眼紙) section paper, squared paper | 일정한 간격으로 여러 개의 가로줄과 세로줄을 엇걸리게 그은 종이. 설계도·도안·도표. 모눈 - 종이의 구 용어이다.

방주(傍注, 旁注) | 도서의 본문 옆에 단 주석(註釋). 그 페이지의 본문 중의 일부에 관해 참고문헌 등을 지시(指示)한다. 난외주(欄外注)의 일종이다.

방책(方冊) | 호접장(蝴蝶裝), 포배장(包背裝), 선장(線裝) 등으로, 제책(製冊)되어 외형이 직육면체로 된 책.

배네헤드 banner head | 페이지의 좌에서 우로 가득 펼쳐진 크나큰 헤드라인. 이를 스트리머(streamer)라고도 한다.

배드카피 bad copy | 지저분하고 더러운 원고. 매우 더러워졌거나, 악필이어서 보기 힘든 원고를 말한다.

배문자(背文字) | 책표지의 등(背)에 박은 글자로 서명, 저자명, 출판사 등이 인쇄된 문자(文字)이다. 배표제(背標題 : back title)이라고도 한다.

배본(配本) | ①서적, 잡지를 출판사에서 총판, 소매점으로 배달하는 것. 배책(配冊). ②예약 출판물을 예약자에게 배부(配付)하는 것이다.

배서(背書) | 책장이나 서면(書面) 같은 것의 뒤쪽에 글씨를 씀. 또는 그 글씨. 혹은 서배(書背)에 기입된 서명 등이다.

배인본(排印本) | ☞ 활자본(活字本)을 보라

배자본(排字本) | 글씨를 쓰거나 조판을 할 때, 글자를 알맞게 배열한 책이다.

배접(褙接) | 책장이 마손 또는 찢어진 것을 보호할 때, 그 책장 크기의 얇은 종이를 책장 뒷면에 풀로 붙여 보강하는 것.

배킹 backing | 속장의 앞뒤 모서리

를 삐죽이 나오게 하여 귀를 만드는 작업이다.

배포(配布) distribution | 대가를 받거나 받지 아니하고, 저작물의 원작품 또는 그 복제물을 일반 공중에게 양도, 또는 대여하는 것을 말한다.

배포권(配布權) right of distribution | 저작 재산권에 포함되는 권리로 저작물의 원작품, 또는 그 복제물을 배포 즉, 일반 공중에게 대가를 받거나 받지 아니하고 양도, 또는 대여할 권리를 말한다.

배혁(背革) | 책표지의 등(背)만을 가죽으로 입히는 것. 또, 그 가죽. 배피(背皮)이다.

배혁제본 quarter leather | 책등은 가죽으로 표지는 클로스(colth)로 제본된 도서이다.

백가서(百家書) | 여러 학자들의 저서이다.

백과사전(百科事典) encyclopaedia | 학술, 기예(技藝), 가정, 사회 등 모든 분야에 걸친 사항을 한데모아 부분별 또는 자모순(字母順)으로 배열하여 항목(項目)마다 풀이한 사전이다.

백과전서(百科全書) | ①백과사전 ②모든 분야에 걸친 사항을 체계 있게 해설한 총서(叢書)이다.

백과총서(百科叢書) | 각과의 전문서적을 한데 모은 것. 또는 관계문헌자료를 수집한 것이다.

백광(白匡) 백위(白圍) | 본문 중 궐문(闕文)이 생겼을 때 그곳을 공백으로 님겨 두기 위해 흰 바탕의 모난 둘레로 표시한 것. 백광(白匡). 백위(白圍).

백구(白口) | 고서(古書)의 판심(版心) 에 있는 어미(魚尾) 상하의 상비(象鼻)가 백지(白紙)인 것. 상비(象鼻)의 중봉(中縫) 에 검은 선이 없고 공백인 것.

백권(白圈) | 문장의 마디가 끊어지고 새로운 마디가 시작되거나, 새로운 주석(註釋)이 시작되는 첫머리에 있는 흰 바탕의 권점(圈點).

백넘버 bask number | 발행되고 있는 잡지나 신문 등의 묵은호. 과월호(過月號)이다.

백문(白文) | ①정문(正文)이라고도 하며, 구두(口讀), 훈점(訓點), 단락(段落)이 없는 한문(漢文)을 말한다. ②백문(白文)의 한적(漢籍). 무점본(無點本)이라고도 한다. ③인장(印章)에 백자(白字)로 희게 음각된 것. 음각(陰刻)으로도 통한다.

백서(白書)1 white paper | 정부가 정치·경제·외교 등에 시책을 국민에게 발표하는 보고서.

백서(帛書)2 silk paper | 비단에 쓴 글. 또는 그 비단이다.

백수문(白首文) | 중국 후량(後梁) 주 홍사(周興嗣)가 하룻밤 사이에 만들고 머리털이 허옇게 세었다고 하는 고사에서 온 말로 "천자문(千字文)의 이명(異名)"이다.

백어미(白魚尾) | 흰 바탕으로 된 어미(魚尾).

백원(白圓) | 문장의 마디가 끊어지고 새로운 마디가 시작되거나, 새로운 주석(註釋)이 시작되는 첫머리에 있는 흰 바탕의 원점(圓點).

백위(白圍) | 본문중에 궐문(闕文)된 곳을 처리하는 방법으로 흰 바탕에 모난 둘레를 먹으로 표시하는 방법. 백광(白匡) 또는 백위(백圍)라 한다.

백추지(白硾紙) | 저지(楮紙)(닥나무껍질)의 고급품. 고운 대발로 두껍게 잘 떠서 다듬잇돌에 다듬질을 한 백지(白紙)는 도련작업(搗鍊作業)을 하여 지면(紙面)이 매끈하고 빳빳하며 희고 윤이 나게 한 질긴 종이이다.

백페이지 back paper | 책을 펴서 좌측이 되는 페이지로 left-hand page와 같은 뜻. 여기서 주의할 것은 좌페이지를 백페이지라고 부르기 때문에, 오른쪽 페이지를 프론트페이지라고 부를 것 같으나, 프론트(front) 페이지는 다른 뜻이 있으므로 사용상 주의할 것이다.

베스트셀러 best seller | 어떤 기간에 가장 많이 팔린 책·음반 등. 고속

형 선풍형(旋風型)으로 팔리는 책을 말하는데 반짝 셀러라 할 수 있다.

버그 bug ┆ 컴퓨터프로그램이나, 시스템 중 어느 부분의 착오나 또는 기계 상태가 고르지 못한 것, 또는 그 결함 등을 말한다.

버스트 burst ┆ ①복사장(複寫帳) 및 컴퓨터인쇄 복사지를 1장씩 낱낱이 떼어내는 것. ②데이터 전송에 있어서 어떤 기준에 따라 한 단위로서 취급하는 연속된 신호이다.

버티길파일 vertical file ┆ ①논문이나 기타 자료를 꽂아서 배열할 수 있는 용기. ②팜프렛, 그림자료, 서간 등을 수직으로 배열하는 용기이다.

번각(飜刻) ┆ ①원본에 따라 새로 핵목(核木)을 조각하는 것. 복간(復刊) ②한번 간행된 책을 재차 출판하는 것. 이 경우 내용이 같으면 반드시 동일 판이 아니어도 좋으나, 사진제판 등에 의한 원본대로 재간(再刊)도 말한다.

번각본(飜刻本) reprint ┆ 번각물을 말한다. 복각본(復刻本) 한번 새긴 책판을 원본으로 삼아 다시 펴낸 책이다.

번안(飜案) adaptation ┆ ①외국의 소설, gmolrhr 등을 사건(事件)이나 줄거리는 그대로 하고 인정(人情), 풍속, 지명, 인명(人名) 등을 자기나라의 것으로 고쳐서 개작(改作)함. ②옛사람의 시문(詩文)을 원안으로 하여 이리저리 고침. ③원 저작의 내용의 본질적 부분이나 줄거리를 바꾸지 않고 표현의 형식을 달리하는 경우를 말한다.

번안소설(翻案小說) ┆ 외국소설을 그 내용이나 줄거리는 원작(原作)대로 두고 인정. 풍속, 지명(地名), 인명(人名)같은 것을 자기나라의 것으로 고쳐서 번역한 소설이다.

번안서(飜案書) ┆ 기간(旣刊)된 도서 또는 논문을 시대에 적응하는 문체, 문장 또는 문자로 개작하는 것. 또는 원문의 내용, 줄거리를 살려서 시대 또는 인물을 바꾸어 새로이 설정한 작품이다.

번역(飜譯) translation ┆ 한 나라의

말로 쓰여진 저작물의 내용을 다른 말로 옮긴 것이다.

번안가(反案家) ∥ 번역을 전문적으로 하는 사람이다.

번역권(翻譯權) right of transration ∥ 저작권의 일종. 어떤 저작물을 외국어로 번역, 출판할 수 있는 권리이다.

번역문학(飜譯文學) ∥ 외국의 문학 작품을 제 나라말로 번역하여 독특한 예술미가 있도록 한 문학. 해외문학의 소개, 비교, 연구 등에 이바지한다.

번역물(飜譯物) ∥ 번역물에는 두 가지 뜻이 있는데 ①일반적으로 출판물 일반을 가르키는 것과 ②저작권법상 원저작물과는 달리, 이것을 번역하게 된 저작물을 의미한다.

번역물공동관리 translation pool ∥ 다양한 경로로 입수된 모든 번역물을 중앙에서 일단 집중관리 하는 동시에 협력에 참여한 기관이나 개인에게 이용하도록 한다.

번역자(飜譯者) translater ∥ 번역한 사람이다. 역자(譯者)이다.

번역저작권(飜譯著作權) ∥ 2차 저작물로서의 번역물에 관해 그 번역자에게 발생하는 저작권이다.

번역저작물(飜譯著作物) work translated ∥ 번역에 의해 작성된 저작물로써, 이는 2차적 저작물로 인정되고, 번역자는 독립된 저작권을 가지게 되나, 그것에 의해서 원 저작물의 권리에는 영향을 미치지 않는다. 따라서 번역 저작물의 사용에는 번역 저작권자의 허락 뿐만이 아니고, 원 저작권법 제7조의 각호에 해당하는 보호받지 못하는 저작물에 대하여는 그 번역물도 역시 보호되지 않는다.

번인본(翻印本) ∥ 출판된 일이 있는 책을 새로 활자화 한 책이다.

번자(翻字) transliteration ∥ 어떤 언어의 문자를 딴 언어에 있어서의 동음(同音), 혹은 근앙음(近仰音)의 문자로 바꾸는 것이다.

번지 address ∥ ①컴퓨터의 레지스터, 기억장치내의 데이터가 기억된 장소로서, 이것은 이름, 레이블, 숫자 등으로 나타낸다. ②텔레커뮤니케이션에서는 데이터 또는 메시지의 목적지 코드를 나타낸다.

번지지정 addressing | ①데이터전송 시스템에 있어 제어센터로부터 메시지를 어디로 보낼 것인가를 선택하는 것. ②프로그램에 있어 데이터를 기억장치의 어느 곳에 기억시킬 것인가를 할당하는 것.

번지해독기(番地解讀機) address decoedr | 명령레지스터의 번지로부터 보내져 온 번지를 해독하고, 그 내용을 불러내는데, 필요한 신호를 보내주는 장치이다.

번짐/번지다 spread | 목판본과 목활자본은 글자를 확대해 보면 먹물이 주위에 번져있는 현상을 볼 수 있다. 차차 넓게 퍼지다. 금속활자본은 글자를 확대해 보아도 번짐 현상을 볼 수 없다.

범미협약(汎美協約) Pan American Copyright Convention | 세계저작권 협약이다.

법인저작물(法人著作物) | 공사(公私)의 법인이 자기의 저작명의(名義)를 사용하여 공표한 저작물로서 법인명의의 저작물이며, 단체저작물의 하나이다.

법첩(法帖) | ①체법(體法)이 될 만한 명필(名筆)의 서첩(書帖). ②서도(書道)에 있어서 모범적인 고인(古人)의 필적(筆蹟)을 돌, 나무 등에 새긴 것이다.

베네치아서체 Venezia | 프랑스인 Nicholas Jenson이 독일에 파견되어 기술을 습득하다가, 이탈리아로가 베니스에서 1420~1480년경 로만서체(이탈리아에서 그 시대의 초기에 쓰던 체(體)의 형태를 기초로 제작한 서체. 특징은 e자의 모선(母線)이 다른 서체의 e자보다 오른 쪽이 상향(上向)되어 있다.

베른 만국 저작권 조약 Berne Copyright Union | 문학적 및 미술적 저작물보호에 관한 조약으로, Berne Convention 이라고도 하며, 저술, 문학 및 예술작품의 보호를 위한 조약으로서, 1886년에 스위스의 베른에서 개최된 국제회

의에서 채택되었다. 목적은 저술, 문학 및 예술작품의 저작권을 가능한 한 효과적으로 보호하는 것이다.

베스트셀러 Best Seller ┊ 1895년 미국에서 월간 문예지에서 "북앤"이 잘 팔리는 것이 베스트셀러조사의 시초가 되었는데 ①정해진 기간 내에 시장(市場)의 많은 도서들 중에서도 출중하게 많이 팔리고 있음이 서점(書店)을 통해 집계(集計)로 나타난 것이다. ②1년간 혹은 어떤 계절 동안에 가장 많이 팔린 책을 말한다.

베스트셀러 기획(bestseller 企劃) ┊ 일반적으로 대량생산, 대량유통, 대량판매라고 하는 측면을 보면, 영리추구를 전제로 일정기간 많이 팔려는 것이 베스트셀러 기획이다.

베즐 basil ┊ 도서제본용으로는 적합하지 않은 양가죽을 말하며, 주로 계산서 등의 제본에 사용된다.

벽경(壁經) ┊ 서경의 고본(古本). 진시황이 책을 모두 불사를 때 없어진 것을 한(漢)나라 때 복생(伏生)이 입으로 되어 전하였는데, 뒤에 노(魯)나라 공왕(恭王) 때 공자의 옛집 벽 속에서 이 고본을 발견하였다.

변란(邊欄) ┊ 책장(冊張)의 상하좌우에 둘레로 그려진 검은 선. 광곽(匡郭), 판광(版匡). 판(板)의 사주(四周)에 있는 묵선(墨線)을 말한다.

변명(變名) ┊ 저작자가 저작물을 발표할 때 이름을 바꾸어 고침, 또 그 이름. 실명(實名)이외로 쓰는 가명(假名)이다.

변상도(變相圖) ┊ 불전에 들어있는 책머리에 두는 도판을 권수도(卷首圖) 특히 변상도라 한다.

변이제목(變異題目) bastard title ┊ 면지와 안 표지 사이에 박은 제목. 약표제(略標題)이다.

변측본 aberrant copy ┊ 제본이나 제작상에 잘못된 것이다.

변측제본 binding variation ┊ 동일한 판의 도서라 할지라도 표지의 색깔이나 형태가 다양한 경우의 제본을 말한다. 이것은 여러 가지 생산적인 원인에 의한 것인데, 특히 전판이 같은 때에 제본되지 않았을, 경우와 습기 등의 불리한 조건하에 저장된 경우가 있다.

별면(別面) page change | 책자에서 편(編), 장(章) 등의 끝에 여백을 둔 채 짝수면, 홀수면에 관계없이 페이지를 바꾸어 다음 편, 장을 새 페이지에서 짜기 시작하는 것을 말한다.

별명색인 nickname index | 인명, 지명, 공식보고서, 법률 및 단체의 별명과 완전명이 수록된 목록이다.

별본(別本) | 별도로 된 책이나 문서이다.

별서명 alternative title | 별서명은 한 도서가 가진 동일한 문자로 된 2개의 표제 중 부차적인 서명으로서 본서명 이외의 다른 서명을 말한다.

별쇄(別刷) one shot | 서적, 잡지 등의 인쇄물에 있어, 그 책의 주체를 이루는 부분과는 별도로, 일부를 별개의 인쇄소나 별개의 판식(版式)에 의해 인쇄하는 것. ①정기간행물의 한 호 전체나 도서의 요약을 재쇄하는 것. ②한 호만 발행된 잡지. ③정기간행물에 수록된 논문의 단독 발행권이다.

별쇄붙이기 | 본문 접지(摺紙)가 끝나면, 표제지 머리그림 따위를 지정된 자리에 붙이는 작업을 말한다.

별쇄삽화 extra-illustrated | 해당도서와 관련이 있는 삽화나 인쇄물을 다른데서 추가로 수집하여 삽입한 것을 말한다.

별쇄조판 first separate edition | 다른 것과 함께 발행된 적이 있는 자료가 분리되어, 독자적인 표제지로 인쇄된 조판을 말한다.

별장(別張) | 서적의 본지(本紙)와 다른 용지를 써서 삽입된 페이지를 말한다. 표제지, 표제화, 지도, 도표 따위 별장(別張)이 된다.

별집(別集) | 서책(書冊)을 내용에 따라 분류하는 경우, 개인의 시문집(詩文集)을 말한다. 총집(總集).

별책(別冊) separation edition | 잡지나 도서를 발행하는 경우, 본지(本誌)와는 따로 나누어 엮어 만든 책으로 원래 그 기사가 수록된 간행물의 호수를 그대로 유지한다.

별책부록(別冊附錄) | 본지의 부록으로서 첨부하는 것이다.

별치본(別置本) | 귀중서, 희귀본, 특별 대형본 등의 책을 다른 곳에 보관하여 별도 취급한 도서이다.

별판(別版) | ①따로 차리는 판. ②뜻밖에 벌어진 좋은 판세. ③아주 별스러운 국량(局量).

별행본(別行本) | 총서목에 들어 있으면서 책의 대소(大小), 출판년일, 판식(版式) 등이 전혀 다르며, 별도 취급을 받고 있는 책이다.

병렬판 parallel edition | 동일저작물이 병행하여 인쇄되었으나, 본문이 상이한 자료로서 성서의 흠정역(欽定譯)과 개정판. 원문과 번역물의 언어가 다른 도서, 하나의 저작물에 2개 이상의 판이 있는 것이 그 예이다.

병제본(並製本) | 호부장(糊付裝), 반양장, 무선철(無線綴) 등 본양장이 아닌 책자를 말함. 본양장본을 상제본(上製本)이라고 하는데서 상대되는 말이다.

병진자(丙辰字) | 세종18년(1436)에 진양대군(세조)이 쓴 대자를 자본으로 주조한 것으로 세계 최초의 연활자였다. 갑인자병용한글자(甲寅字竝用한글字)는 세종29년(1447)에 강직하고 굵은 고딕인서체를 자본으로 주조한 한글 동활자로 우리나라 최초의 한글 금속활자로 가치가 있다.

보각본(補刻本) 보각판(補刻板) | 목판이 오래되어 문자에 완결(完缺)이 있고, 목륜(目輪)이 심하여 판독할 수 없거나, 또는 분실된 부분이 있어서 이를 보수하여 간행한 책. 보수본(補修本), 수보본(修補本), 보판본(補版本)이라 한다.

보강제본 reinforced binding | 출판사 제본을 도서관의 제본사가 보강한 제본이다.

보강천 mull | 도서의 책 등을 보강

하기 위하여 사용하는 얇고 느슨하게 짠 섬유이다.

보급판(普及版) popular copyrights | 판권소유자의 승인을 얻어 원판 인쇄시 사용했던 조판을, 그대로 사용하여 값싸게 인쇄한 도서로서, 많은 독자에게 저렴한 정가로 하여 쉽게 책을 구입할 수 있도록 발행된 서적이다.

보디타이프 body type | 본문의 활자나 인자(印字)를 말함. 이것의 크기를 정하는데 있어서 독자 대상을 가장 염두에 두어 이독성(易讀性)을 고려해야 한다.

보드 boards | ①책 표지로 사용하는 마분지, 판지 등을 말하며, 종이 표지일 때는 paper boards라고 하고, 헝겊 표지일 때는 cloth boards라고 한다. ②널판지, 판자. ③인쇄에 사용되는 펄프, 풀, 카드 등을 포함한 일반적인 용어이다.

보디타이프 body type | 헤드라인이나 서브 헤드라인(sub head-line) 등의 활자에 대비되는 보디카피의 활자체이다.

보유판(補遺版) supplement, contimuation | 이미 출판된 사서(四書)나 논문의 보충(補充)부분으로서 본문(本文)을 더욱 완성 보강할 목적으로 추가발행 하는 것이며, 때로는 권말에 합철 한 것도 있다.

보주(補註) | 문장의 장(章), 절(節), 항(項)의 끝에 행(行)을 바꾸어, 그 부분의 부족한 점을 보충하여 소문자(小文字)로 단 주해(註解)이다.

보주활자(補鑄活字) | 원주(原鑄) 활자(活字)가 부족하여 보충 주자(鑄字)한 것.

보통경(普通經) | 개인의 출자로 서사(書寫)된 불경(佛經).

복각(復刻) | 판본(版本)을 중간(中刊)하는 경우에 원형을 모방하여 재각(再刻)하는 것.

복각본(復刻本) reprint copy | 한 번 새긴 책판을 원본으로 삼아, 그대로 다시 목판으로 새겨 펴낸 책. 번각본(飜刻本).

복간(復刊) republication ∥ 간행을 중지 또는 폐간되었던 정기간행물을 다시 간행하는 것.

복귀개행문자 new line character ∥ 인자위치나 표시위치를 다음의 인자행이나 표시행의 최초의 위치로 이동시키는 서식 제어문자.

복본(複本)의 소장(所藏) added copies ∥ 동일한 도서가 2책 이상 있을 때. 복본의 소장은 장서를 효과적으로 보존하기 위한 방법이다.

복사(複寫) copy ∥ 평면적 저작물 또는 저작물의 복제물을 그대로 복제하여, 동일 복제물을 만드는 것. 문서, 사진, 회화 등의 photo copy reprint 등이 속한다.

복사술 reprography ∥ 사진, 인쇄 등을 기술을 써서 문서, 도면 등을 복제하는 방법을 총칭하는 용어이다.

복음서(福音書) gospels ∥ 신약성서 가운데서 예수의 생애와 언행을 적은 마태복음·마가복음·누가복음·요한복음의 네 가지를 말한다.

복제(複製) reprodustion ∥ ①원 저작물을 인쇄, 사진, 복사, 녹음, 녹화 그 밖의 방법에 의하여 유형적으로 다시 작성되는 모든 행위. ②원작과 동일한 유형물을 재제(再製)하는 것이다.

복제교정쇄 reproduction proof ∥ 목판이나 도판으로 예술품이나 사진, 도표 등을 최고의 수준으로 인쇄한 복제용 교정쇄이다.

복제본(複製本) ∥ 영인쇄, 복각본, 모각본(模刻本)의 약칭이다.

복제판(複製版) ∥ 걸작 미술품을 널리 대중에게 소개하기 위하여, 원화(原畫)가 가지는 감각을 재현한 인쇄물. 일반적으로 미술복제 라고하며, 넓은 뜻으로는 조각, 공예 등을 복제의 대상으로 한다.

본드가죽 bonded leather ∥ 가죽 조각을 송진으로 붙혀 만든 재료로서 천이나 종이와 같이 책표지로 사용한다.

본드지 bond paper ∥ 질기고 튼튼한 특별히 좋은 용지를 말하며, 증권이나 법률문서 등에 사용한다.

본론(本論) main matter | 저자의 주장되는 부분을 말한다. 도서의 본체로 전부, 후부, 부록, 색인 등의 부수적인 부분을 뺀 가장 중요한 중심 부분이 있는 본문의 부분을 말한다.

본문(本文) text | ①서적 속에서 저작물로서 주요한 주체를 이루는 부분으로, 앞부분과 뒤부분을 뺀 저작물의 내용을 말함. 때로는 주(註), 표제(表題), 사진, 도판, 표 등을 뺀 순수한 본문만을 말할 때도 있다. 본문을 구성하는 요소로는 속표제지(또는 반표제지), 제목, 내용문장(본문), 인용문(引用文), 주(註 , 注), 도판(圖版), 사진판(寫眞版) 등이 있다. ②본디 그대로의 문장, 번역 또는 가감하지 아니한 원문(原文). ③주석(註釋), 강의(講義)등의 원 문장이다.

볼륨 volume | ①다른 도서와 구분하거나 동일 저작물의 다른 권과 구별하기 위한 것으로 독립된 자체 표제지. 생략표제, 표지서명이 있으며, 페이지도 독립하여 부여된 도서. ②포함하는 내용이 무엇이든 한 책으로 제본된 도서. ③문헌 혹은 문헌의 일부로서 자체의 표제지를 가진 것이다.

봉면(封面) | 부채(副菜) 손으로 부쳐서 바람을 일으키는 간단한 기구.

봉서(封書) | ①임금이 종친(宗親)이나 근신(近臣)에게 내리던 사서(私書)편지. ②왕비가 친정에 내리던 사서(私書)편지.

부독본(副讀本) | 주된 독본에 첨가하여 보조적으로 쓰이는 학습용의 독본. 과외독본 ↔ 성녹본(正讀本).

부록(附錄) appendixes | 권말에 첨부하여 본문의 이해에 도움이 되는 자료를 말한다.

부서명(副書名) sub-title | 부제(副題). 서적이나 논문, 문예작품 등의 저작물의 제목에 덧붙이는 제목. 부표제(副標題), 부가표제(附加表題)이다.

부수(部數) | 책, 잡지, 신문의 부(部)의 발행 수이다.

부수(部首) | 한자 자전(字典)에서 글자를 자획구성(字劃構成)을 기준으로 분류, 배열할 때 그 부(部)에 공통되는 부분이다. 옥편(玉篇)이다.

부주본(附注本) | 고전의 본문에 주석(注釋)을 가(加)한 책으로, 본문만을 넣은 백문(白文)에 대응한 용어이다.

부표목(副標目) subhead | 표목 다음에 기입하는 2차적인 표목이다.

북 케이스 book case | 서적의 보호를 목적으로 하는 전용의 종이 상자이다.

북 클럽 book club | 클럽에서 선정한 책을, 정가보다 싼 값으로 특별 제본하여, 회원에게 우송 배포하는 그룹. 1926년 미국에서 처음 설립되었고, 세계 각국에 파급되고 있다.

북페어 book fair | 일반적으로 책의 견본시(見本市), 도서전을 말하나, 특히 국제적인 것을 가리킨다. 최근에는 우리나라 일부대학도서관 공간부족으로 '제적(폐기)도서전시회'를 개최한다.

분당지(粉唐紙) | 중국산 종이의 하나(얇은 백지(白紙))이다.

분류법(分類法) classification | ①도서를 주제에 따라서 논리적으로 분리하는 것. ②도서를 분류하기 위해 편성된 분류표. 미국: DDC(Dewey Decimal Classification) 듀이십진분류법. 한국: KDC(Korean Decimal Classification) 한국십진분류법이다.

분서(焚書) book burning | 위정자가 언론 통제를 위하여 책을 불살라 버리는 것이다.

분석색인 analytical index | 참고도서 등에서와 같이 일반주제하에 배열된 각 항목의 지시에 대하여 특수주제로도 찾을 수 있도록, 특수주제하에 자모순으로 배열한 색인을 말하며, 또는 특수주제하의 자료에 대하여 분류순으로 찾을 수 있도록 배열한 유별색인을 말한다.

분석서지 analytical bibliography | 서명, 표어, 소인, 종이에 비치는 무늬 등을 관찰하여 발행에 관한 자료를 알아내는 서지의 일종으로, 비평적 서지

또는 역사적 서지라고도 한다.

분석서지학(分析書誌學) 또는 비평서지학 analytical or critical bibliography | 분석서지학은 인쇄본이든 필사본이든 도서의 물질적 특징을 분석하는 서지학을 의미한다.

분주지(粉周紙) | 전남북에서 생산되는 권지(卷紙)로, 미분(米粉)을 두들겨서 만든 종이이다.

분책(分冊) instalment | 한 권 또는 한 책으로 엮을 수 있는 도서나 간행물을 부분적으로 분할해서 여러 권으로 나누어서 별개(別個)로 출판하여 제본한 것이다.

분책발행 pant-issue | 일정한 간격으로 발행된 자료의 한 분책으로서, 전체자료의 발행이 완료되면 다 함께 제본된다.

분책출판물 pant publications | 정기적인 간격으로 독립된 분책으로 발행되는 장편집이다.

분철본 detached copy | 본래 출판되었던 저작에서 실제로 옮겨진 페이지를 가진 카피. 보통 정기간행물에서 따온 논문에 적용된다.

분출책자 analytical bookle | 레코드 앨범이나 개개 레코드에 따른 기술적인 혹은 서지적인 책자이다.

분판(粉版) | 기름을 혼합해서 백분(百粉)을 칠한 목판(木版)으로 아동의 습자에 사용한다.

불리언 논리식 Boolean expression | ①정보검색에 있어서 조건 범위를 나타내는 식. AND, OR, NOT 등을 사용함. ②프로그램상의 조건을 나타내는 문법. IF, THEN, ELSE 등을 사용한다.

불리틴 bulletin | 광보(廣報), 회보(會報) 등 단체나 관청이 발행하는 정기간행물을 말함. 신문이나 폴더형식 또는 소책자로 근황보고(近況報告) 따위의 정보 전달로 쓰이는 사내보(社內報)나 하우스 오건의 형식이다.

불인(佛印) | 불경(佛經) 또는 사경(寫經)을 다량으로 만들어 공양(供

養)했던 불교행사.

불조직지심체요절(佛祖直指心體要節) | 불교에서 교리를 궁구(窮究) 연구하거나 계행(戒行)을 닦지 않고, 직접 사람의 마음을 지도하여 불과(佛果)를 이루게 하는 것.『불조직지심체요절』1377년(선광7년), 2001년 9월 세계최고 금속활자본으로 인정받아 유네스코 '세계기록유산'으로 등재되었다. 동의어로 직지심경, 직지심체요절, 직지, 백운화상초록불조직지심체요절 이라고도 한다.

브라델 제본 Bradel binding | 임시 제본의 한 형태로 일컬으며, 불란서의 브라델이라는 제본가가 처음으로 사용하였다.

브라운 문고 John Carter Brown Library | 1800년까지의 미국의 발견과 정착에 관한 30,000여권의 장서로 구성되어 있으며, 미국에서 가장 잘 알려진 도서 수집가인 브라운(John Canter Brown 1897~1874)의 문고. 이것은 1900년에 브라운 대학에 전해졌으며, 현존하는 가장 좋은 미국장서중의 하나이다.

브로슈어 brochure | 형태는 부클릿(booklet)과 다름이 없으나, 지질, 인쇄, 제본 그 밖의 제작 면에서 일반 부클릿보다도 호화롭고, 질이 높은 것. 프랑스어의 brocher에서 파생하였다.

블라인드 blind | 책 표지에 금박이나 색깔을 사용하지 않고 글씨를 쓰는 것이다.

블라인드 페이지 blind page | 전체적인 면수에 포함되지만, 실제로 면수표시가 없고 비어있는 면. 일반적으로 서문에서 볼 수 있다.

블랙리트 black-list | 분실도서나 미지불 도서를 가지고 있거나 또는 벌금이 부과된 이용자들의 목록을 말한다.

블랭크 blank | ①본문중의 백지, 또는 백지페이지 ②조판(組版 : form) 가운데에서 종이와 접촉하지 않은, 인쇄되지 않은 공백부분을 말한다.

블랭킷 blanket | 오프셋인쇄에서 잉크를 판면에서부터 종이로 옮기는 고무로 싸인 원통을 말한다.

블록 block | 1단위로서 취급되는 연속된 정보단위의 집합으로 ①자기테이프에 있어서는 효율적으로 처리할 수 있도록 레코드를 몇 개로 정리하여 기록한 것. ②컴퓨터에 있어서는 주기억 장치와 입출력장치간을 전송하는 데이터의 단위. ③데이터통신에 있어서는 전송하기 위한 연속된 일군의 문자로 형성된 것.

블록본(block 本) block book, image book | 목판의 판본(板本:block)에서 인쇄한 책. 1425년경부터 남독(南獨) 및 홀란드에서 인쇄된 목판본을 말한다.

블록색인 block | 자료가 묶음으로 모여 있어서, 수작업검색을 용이하게 해 주는 일종의 색인시스템이다.

블록체크 block check | 가로와 세로의 줄무늬가 같은 격자(格子) 무늬이다.

블록카피 block | 제판용의 원고, 특히 선화철판, 평판, 요각요판, 등으로 제판기를 위하여 정서(淨書)한 그림, 문자 등이 이에 속함.

블록킹 blocking | ①2개 이사이의 레코드를 모아 하나의 블록으로 형성하는 것. ②채표지에 도장으로 금박 등을 찍는 것으로 미국에서는 stamping이라고 한다. ③복사할 때 필름, 종이, 애퍼츄어카드 등이 서로 붙는 문제점을 뜻한다.

블록킹 아웃 blocking out | 불투명한 잉크를 사용하여 음화 부분을 칠하는 것이다.

블록킹 인쇄술 blocking press | 책의표지나 케이스에 글씨나 모양을 찍기 위하여 가열된 나무토막을 사용하는 인쇄술이다.

블록킹 포일 blocking foil | 금이나 흰색의 금속, 색깔있는 안료를 입힌 종이 조각이다.

블루 북 blue book | ①영국정부가 의회에 제출한 보고서로서 청서(靑書)라 함. 청지(靑紙)의 표지(表紙)를 붙인 데서 비롯됨. ②직원록(職員錄), 신사록(紳士錄) ↔ 백서(白書)

비망기(備忘記) | ①불망기 ②임금

의 명령을 적어서 승지(承旨)에게 전하는 문서이다.

비망록(備忘錄) tickler | ①미래의 특정한 일자를 확인하기 위한 사건의 기록철(질문, 조회, 출판, 예정 등) ② 총명기(聰明記)이다.

비매품(非賣品) non-commercial publication | 학회, 대학, 정부기관 등 비영리단체에서 발행하여 판매를 목적으로 하지 않고, 특정한 개인이나 단체에 대하여 무료로 배부하는 간행물이다.

비본(祕本) | ①진서(珍書)로서 소중히 보관된 도서. ②기밀 유지상 특별히 관리하고, 관계자 이외는 보이지 않는 도서. ③성(性) 관계를 다룬 것으로 도덕상 문제로 미성년자 열람 금지 도서이다.

비블리오그라피 bibliography | ① 서적에 관한 학문 서지학 ②특정의 주제에 대한 참고 문헌의 목록이다.

비블리오 마니아 bibliomania | 장서광(藏書狂), 애서가(愛書家)이다.

비블리오테라피 bibliotherapy | 독서를 통해서 병을 치료하는 요법(독서요법)이다.

비블리오포올 bibliopole | 서적상, 특히 진서(珍書) 판매상이다.

비 에스 에이 BSA: Bibliographical Society of America | 미국서지학회(美國書誌學會)

비잔틴 제본 Byzantine bindings | 4세기 로마황제에 의한 비잔티움의 창설에서부터 시작되었으며, 금과 은으로 세공한 표지로 된 제본이다.

비지블 파일 visible file | 하부에 잡지명을 기입한 잡지입수카드를 일람할 수 있도록 한 파일이다.

비책자 자료 non-book materials | 도서, 정기간행물, 팜프렛 등의 범주에 속하지 않는 도서관 자료로서, 특별한 취급을 요하는 시청각자료, 버티컬 파일 자료를 말하며 이 자료에 대하여는 개별적으로 목적을 하지 않음.

비트 bit | ①정보의 한 기본단위로

1개의 2진숫자가 보유할 수 있는 최대의 정보량을 표시함. ②binary digit의 약자이다.

비판(B判) | 인쇄용지 또는 인쇄용지의 가공(加工) 마무리 치수를 정한 표준규격의 한 계열(系列). 인쇄용지의 경우는 765x1085㎜ 구텐베르크 성서를 전판(全判)으로 하고 매반절(每半截)마다 B2, B3, B4.....식으로 숫자를 붙여 감. 마무리 치수일때는 728x1030㎜구텐베르크 성서를 전판으로 하여 매반절마다 B2, B3, B4....등으로 숫자를 붙인다.

비평서지학 critical bibliography | 어떤 문헌의 작성과정을 상세히 재현하기 위하여 연구하는 학문.

비평초록 critical abstract | 작품 자체의 초록뿐만 아니라 초록자가 비평적으로 평가한 초록을 말한다.

비평총설 critical review | 새로 발표된 문헌을 평가함과 동시에 그 분야의 연구동향 등을 전망한 논문이다.

ㅅ

사가판(私家版) private edition | 일반 민간 혹은 서사(書肆)나 사리(寺利), 개인 등이 개판(開版)한 것을 말함. 또한 비영리적인 출판으로서 개인 간에 증정 배포하는 간본으로서 판매를 목적으로 출판하는데 대비한 호칭이다.

사가판본(私家版本) | 사가판본이라 함은 개인이 자비로 간행하여 대가를 받지 않고 기증한 책을 말한다. 고려시대는 불서와 문집류가 많았고, 조선시대는 시문집, 전기, 족보류가 많았다.

사각본(私刻本) | ①관본(官本)이 아니고, 판매의 목적이 아닌 민간의 간본(刊本). 사판(私版), 사가판(私家版), 사간본(私刊本). ②개인이 비용을 부담하여 한정된 부수를 자가(自家)출판하고 유지(有志)들과 나누어 가지는 책이다.

사경(四經)1 | 시경(詩經), 서경(書經), 역경(易經), 춘추(春秋) 의 네 가지 경서(經書).

사경(寫經)2 | 불교나 기독교 등 경전을 인쇄하지 않고 손으로 직접 글을 옮겨 쓴 것. 불교를 전파 목적으로 종려나무 껍질에 베껴 쓴 패엽경(貝葉經)에서 비롯되었다.

사경체(寫經體) | 불경을 필사하는데 쓰인 글씨체를 사경체(寫經體)라 한다.

사고(史庫)1 | 조선 왕조 때, 나라 사기(史記)와 중요한 서적을 감추어 두던 정부의 곳집. 강화 마니산(摩尼山), 무주 적상산(赤裳山), 봉화 태백산(太白山, 강릉 오대산(五臺山)에

있었다.

사고(社告)2 ┆ 회사, 신문사나 출판사에서 자기회사의 새로운 지면(紙面) 기획이나 연재, 또는 자기회사 주최 각종 사업 등에 대해 직접 독자에게 호소하고 널리 알리기 위해 일반 기사와 별도로 박스 형식등으로 게재하는 기사를 말함.

사고(四庫)3 ┆ 중국 당(唐)나라 현종(玄宗)때, 장안과 낙양(洛陽)의 두 곳에 서적을 경(經), 사(史), 자(子), 집(集)의 네 부문으로 대별하여 보존하던 곳집. 또 그 서적을 말한다.

사고전서(四庫全書)1 ┆ 청나라 건륭(乾隆)황제의 칙선(勅選)으로, 궁중과 민간의 장서 1만 223부 17만 2626권을, 경(經)·사(史)·자(子)·집(集) 으로 분류한 역사책이다.

사고전서(四庫全書)2 ┆ 조선왕조실록(朝鮮王朝實錄)은 태조부터 철종까지 25대의 역사적 사실을 편년체로 쓴 책으로, 조선시대 역사 연구에 가장 중요한 책이다. 춘추관에 실록청을 두고 4부를 만들어 ①춘추관 ②충주사고 ③성주사고 ④전주사고. 각각 1부씩 나누어 보관한 역사적 책이다. 1997년 10월 유네스코 세계기록유산 등록되었다.

사관(史官) ┆ 왕조시대 역사를 기록하던 관원(官員). 고려시대 사관(史館), 조선시대 사신(史臣).

사기(寫記) ┆ 사본(寫本)에서 서사년(書寫年), 서사자(書寫者), 서사장소(書寫場所) 등의 서사사항을 적은 기록이다.

사독자(査讀者) referee ┆ 정기간행물에 게재할 논문을 접수할 것인가를 심사, 평가하여 편집자를 도와주는 사람이다.

사례도서 casebook ┆ 법률이나 사회학 또는 심리학 등에서 참고가 되는 사례를 기록하고 해설, 해석을 한 도서이다.

사륙문(四六文) ┆ 한문체(漢文體)의 한 가지. 중국의 한나라와 위(魏)나라에서 처음 비롯되어 육조(六朝)와 당(唐)나라에서 유행하던 문체(文體)인데, 네 글자와 여섯 글자를 기본으로 하여 대구법(對句法)을 쓰며, 압운(押韻)이 많은 반려문(返儷文)임.

사륙반절(四六半切) | 사륙판(四六判)의 반절이 되는 인쇄물의 규격(規格). 또, 그런 인쇄물. 사륙반판(四六半判).

사륙배판(四六倍判) | 사륙판(四六判)의 갑절이 되는 인쇄물의 규격. 또, 그런 인쇄물이다.

사륙판(四六判) | ①인쇄용지의 크기에 대한 규격의 하나 가로 78.8cm, 세로 109.1cm의 양지(洋紙)의 판. ②책이나 잡지 같은 것의 크기에 관한 규격의 하나. 가로 13cm, 세로 19cm의 인쇄물이다.

사목석판(砂目石版) | 석판석의 표면을 금강사(金剛砂)로 문질러 사목이 일게하고, 그 위에다 크레용으로 직접 그린 것이다.

사본(寫本) Manuscript | 붓이나 펜을 이용해 손으로 쓴 책. 같은 의미로 서사본(書寫本), 필사본(筆寫本), 초본(鈔本), 선사본(繕寫本), 녹본(錄本) 등이 있다.

사사(謝辭) acknowledgment | 서적, 논문을 출판할 때 참고자료를 제공했던 사람이나, 기관, 편집·교정·색인작성에 도움을 준 사람들 중 특히 기술하고 싶은 사람에 대하여 감사하는 글로서, 일반적으로 기술하는 위치는 도서의 경우 헌사(dedication)가 있는 것은 헌사 다음에 페이지에, 없는 경우에는 표제지 다음 페이지에, 그리고 논문인 경우에는 뒤쪽의 참고문헌 앞에 각각 기입한다.

사사(社史) | 회사의 역사. 또, 그 기록이다.

사색판(四色版) four-color crocess | 붉은 빛, 누른 빛, 푸른 빛, 검은 빛의 네 가지 빛깔로 박는 원색판(原色版).

사서(司書) librarian | 도서관의 전문적인 업무를 수행하는 사람, 즉 서적을 맡아보는 직분이다.

사서(辭書) | 사전(辭典), 백과사전(百科事典), 자서(字書).

사성기(寫成記) ｜ 사경(寫經)에서 서사년, 서사자, 서사장소 등의 서사 사항을 적은 기록.

사자생(寫字生) capyist ｜ 인쇄술이 발달하기 이전에 글씨를 베껴 써 주는 일을 업으로 삼는 사람을 말함. 필사생(筆寫生), 필사원.

사자생(寫字生)서체 book hand ｜ 인쇄가 도입되기 이전에 사용된 예술적인 서체이다.

사주단변(四周單邊) ｜ 광곽(匡郭)의 네 둘레가 한 줄의 검은 선으로 그려진 것. 사주에 하나의 검은 선. 사주단변(四周單邊). 사주단란(四周單欄).

사주쌍변(四周雙邊) ｜ 광곽(匡郭)의 네 둘레가 두 줄의 검은 선으로 그려진 것. 사주에 두 개의 검은 선. 사주쌍변(四周雙邊). 사주쌍란(四周雙欄). 자모쌍선(子母雙線).

사진복제(寫眞複製) photocopy ｜ 평면적 저작물, 저작물의 평면적 복제율 또는 저작물성이 없는 문서, 도형, 인쇄물 등을 사진기술에 의해 복제물로 복제하는 것이다.

사진석판(寫眞石版) ｜ 사진제판을 응용하여 석판석에 제도한 것. 아스팔트감광액, 또는 난백감광액(卵白感光液)을 석판석에 바르고 특수한 방법으로 네거티브에서 인화하여 현상잉크를 발라 현상한 다음, 석판의 제판처리 한 것이다.

사진식자(寫眞植字) phototype setting ｜ 활자를 가지고 조판(組版)하는 것이 아니라, 사진식자기로써, 글자를 하나하나씩 인자(印字)하여 나가는 것. 줄여서 사식(寫植)이라 한다.

사진식자기(寫眞植字機) phototype-setter ｜ 활자를 쓰지 않고, 사진으로써 문자를 한 자씩 감광지(感光紙)나 필름에 인자(印字)한느 기계. 12포인트 크기의 활자 자체가 음판(陰板)으로 되어 있는 유리문자판에 의하여 렌즈를 써서 한 개의 문자를 20종으로 확대·축소 또는 편평체(扁平體), 종장체(縱長體), 사체(斜體)등 자유로 할 수 있으며, 문선(文選)이나 식자(植字)의 번거로움이 없음이 특징임. 조작하는 사람에 따라 일분 간 40

자의 속도까지 식자가 가능함. 줄여서 사식기(寫植機)라 한다.

사진연판복제 photo-zincography ‖ 사진술에 의하여 만들고 이 사진을 넣은 아연판을 통하여 그림이나 도면을 복사하는 방법이다.

사진오프셋 photo-offset ‖ 사진술에 의하여 금속판위에 상을 재현하여 전사 인쇄하는 방법이다.

사진원고(寫眞原稿) ‖ 필름이나 인화지형태로 만들어지는 데, 흑백사진(photography)과 컬러사진(color copy)이 있다.

사진인쇄 photo print ‖ ①인화지에 필사자료를 복제한 것. 동의어로서는 사진판이라고도 한다. ②사진식자에 있어서 인쇄과정으로 넘길 수 있도록 인쇄상의 모든 작업이 마무리 된 최종 시험쇄이다.

사진저작권(寫眞著作權) ‖ 문예, 학술, 미술에 관한 사진에 대해서 인정되는 저작권이다.

사진제도(寫眞製圖) photo draft ‖ 사진을 사용한 복제법(複製法). 특수한 감광유제(感光乳劑)을 칠한 금속판위에 레이 아웃트나 설계를 하는 방법인데 공구작도(工具作圖) 분야에서 원판으로 사용된다.

사진제판(寫眞製版) ‖ 사진술을 응용한 인쇄 제판법. 감광피막(感光被膜)의 어떤 판면에 원고의 사진 음화(陰畫)를 밀착시키어, 부식시키는 등의 처리를 거쳐하는 여러 가지 사진판 제조의 방법이다.

사진제판법1 photo-engraving ‖ 그림이나 문서 등을 사진기술을 응용하여 제판하는 방법으로서 평판이나 철(凸) 판제법에 사진기술을 이용한 방법이다.

사진제판법2 process engraving ‖ 사진, 문서 등을 사진술을 응용하여 제판하는 방법이다.

사진철(凸)판 process block ‖ 사진제판지법에 의하여 화학적, 기계적 방법으로 만든 금속인쇄판이다.

사진철(凸)판술 phototypography | 인쇄면이 철판으로 만들어져 있는 사진술을 응용하는 인쇄이다.

사진판(寫眞板) | ①인쇄물에 사용된 사진 또는 그 판을 가리키는데, 망점 블록판을 가리켜 사진판이라고 할 때도 이라고 할 때도 있다. 콜로타이프(collotype), 사진동판, 사진아연판, 사진석판(石板), 그라비아(gravure), 삼색판 등이 있으며, 제법(製法)에 의하여 철판, 요판, 평판 등이 있다. ②신문, 잡지 등의 사진으로 인쇄되는 면이다.

사진평판 photo-lithography | 인쇄물이나 그림을 복사하는 방법으로서 석판인쇄를 위하여 금속판에 원도를 사진 복사하는 방법이다.

사찰본(寺刹本) | 사찰본은 사찰에서 간행한 책을 총칭하며, 사원판, 사찰판본, 사찰판이라고도 한다.

사판본(私版本) | 개인이 자비(自費)로 출판하는 것. 개인의 비용으로 출판하는 책이다.

산록(散錄) | 마음에 떠오르는 것을 붓가는 대로 기록함. 또, 그 기록. 만록(漫錄), 수필(隨筆)이다.

산세리프 Sanserif | 로마자 활자서체의 일종. 세리프(serif)가 없는 서체(書體)라는 의미. 세리프란 서양문자의 가로 또는 세로 끝부분에 뾰족하게 나온 부분을 말한다.

산화비륨 종이 baryta paper | 바륨황산염을 입힌 금속성 종이. 자동녹음장치 등에 사용된다.

살청(殺靑) | 죽간목독(竹簡木牘)을 필사재료로 할 때, 죽간의 경우 대나무의 푸른 색깔을 불에 쪼여 변화와 즙액을 제거하고, 해충을 방지하고 오래 보존할 수 있게 하였다. 목독의 경우 나무 조각을 충분히 건조하여 사용하였다.

삼교(三校) | 인쇄할 때에 재교(再校)의 다음인, 세 번째로 보는 교정. 또, 그 교정지(校正紙). 삼준(三準).

삼남책판목록(三南冊板目錄) | ☞ 완영책판목록(完營冊板目錄)을 보라.

삼대목(三代目) | 신라 진성여왕 2년(888)에, 위홍(魏弘)과 대구 화상(大矩和尙)이 왕명으로 엮은 향가집, 후세에 전하지 아니함.

3/4제본 three-quarter leather | 책등을 제본한 가죽으로 표지의 1/3정도까지 제본하는 방식이다.

삼조본(三朝本) | 남송관각(南宋官刻)의 각서(各書)의 서판(書板)은 원(元)을 거쳐 명(明)에 이르기 까지 남경(南京) 국자감(國子監)에 들어갔다. 이 송판(松板)은 원(元)과 명(明)의 사이에 교대(交代)로 수보(修補)되어 삼조(三朝)를 경과, 세칭(世稱) 삼조본(三朝本)이라 한다.

삼지(三枝) 닥나무 | 닥나무 껍질로 종이 한지를 만들었다. 조선일보 2025. 3. 4 A29

삼학사전(三學士傳) | 병자호란 때의 삼학사의 전기. 송시열(宋時烈)이 편찬. 부록으로 명나라 황제의 칙유(勅諭)·왕세손상소(王世孫上疏) 및 정조(正祖)의 제문(祭文) 등을 수록했다.

삼한 금석록(三韓金石錄) | 우리나라 우리나라의 금석문을 수록한 책. 조선왕조 철종9년(1858)에 오경석이 지음. 연대·저자(著者) 등을 고증하였다. 모두 1책.

삼행(三行) | 수자(首字)보다 세 글자 높게 개행(改行)할 경우, 제일 높은 글자 자리를 일행(一行) 또는 극행(極行)이라 하고, 그 다음 높이의 글자 자리를 이행(二行)이라 하는데, 그 다음 높이의 글자 자리를 말함.

삽지공(插紙工) | 인쇄할 때 기계에 종이를 먹이는 사람. 먹인다.

삽지판(插紙板) | 인쇄할 때 그 종이 밑에 받치는 판이다.

삽화(插畫) illustration | 서적·잡지·신문 등에 삽입하여 내용·기사 등에 관계가 있게 하는 그림·광의(廣義)로는 서적이나 잡지의 표지(表紙)·커트(cat)·광고미술 등도 의미함.

삽화 vignette | ①본문 중 장이나 절의 시작부분과 끝부분에 있는 작은 삽화나 장식으로서 주로 출판시 인쇄

된 것. 당초문(唐草紋). ②배경을 흐리게 한 상반신의 사진·초상화. ③간결한 인물묘사.

삽화본 illustrated edition | 동일내용의 도서로서 단순히 문장만 있는 도서와는 달리 도판을 삽입한 판을 말한다.

상감정정(象嵌訂正) | 연판의 오자(誤字) 등을 정정하는 경우, 오자부분을 떼어내고 거기에 정정활자를 새로이 심은 뒤 활자의, 나머지 부분을 잘라내 버리는 정정방법이다.

상감청자(象嵌青瓷) | 자개 장식을 파묻어 무늬를 상감(象嵌)으로, 비색(翡色) 세공하여 만든 청자이다.

상게서 ibid | 라틴어로 in the same place, the same reference이다. 각주에서 바로위에 참조한 문헌의 제목을 반복하지 않기 위하여 사용한다. ib.라고도 한다.

상부여백(上部餘白) top margin | 책의 내부(內部) 페이지 조판면 상부의 여백을 말한다.

상비(象鼻) | 판구(版口) 상하 양단(兩端)의 계(界)를 상비(象鼻)라 한다.

상삼자(上三字) | 개행(改行)이 수자(首字)의 위치에 비해 세 글자 높은 것.

상상비(上象鼻) | 판심(版心)에서 광곽(匡郭)의 윗변(邊)과 상어미(上魚尾) 사이의 공간.

상서(尙書) | 중국 한(漢)나라 때부터 송(宋)나라 때까지의 서경(書經)의 구칭(옛 이름).

상서(相書) | 관상서(觀相書)의 준말이다.

상어미(上魚尾) | 판심(版心)의 상단에 위치한 어미(魚尾).

상재(上梓) | 출판하기 위해 인쇄에 붙인다. 출판한다. 라는 뜻이지만 흔히 쓰이지 않는 말이다. 인쇄술로서 본판이 주로 사용이 되었던 시대, 즉 판목(板木)의 재료로 가래나무(梓)를 쓴 데서, 문서를 판목에 조각하고 인쇄하여 출판하는 것을 상재라고 하였다.

상정예문(詳定禮文) | 고려 인종때 최윤의(崔允儀) 등 17명이 왕명으로 고금(古今)의 예의를 수집, 고증하여 50권으로 엮은 전례서(典禮書)이다. 이 책은 현존하지 않으나, 해동문헌 총록(海東文獻總錄)의 해설에 의하면 역대 조종의 헌장(憲章)을 모으고, 우리의 고금 예의와 당나라 예의를 참작하여 위로는 왕실의 면복(冕服)·여로(輿輅)·노부(鹵簿) 등의 의례와 아래로는 백관(百官)모든 벼슬아치의 장복(章服)에 이르기까지 다루고 있다.

상제본(上製本) | 제본양식의 하나로 본양장본의 일반적인 호칭. 병제본(並製本)에 대응하는 말이다.

상지(常紙)1 | 우리나라 종이의 한 종류로, 품질이 별로 좋지 못한 보통의 종이이다.

상지(象紙)2 | 도토리나무로 물들인 저지(楮紙). 흔히 금은니자(金銀泥字), 사경(寫經)의 서사(書寫)에 이용되었다.

상지(橡紙)3 | 상수리나무(참나무과) 열매로 물들인 갈색의 종이를 말한다.

상지(桑紙)4 | 상피(桑皮)뽕나무껍질 로 만든 종이. 함경도에서 주로 많이 만들었으며 그 색깔이 황색이기 때문에 북황지(北黃紙)라고도 한다.

상질(湘帙) | 표지가 누런 책이다. 표지가 누른 책이다.

상징도서 emblem book | 어떤 사고(思考)나 이상(理想)을 상징적으로 나타내고, 그에 해당하는 속담이나 격언을 더불어 수록한 도서이다.

상피(桑皮) | 상피는 뽕나무껍질로 만든 종이. 함경도에서 주로 많이 만들었으며, 그 색깔이 황색이기 때문에 북황지(北黃紙)라고도 한다.

상화지(霜華紙) | 전남순창(全南淳昌) 부근에서 나는 종이로 광택이 있고 질김. 질기다.

새김눈 nick | 각각의 활자 본체측면에 새긴 홈으로서 식자공이 활자체를 보지 않고도 바르게 조판하기 위한

목적이다.

색가루 pounce | 금박이나 채색을 위하여 사용되는 접착제이다.

색도인쇄(色度印刷) | 색도분해에 의한 원색판(色版)을 사용한다는 뜻에서 다색인쇄(多色印刷)를 말한다.

색물원고(色物原稿) | 단색물(單色物)의 원고와 구별하여 원색판, 오프셋, 칼라-그리비아 등의 인쇄원판을 제작하기 위한 원고를 가리킨다.

색분해(色分解) | 색을 분배한다는 말로서, 단색인쇄에서는 이 공정이 필요하지 않으나, 원색인쇄를 하는데 사용하는 인쇄판을 사진제판할 때, 원고가 가진 색을 원색잉크의 성분으로 나누어, 각각의 필름을 감광재료(感光材料)에 촬영하는 것. 인쇄에서의 원색은 4원색으로 분류한다.

색인(索引) index | 도서의 내용이 되는 사항이나 명칭을 일정한 순서로 배열하여, 내용 중의 필요한 사항을 쉽게 찾아 볼 수 있도록 주제나 단어, 면수 등의 자모순이나 음순에 따라 배열한 것이다.

색인지도 index map | 지도 또는 지도첩 전체가 포함하는 지리적 범위를 망라하여 보여주는 지도, 혹은 지역을 분할하여 몇 개의 지도를 구분하고, 분할된 지역과 지도를 연결하여 각각의 위치를 편리하게 안내하여 주는 지도이다.

생록지(生漉紙) | 닥나무 물로 만든 종이이다.

생생자(生生字) | 조선왕조 정조(正祖) 때에 중국 취진판사선(聚珍板字典)의 자체(字體)를 모방하여 나무로 판 활자이다.

생원고(生原稿) | 지형 혹은 철판(凸版) 등과 같이 그대로 조판이 되는 원고에 반해서, 활자로 조판해야 되는 문자원고나, 앞으로 재판하여 사용해야 하는 사진, 일러스트레이션 등의 원고를 생원고라 한다.

서가(書架) book shelf | 책을 얹어 두거나 꽂아 두는 선반. 서각(書閣).

서각(書脚) | 광곽의 아래쪽 여백 지는 서각(書脚), 서족(書足) 또는 지각(地脚)이라 한다.

서계(書契) | 수형(手形)으로 사전을 기록해 두는 것. 옛날 중국에 문자가 없을 때 문자의 수형(手形)을 만들어 결승문자(結繩文字)의 대용으로 사용하였다.

서고(書庫) book storehouse | ①서책을 모아 둔 곳. 문고(文庫). ②도서관에서 책을 넣어 둔 방.

서고내 온도와 습도 | 유네스코가 제시한 이상적인 온도의 적정 범위에서 자료 보존을 위한 서고는 온도 ±20°c, 상대습도 50% 정도를 유지하여야 한다.

서고장서록(西庫藏書錄) | 사부법의 차례대로 따르지 않고 서가부록이며, 서고(西庫) 별봉(別奉)의 당저(當宁: 그때의 임금) 어제류(御製類)를 보면 정조13년(1789) 2월에 어제어필(御製御筆)한 진안대군묘비문(鎭安大君墓碑文) 첩본(帖本)첩책(장부)이 수록되어 있다.

서광(書狂) bibliomania | ①서적광 ②책을 보는대로 수집하던가, 또는 무작정 획득하려는 극단적인 자(者)이다.

서구(書口) | ①책둘레(小口)의 한어(漢語) ②판심(版心)과 같음.

서근(書根) | 하소구(下小口)에 약기(略記)된 서명, 권수, 책수, 내용 등을 나타낸 문자를 뜻한다.

서근(書根) | 도서의 아래 단면을 지칭하는 용어. 고서에는 서명, 편명, 책차 등이 기록되어 있음.

서근제(書根題) | 방책(方冊)을 서가위에 쌓아 놓았을 때 검색에 편리하도록 서근(書根)에 기록한 제목(題目).

서낭(書囊) | 주머니 형태의 서의(書衣). 질낭(帙囊), 상낭(緗囊), 표낭(裱囊).

서뇌(書腦) | 서배(書背)를 못질을 하고 실로 꿰맨 변록(邊綠)이다.

서두(書豆) prlims, preliminary

matfer, front mafter | 출판물, 특히 책의 본문 앞에 붙이는 권두(卷頭)의 부분을 말한다. 책의 경우는 표제지, 표제화, 헌사(獻辭), 서문, 범례 목차 및 광고를 포함한다. 잡지에서는 표제화외에 별지로 제작되는 목차, 광고가 있다.

서론(序論)1 introduction | 저자가 저술의 주제에 관하여, 그리고 그 취급에 대하여 기술한 것으로 주로 목차의 다음에 둔다. 서문이나 머리말과 다른 점은 본문의 일부로 취급 된다는 점이다.

서론(緖論)2 | 본론(本論)의 실마리가 되는 논설. 논제(論題) 및 본론의 의의(意義) 동기·발전 등을 간략히 논한 것이다.

서론(書論)3 | ①서적에 쓰인 의론 ②서법(書法)에 대한 의론(意論)이다.

서명(書名) | 책에 붙인 이름 또는 명칭. 제명(題名), 제목(題目).

서목(書目) | ①책의 목록. ②보고서의 개요를 따로 뽑아 보고서에 덧붙인 것이다.

서문(序文) forewords, preface | ① 저자가 저작(著作)의 동기·목적·발행의 경과, 독자·협력자에 대한 감사 등에 관해서 쓴 권두(卷頭)의 문장. ②머리말, 권두언(卷頭言), 서기(序記), 서사(書辭)이다.

서미(書眉) | 광곽(匡郭)의 위쪽 여백 지면을 서미(書眉), 서두(書頭), 서정(書頂) 또는 천두(天頭)라 한다.

서배(書背) spine, back | 일명 책등이라고도 한다. 도서의 배부(背部)로 보통 서명, 저자명, 출판사명 또는 출판사의 문장(紋章) 등이 인쇄되어 있다.

서붕본(書棚本) | 송(宋)송의 진씨택(陳氏宅) 서점에서 새긴 책을 말함. 진씨의 서방(書方)을 임안부(臨安府)의 붕북대가(棚北大街)에 있기 때문에 서붕본(書棚本)이라 한다.

서브 타이틀 sub title | 부표제(副標題). 부차적인 제명(題名)으로 주된 타이틀을 보충하고, 내용을 엿볼 수 있게 한 것이다.

서사(序詞)1 prologue | 음악·희곡·소설 등에서 전체의 진행을 암시하거나 예고하는 내용이 담긴 첫머리의 부분이다.

서사(書肆)2 | 서사(書肆)=서점(書店)이다.

서사(書士)3 | 대서(代書)나 필사(筆寫)를 업으로 하는 사람이다.

서사문(敍事文) | 서사체로 쓴 글. 설화(說話)·사화(史話)·소설 등과 신문의 사회면 기사 같은 것이다.

서사본(書寫本) table book | 글씨를 베껴 쓴 책. 금속판이나 상아 또는 목판에 왁스를 칠한 고대 서사본이다.

서사사항(書寫事項) | 사본(寫本)에 있어서 서사년(書寫年), 서사자(書寫者), 서사장소(書寫場所) 등의 사항을 적은 기록이다.

서사자료(書寫資料) 기록매체 | 문헌을 기록으로 한 것으로 서양은 점토판(粘土板), 파피루스, 양피지(羊皮紙), 코덱스(codex), 종이, 전자책, 디지털화. 동양은 죽간목독(竹簡木牘), 권자장(卷子裝)(본(本), 선풍엽(旋風葉), 절첩장(折帖裝)은, 첩책(帖冊), 접책(摺冊), 범협장(梵夾裝), 경접장(經摺裝), 경절장(經折裝) 이라고도 함. 호접장(蝴蝶裝), 포배장(包背裝), 선장(線裝), 전자책, 디지털화.

서설(序說) | 머리말로서 논설이다.

서시(序詩) | ①책의 첫머리에 서문 대신으로 쓴 시. ②장시(長詩)에서 서문 비슷하게 첫머리에 딴 장을 마련하여 쓴 시.

서언(緖言) introduction | 서론(序論), 서언(序言), 머리말 등으로 통용(通用)할 때도 있다. 이는 저작(著作)의 개요(槪要)를 기술(記述)하는 단문(短文)으로서, 저작(著作)의 동기(動機)를 기록하고, 또는 번역본, 교정본, 복각본(復刻本) 기타(其他) 이에 관련된 사항(事項)을 기록하여 놓은 것이 통례이기 때문에 사서분류(四書分類)나 목록(目錄)에 있어서 많은 참고가 되는 부분이다.

서엽(書葉) | 책을 이루고 있는 낱낱의 장. 책장(冊張), 책엽(冊葉)

서외제(書外題) | 서면에 쓰여진 이외의 표제이다.

서원본(書院本) | 서원에서 간행한 책. 서원본에는 서원에 배향(配享)된 선현 등의 언행록 전기(傳記)·서원의 사적(事蹟)·선현의 문집 외에 강학(講學)에 필요한 경서류(經書類)·유가류(儒家類)·사서류(史書類) 등이 있음. 사원본(祠院本), 사원판(祠院版).

서원판본(書院板本) | 서원판본은 유학의 교육기관 중 사학인 서원에서 간인한 책을 말한다. 조선시대에는 중앙관서나 지방관서에서 간행한 책을 사액서원에 반사하는 사례가 많았다. 한편 각 서원에서는 필요한 책을 자체 간행하여 이것을 서로 기증하기도 하였다.

서의(書衣) 질양(帙襄) | 주머니 형태의 서의(書衣)는 질양(帙襄)이라고 한다. 동의어로 서양(書襄), 상양(緗襄), 표양(裱襄)이라고도 한다. 서의(書衣) 는 → 책의(冊衣) 도보라

서이(書耳)1 | 호접장으로 된 책에서는 좌측 광곽 위에 바깥으로 돌출하여 조그만 네모꼴을 만들어 제명을 표시한 것이 있는데, 이 네모꼴을 서이(書耳) 또는 이격(耳格)이라하고, 그 안에 표시된 제명을 이제(耳題)라 한다.

서이(書耳)2 | 변란(邊欄) 밖의 좌상각(左上角) 혹은 우상각(右上角)에 붙여 새긴 소광(小匡)을 서이(書耳) 또는 이격(耳格)·이자(耳子)라고 한다.

서이(書耳)3 | 호접장(蝴蝶裝)에서 광곽(匡郭) 바깥위에 세명(題名)을 표시하는 조그마한 네모꼴로, 구습을 유지한 포배장(包背裝)과 선장(線裝)에서도 드물게 나타남. 이격(耳格).

서재(書齋) | ①책을 갖추어 두고, 책을 읽거나 글을 쓰는 방. 문방(文房). 서각(書閣). 서실(書室). ②글방.

서적(書籍) | 1964년 유네스코가 발표한 것에 의하면 '표지를 제외하고 49페이지가 되는 부정기간행물로 그 나라에서 출판되어 일반적으로 입수되는 것'이라 하였고 46페이지 이

하의 책자는 팜프렛으로 보았다.

서적광(書籍狂) | 어떤 부분의 학문을 연구하기 위해서가 아니라 단순한 취미로, 책이라는 책은 모조리 사들이는 사람. 서광(書狂).

서적상(書籍商) | 서적을 파는 사람. 또 서적을 판매하는 장사.

서적소(書籍所) | 고려 인종(仁宗) 때, 서적을 갖추어 두고 임금이 여러 학사(學士)들과 더불어 학문을 토론하는 곳. 인종7년(1129)에 설치함.

서적원(書籍院) | 조선왕조 태조(太祖) 때에 두었던 관아. 서적을 번역·주석하여 출판하였다.

서적포(書籍鋪) | 고려 숙종 6년(1101) 국자감 내에 서적포를 두고, 비서성에 비치하였던 서적을 옮겨와 서적을 출판함.

서전(書傳) | 서경(書經)에 주해(註解)를 달아 편찬한 책, 중국 송(宋)나라 때 주희(朱熹)가 제자 채침(蔡沉)을 시켜서 만든 책. 10책.

서점(書店) book store | 책을 파는 가게. 서관(書館), 서림(書林), 서사(書肆), 서포(書舖), 책방(冊房), 책사(冊肆), 책점.

서지(書誌) bibliography | 서지란 문헌의 저자, 서명, 출판사항 등의 서지 정보를 체계적으로 정리하여 편집해 놓은 목록이다. 도서, 문헌 등의 목록으로서 소장의 여부와 소재를 표시하고 있다.

서지기술(書誌記述) Bibliography description | ①서명저자 ②판(차)사항 ③발행사항 ④형태사항 ⑤총서사항 ⑥주기사항 ⑦국제표준도서번호. ☞ 국제표준서지기술(ISBD(M)도 보라.

서지네트웍 bibliographic network | 표준화된 통신양식에 따라 서지데이터를 같이 사용할 수 있도록 설립된 네트웍을 말한다.

서지단위 bibltographic | ①어떤 문헌이나 그 일부가 서지적 기술에서 각각 한 개의 본질로 취급되어 서지를 형성하는 것이다. ②서지작업을

위하여 팀으로서 함께 일하는 모임.

서지사업 bibliography utility | 온라인 서지데이터베이스를 관리하는 기관을 말하며, 이용자에게 컴퓨터에 의한 서지서비스를 제공한다.

서지사항 bibliographic notes | 참고한 문헌을 표시하기 위하여 문헌의 본문과 별도로 작성하는 각주를 말한다. 서지기술 ①서명저자사항 ②판(차)사항 ③발행사항 ④형태사항 ⑤총서사항 ⑥주기사항 ⑦국제표준도서번호, 가격이다.

서지사항 KORMARC 필드 | ①서명저자사항 245 ②판(차)사항 250 ③발행사항 260 ④형태사항 300 ⑤총서사항 440, 490 ⑥주기사항 500 ⑦국제표준도서번호, 가격.

서지색인 bibliographic index | ①도서나 정기간행물 기사 같은 출판물의 체계적인 리스트. ②서지적인 참고사항 이외에는 내용적인 설명이 없는 출판물의 색인이다.

서지정보 bibliographic information | 출판물에 관한 자세한 사항. 저자, 서명, 출판사, 출판지, 판차, 시리즈, 권호, 가격, 편집자, 역자, 삽화자 등이 포함된다.

서지주기 bibliographic notes | 이 필드에는 해당 자료에 참고자료 목록이나, 인용자료 목록이 있는 경우, 그 사항을 기술한다. 다른 저작과 동일 저작의 관계를 기술한다.

서지통정 bibliographic control | 서지작업 전반을 포함하는 용어로서, 출판물에 대한 서지사항의 기록, 서지기술의 표준화, 또는 네트웍이나 종합목록을 통한 접근방법을 말한다.

서지표 bibliographic strip | 연속간행물의 서지기술을 수록한 표로 서지명, 권호, 면수, 출판지, 출판년을 간략히 기록하고 있다. 간책표지에 기입하는 것을 원칙으로 하며 표시방법은 ISO에서 정하고 있다.

서지학(書誌學) Bibliography **또는** Bibliographia | 서지학은 문헌을 대상으로 과학적으로 조사・분석・비

평·연구·기술하는 학문이다.

서지항목 bibliographic item ‖ 정기간행물의 기사, 기술보고서, 특허, 심포지움의 일부, 특허주제논문 등의 목록이나 서지를 작성할 때에 별개의 서지기입을 할 수 있는 목록.

서지해제 annotation of bibliography ‖ 서지 또는 참고서에 관하여 해제한 것.

서진(書鎭) ‖ 책장 또는 종이쪽이 바람에 안 날리도록 누르는 물건.

서질(書帙) ‖ 여러 책으로 된 첩책(帖冊), 방책(方冊)을 잘 보존하기 위해 종이로 서의(書衣)를 만들고 외부를 헝겊으로 덮어 싼 것. 서투(書套).

서첨(書籤) ‖ 책의 제목으로 쓴 글씨. 책의 제목으로 써 붙인 글씨.

서첩본(書帖本) ‖ 이름난 이의 글씨를 모아 꾸며 만든 책. 장첩(粧帖). 명필을 모아 꾸민 책. 흔히, 여러 겹 접게 되었음. 묵첩(墨帖).

서체(書體) ‖ ①문자의 체재(體裁). 서풍(書風) ②문자의 여러 가지 쓰는 방법.

서축(書軸) ‖ 글씨를 쓴 족자(簇子) 글씨나 그림을 꾸며서 벽에 거는 물건.

서치(書癡) bibliomania ‖ 글 읽기에만 온 정신을 쓰고 세상일을 돌아보지 아니하는 어리석음 이르는 것.

서큘레이션 circulation ‖ 문헌의 대출/반납 ①서적이나 화폐의 유통, 유통고(流通高), 유포(流布) ②발행부수. 발행고.

서평(書評) book review ‖ 출판된 서적을 비평하고 평가하는 것. 주로 신문, 잡지, 방송에서 다루어짐.

서평지(書評誌) ‖ 주로 신간서적의 비평과 소개를 목적으로 하는 신문, 잡지서평지로서 출판과 제작에 관한 정보를 제공하기도 함.

서표(書標) book mark ‖ 읽던 곳이나 필요한 곳을 다시 찾기 위하여 표시 할 때 책 등에 끈을 붙이는데, 이것을 가름끈이라고 하며, 가름끈대신

두툼한 종이에 인쇄하여 책갈피를 끼워두는 것을 서표라고 한다.

서피(書皮) | 책의 표지(表紙)이다.

서함(書函) | 책을 넣어 보존할 수 있도록 만든 갑(匣). 책갑(冊匣).

서화첩(書畫帖) | 글씨와 그림을 모아 만든 책.

석경(石經) stone scriptures | 돌에 새긴 경문(經文). 경전에 있는 문장. 중국의 한(漢)이후 경전을 영구히 남길 목직으로 수(隋) 당(唐) 대에 성행함. 75년 후한의 채옹(蔡邕)이 왕명으로 육경(六經)의 글자를 바로잡아 대학(大學)의 문 밖에 세운 것이 그 시초로, 서도사상(書道史上) 귀중함.

석사서(釋辭書) | 낱말의 읽기, 어원, 의미 따위를 해설한 서적·사서(辭書).

석인본(石印本) | 석판인쇄(石版印刷)로 된 책. 출판물. 또는 석판본(石版本)이라 한다.

석탑본(石塔本) | 비석 따위에 새겨진 글을 지방묵(脂肪墨)을 발라 종이에 찍어내어 책으로 만든 것. 그대로 석탑(石塔)이라 하며, 석본(石本), 탑본(塔本), 탑본(拓本), 석판(石板), 석간본(石刊本), 석각본(石刻本), 석묘각(石墓刻), 타비(打碑) 등과 같다.

석판(石版) | 1798년 독일의 악보조각사(樂譜彫刻師)인 제너펠더(Senefelder, Aloys)가 발명한 석판의 평판인쇄(平版印刷). 돌의 표면을 거울과 같이 매끈하게 닦아서 지방묵(脂肪墨) 또는 크레용으로 그림을 그려 잉크롤러를 굴리면 묘선(描線)에만 잉크가 묻는다. 석판에는 망목(網目) 등을 사용하는 석판과 미인화등의 농담(濃淡)이 있는 것에 적당한 사목석판(砂目石板)이 있다. 석판을 대신하는 것으로는 알미늄판과 아연판이 이용되며, 현재는 오프셋인쇄가 보급되어 구래의 석판은 점차 자취를 감추고 있다. 석인(石印)이라고 한다.

석판술(石版術) | 석판(石版)을 제작·인쇄하는 기술.

석판인쇄술 lithography | 특수한 유

성 크레용, 백묵, 페인트 및 잉크로 석판위에 도안을 작성하는 과정으로서, 평판인쇄의 일종이며 석판 대신에 얇고 부드러운 금속판이나 플라스틱판이 사용되기도 한다.

석판전사지(石版轉寫紙) | 얇고 질긴 종이에 융해성 콜로이드층(colloid)을 바른 전사지(轉寫紙).

석판화(石版畫) lithograph | 돌에 새기거나 그린 그림 또는 돌에 새긴 조각물을 석판으로 박은 그림.

선본(善本) | ①내용이 뛰어나고, 교정(校正)이 되어 있으며, 제본도 잘 되어 있는 책. ②서지학에서 보존상태가 좋거나 본문의 계통이 오래된 희귀한 책.

선원계보기략(璿源系譜紀略) | 조선조 이씨 왕가의 세보(世譜)이다.

선원전(璿源殿) | 역대 왕의 어진(御眞) : 임금의 초상화, 봉안 의례(제사). 조선일보 2025.2. 28 A18.

선장(線裝) | 선장은 포배장이 표지가 쉽게 떨어져 버리는 취약점을 보완하여 풀로 붙이는 대신에 실로 표지를 꿰매어 묶는 방식을 사용한 것이다. 우리나라 5침 안정법, 중국과 일본 4침 또는 6침.

선집(選集) selected works | 한사람 또는 여러 사람의 모든 저작 가운데서, 대표적인 것이나 어떤 기준을 두어 골라 뽑아서 모은 책이다.

선택서지 partical bibliography | 자료의 수록범위를 기계적으로 제한하여 작성된 서지. 예를 들면 정기간행물에 국한한 서지, 일정기간 동안 발행된 도서나 논문에 관한 서지, 특정국가에서 발행된 서지, 특정도서관이 소장하고 있는 서지 등이다.

선풍엽(旋風葉) | 서적 장정(裝幀)의 한 가지. 첩장(帖裝)의 형태와 같으나, 다만 한 장의 표지로 책의 앞뒤와 등을 덮어 싼 장정. 불교 경전에 이러한 장정이 많아서 범협본(梵夾本), 경접장(經摺裝), 경절장(經折裝)이라고도 함.

선행지 preliminary leaf | 본문앞에

위치한 면수 매김이 없는 지면으로 단면이나 양면으로 인쇄된 장.

선화제판 line engraving | ①구리, 동, 아연 기타 금속재료에 여러 형태의 선을 새겨서 효과를 내는 조각. ②선조각을 하는 과정에서 만들어진 판. ③선조각으로 인쇄한 그림.

선화지(仙花紙) | 닥나무로 만든 두껍고 질긴 종이로서 빛이 희지 아니한 종이. 봉지, 또는 포장용의 종이로 쓰인다.

선화철판(線畫凸板) line block | 흑백원화로 부어 직접사진기술을 이용하여 금속요판을 만드는 방법. 판재로서 아연판을 사용하므로, 아연철판이라고 함. 사진판과 더불어 신문·잡지·서적 등에 널리 이용됨.

섬유제본 textile binding | 섬유를 사용해서 화려하게 제본하는 양식으로서 문예부흥시대 프랑스와 영국에서 주로 사용되었다.

성균관(成均館) | 조선시대 태조7년(1398) 건립된 교육기관이다. 성균관에는 대학도서관이라고 할 수 있는 존경각(尊經閣) 성종6년(1475) 설립되어 문헌을 수집, 보존, 열람 내용은 사서, 오경, 제사, 성리학 등의 유서류, 유가문집 등이다.

성서번역(聖書飜譯) | 기독교를 전도할 목적으로 성서를 그 나라말로 번역하는 것.

성서지 Bible paper | 성경과 같이 내용이 길지만 부피를 줄이려는 도서에 사용되는, 매우 얇고 질기고 불투명한 종이를 말함.

세계기록유산/한국 | ☞ 한국의 세계기록유산을 보라.

세계저작권조약(世界著作權條約) UCC, Universal Coyright Convention | 문학, 음악, 미술 및 지적인 작품을 포함한 저작물에 관하여 저자와 저작권을 가진 자의 권리를 보호하는 국제조약.

세계지적소유권기관(世界知的所有權機關) | WIPO. World Intellectual Property Organization. 1967년 7월

14일 스톡홀름에서 체결된 “세계지적소유권기관을 설립하는 조약”에 의해 설립됨. 사무국은 제네바에 있다. WIPO의 목적은 ①지적소유권의 세계적 보호. ②각종의 국제지적소유권동맹(베른저작권동맹, 파리공업소유권동맹)간의 관리상의 협력의 확보.

세로결종이(縱目) ㅣ 종이의 결이 낱장에서 긴 벽에 평행하여 있는 종이를 말함. 세로결의 전지를 반으로 자르면 가로결의 반절지(半切紙) 2장이 나옴.

세리프 serif ㅣ 알파벳 활자에서 수직선 또는 사직선(斜直線)의 말단에 붙은 수평방향의 돌기를 말함. 알파벳을 쓸 때는 문자의 자세를 안정시켜 독자의 시선을 수평방향으로 순조롭게 유도하는 기능을 갖는다.

세팅 setting ㅣ 식자 할 때, 앞줄 또는 행이 움직이지 않도록 스틱을 넣는 자. 황동, 아연 등의 얇은 판으로 만듬. 식자에서 스틱을 짤 때 한 줄이 끝나면 세팅을 넣고 다음을 짜 넣음.

세화(細畫) minute picture ㅣ 섬세하게 그린 그림.

섹션 section ㅣ ①문장이나 규약 등의 절(節) 또는 항(項). ②신문·잡지 등의 난(欄).

센서 censor ㅣ 도서·신문·잡지의 검열자.

셀로판 인쇄 cellophane printing ㅣ 셀로판에다 하는 인쇄법으로 세로판 인쇄는 주로 그래뷰어(qravure) 방식으로 볼록판 인쇄의 경우에는 고무판을 만들어 아닐린(amilne)인쇄를 하는 수도 있음.

셀룰로이드 인쇄 celluloid printing ㅣ 셀룰로이드의 필름 또는 시이트에 하는 인쇄법으로 필름에다 하는 인쇄는 평판 및 그래뷰어(gravure) 인쇄로 하는 수가 많고, 시이트에다 하는 인쇄는 평판(平版)으로 하는 경우가 많음.

소구(小口) edge ㅣ 도서의 배부(背部)를 제한 3면을 소구(小口)라 한다. 도서의 윗 단면을 서두(書頭) [天 : top : head edge] 또는 천소구(天小

口) : top edge), 아래 단면을 서근(地 : tail edge : foot) 또는 지소구(地小口) : lower edge), 앞 단면을 서구(書口) : fore edge) 또는 전면 소구(全面小口)라고 한다.

소독(素讀) | 원고를 떠나서 교정별(校正別)을 소독(素讀)하고, 틀림을 정정(訂正)해 가는 교정의 작업이다.

소본(素本) | 주석과 교주 없이 본문만 간인한 책을 정문본(正文本) 또는 원문본(原文本)이라 하며, 소본(素本)이라고도 한다.

소선(疎線) chain line | 수록지(手鹿紙)를 광선에 비추어 보았을 때, 희미하게 들여다보이는 종횡(縱橫)의 선(線)중, 드문드문 간격을 가진 선이 보인다.

소설(小說) fiction | 상상력과 사실(寫實)의 통일적 표현의로써 인생과 미(美)를 산문체로 나타낸 예술. 시적인 환상소설로부터 르포타지(reportage)까지 포함하여 말함. 경험 또는 상상적인 사건 속에 진리를 구상화하여, 독자에게 감동적인 효과를 일으키기 위한 이야기로서, 그 형식과 내용과 가치에 따라 여러 가지가 있는데 그 분량에 따라 단편(短篇)·중편(中篇)·장편(長篇)의 구별이 있고, 그 소재에 따라 역사소설·과학소설·폭로소설·추리소설 등으로 구별되어, 문학적 수준에 따라 본격소설·대중(大衆)소설 등으로 나눈다.

소설책(小說冊) | 소설을 수록한 책. 이야기책이다.

소제(小題) | 책의 편명(篇名)을 그 책의 이름에 상대하여 이르는 말이다.

소제목(小題目) | 작은 제목. 소표제(小標題)이다.

소식경(消息經) | 고인(故人)의 간찰(簡札)의 지배(紙背)를 이용하여 쓴 불경(佛經)이다.

소주(小註) | 본문의 글 줄 가운데 세소자(細小字)로 표시한 주(註). 세주(細註).

소형판(小形版) small paper copy | 대형판(large paper copy)보다 소형

의 인쇄용지에 인쇄한 판이나 도서.

소흑구(小黑口) | 흑구의 선이 가늘고 세밀한 것. 세흑구(細黑口), 선흑구(線黑口).

속사인쇄 snapshot dump | 기억장치의 내용을 파악하기 위하여 프로그램실행 중에 여러 지점에서 행해지는 덤프.

속자(俗字) | 세간에서 두루 쓰이는 문자로서 정격(定格)이 아닌 한자(漢字). 보통 간단히 된 것이나 아주 새로 된 한자도 있다.

속장(續藏) | 속장은 대장경과 같은 정장(正藏)에 대한 동양 학문 승들의 연구논술인 장소(章疏)와 소초(疏鈔)를 일컫는다.

속판(續版) | 먼저 출판물에 잇대어 출판함. 또, 그러한 출판물.

속편(續編) sequel | 먼저 책에 잇대어 편집한 책.

속표제지(續表題紙) divisional title inside title page | 표제지의 일종으로 1권(卷)의 서적 내용의 분량(分量)이 많아 부(部) 또는 편(編)으로 구분되어 있을 경우, 각 부(部), 편(編)의 표제를 표시하기 위해 삽입하는 표제지(表題紙)임.

속표지(續表紙) title page | 서적의 제목·저자명·발행소명 등을 명시하는 페이지. 안면지(面紙)의 다음 장. 안겉장.

송사(宋史) | 중국 이십오사(二十五史)의 하나. 송(宋)나라의 사서(史書)로 본기(本紀)·지(志)·표(表)·열전(列傳)으로 나누어서 496권으로 편찬하였음. 원(元)나라의 탈탈(脫脫)이 지음. 1365년에 완성됨.

송연묵(松煙墨) | 소나무를 태울 때 나오는 그을음과 아교를 섞어서 만든 먹으로, 흔히 숯먹이라고 함. 목판인쇄나 목활자인쇄에 적합함.

송조체(宋朝體) | 이 서체는 상해(上海)의 중화서국(中華書局)에서 창시했다고 함. 펜글씨와 비슷한 감을 주는 이 서체는 상·하(上·下)와 상·

하(左·右)가 4:3정도의 비율로 직사각(直四角)의 형태를 이루고 있는 것이 특징이다. 깨끗한 감이 있어 19세기 까지는 많이 이용되었으나 현재는 별로 사용되지 않음.

쇼율더 헤드 shoulder-head | 활자 조판의 왼쪽 여백에 대문자나 소문자 혹은 이태리체로 별도의 행으로 절앞에 기술한 간략표목이다.

수결(手決) sign | 도장 대신 자기의 성명이나 직함 아래에 직접 쓰는 글자 비슷한 표시. 서압(書押), 수례(手例), 수압(手押), 판압(判押)이라고도 하며, 특히 수결(手決)과 함자가 같이 있는 경우에는 화압(花押, 畵押)이라고 함.

수교(讎校) | 도서를 다른 것과 대조하여 교정(校正)함.

수교본(手校本) | 도서를 교정(校訂)을 본 자가 스스로 가필한 것.

수동사식(手動寫植) | 사진적 처리 방법을 이용하여 조판(組版)한다 해서 사진식자(寫眞植字)라고 함. 서체(書體), 또는 문자를 필름에 올려 빛을 투과시켜 인자(印字)시키는 방법. 활판(活版)에서 서체(書體)의 단조로움과 문자의 변형(變形)이 불가능한 것을 보완하고, 다양한 조판방법(組版方法)의 욕구를 해결할 수 있으나 능률적으로 더디며 수정이 불편함.

수로지(水路誌) waterway | 수로서지(水路書誌)의 하나. 해도(海圖)의 불비(不備)를 보충하기 위한 연안(沿岸) 각지에서의 수로의 안내서 지리(地理)·국정(國情)·인문(人文)·연안지형·기상·항로표지·통신·무역 그 밖의 내용의 필요에 따라 지형사진 등의 사진과 도면을 첨부함.

수록지(水鹿紙) hand-made paper | 기계로 뜬 종이가 아니라 손으로 뜬 종이이다.

수사본(手寫本) manuscript | 손으로 베껴 쓴 책. 필사본(筆寫本)이다.

수상록(隨想錄) | 일정한 계통이 없이 그때그때에 떠오르는 생각과 느낌을 기록한 책.

수상본(繡像本) | 본문에 등장하는 인물의 화상(畫像)등의 앞 그림이 있는 책.

수서 acquisition | 자료의 선정, 주문, 입수, 송금, 클레임, 각종통계, 보고서, 회계, 구입, 기증, 교환 등이다.

수서원(修書院) | 고려 때 서경(西京) 곧 지금의 평양에 설치했던, 학교와 도서관을 겸한 기관. 6대 성종(成宗)8년(989)에 개설, 역사서적을 초사(抄寫)하여 소장하였음.

수자(首字) | 임금, 스승, 조상, 부처 등에 대한 존경을 표시하기 위하여 개행(改行)하였을 경우 그 높낮이를 정할 때 기준이 되는 글자.

수정(修正) correction | 원고 기타 저작물의 내용이나 의견 등의 잘못된 점을 바로잡는 것이다.

수정(修整) retouching | ①사진술(寫眞術)에서 인화(印畫)를 선명하게 하거나 또는 수식(修飾)할 목적으로, 음화(陰畫)에 수정 니스를 칠하여 연필로 화상(畫像)을 수정(修正)하는 것. ②복제(複製)할 때에 복제를 선명하게 할 목적으로 원도(原圖)에 에어브러시(air-brush)를 써서 수정(修正)하는 것이다.

수정본(修訂本) | 내용을 증감하거나 정정한 책이다.

수제본(手製本) embroidered binding | 표지에 수놓은 천(주로 벨벳)이 사용되는 제본 형태.

수진본(袖珍本) | 소매 안에 넣고 다닐 수 있을 정도로 작은 책. 포켓형의 책. 수진(袖珍).

수초본(手鈔本) | 베껴 쓴 책 중, 저명한 사람이 손으로 쓴 책을 아무개의 수사본(手寫本) 또는 수초본(手鈔本)이라 한다.

수초지(手抄紙) | 손으로 만들고 물에 풀어 고해(叩解)하여 목질소(木質素)나무 성분을 제거하였다.
전통적 방법으로 조선지(朝鮮紙) 또는 한지(韓紙), 양지(洋紙)라 하게 되었다.

수택본(手澤本) | ①생전에 소중히 해오던 책. ②저자자신의 필적 또는 서명이 있는 책. ③먼저 사람이 되풀이하여 읽어서 손때가 묻은 책. ④어떤 사람이 여러 가지 것을 참고로 써넣은 책. 저자와 특별히 관계가 깊은 도서로서 특수 제본되었거나 자필비명, 편지 등이 수록되기도 한다.

수필본(手筆本) | 자기 손으로 직접 쓴 것이다. 자필본(自筆本)이다.

스크린인쇄 screen printing | 스크린의 인쇄부분이 아닌 곳은 비단이나 플라스틱으로 덮고, 인쇄부분에 잉크니 페인트가 침투되도록 한 원판인쇄.

스크린 프로세스 인쇄 screen process printing | 옛날에는 이 인쇄법에 실크스크린을 판으로 사용하여 실크스크린 프로세스 인쇄라고 하였음. 최근에는 비단대신에 나일론 스크린, 스틸 스크린 등을 사용하기 때문에 단순히 스크린 프로세스 인쇄라고 부름. 이 인쇄법은 종이를 비롯하여 플라스틱, 판재(板材), 금속판 등 모든 재질(材質), 모든 크기, 모든 두께에 적당한 잉크로 인쇄할 수 있다.

스태핑 stabbing | 접은 인쇄지의 이면에 뚫은 구멍으로서 선이나 실을 넣어, 도서의 절(折)을 모아서 제본하는 것으로, 책을 열었을 때, 페이지가 떨어지는 것을 방지한다.

스태핑 인쇄 die stamping | 잉크부분이 솟아올라 보이게 하는 인쇄. 최근에는 월간지의 제자(題字) 등을 금색의 스태핑 인쇄로 하는 것이 유행하고 있음. 이는 자형(字型)과 웅형(雄型)을 이용하여, 인쇄와 동시에 문자나 모양을 도드라지게 하는 특수 인쇄법에 따름이다.

습유본(拾遺本) supplement | ①빠진 글을 뒤에 보충함. ②잃어버린 물건을 찾다.

시소러스 thesaurus | ①글자그대로 지식의 창고 혹은 보고. 이 용어는 P. H. Roget가 Thesaurus of English Words and Prases란 책에서 사용함으로서 소개됨. ②사전 특히 사상에 의하여 형성된 단어, 즉 동의어나 유사어의 분류와 구분 같은 계층의 단어. ③기계에 의한 정보검색을 위하여 문헌 중에의 언어와 디스크립터로 사

용한, 언어와의 관계로 구성된 언어를 편집한 것. ④이 용어는 그 기능과 구조상으로 구분하여 설명할 수 있다. 기능상으로는 문헌 중에 표기된 자연어를 제한 된 시스템언어로 번역할 때, 하나의 용어통제 장치이다. 구조상으로는 특정학문분야에 속하는 관련어의 통제언어이다. ⑤디스크립터의 목록이다.

씨아이피 CIP: Cataloging in Publication | 출판시도서목록이라 하며, 목록작성에 필요한 (표제와 책임표시, 판사항, 발행사항, 총서사항, 주기사항, 분류기호 등) 목록규칙에 따라 표제지 뒷면이나 판권기에 인쇄하는 것이다.

시전지(詩箋紙) | 장방형의 지편(紙片). 시사(詩詞), 서한을 쓰는 종이.

식별기호 subfield code | 가변장 길이 필드내의 각 데이터요소를 세분하고, 성격을 식별하고, 부가적 정보를 부여하는 부호이다. 구분기호 한자리와 데이터요소 식별기호 한자리로 구성된다. 식별기호는 각 필드와는 독립적으로 정의되며, 기본적으로 데이터요소를 식별하기 위해 정의되는 것이다. 그러나 각 요소의 배열 순서를 결정하기 위한 것은 아니다. 데이터요소의 배열순서는 각 포맷이 준거하고 있는 편목규칙에 의해 결정되어야 한다.

식자(植字) composing, typesetting | 활판(活版)인쇄에 있어서, 문선공(文選工)이 채자(採字)한 활자를 원고에 지정되어 있는 채자(採字)로 조판(組版)하는 것이다.

식자기(植字機) composing, machine | 인쇄용 문자제판(文字製版)에서 식자작업을 기계적으로 하는 장치. 모노타이프(monotype)·라이노타이프(line-monotype)·사진식자기 등이 있다.

식자본(植字本) | 활자(活字)로 인쇄한 책이다.

신묘자(辛卯字) | 성종(成宗) 2년(1471) 신묘(辛卯)에 왕형공구양공집자(王荊公歐陽公集字)를 자본(字本)으로 하여 활자를 만들었는데 이를 신묘자라 한다.

신문학(新聞學) newspaper | 신문을 중심으로 한 매스커뮤니케이션을 대상으로 하는 사회과학. 신문의 잡지, 인쇄, 판매 등에 관한 연구 외에 라디오·텔레비전·잡지 등 널리 대중전달(大衆傳達) 과정의 종합적 파악을 내용으로 하는 연구를 포함한다.

신문활자(新聞活字) newspaper type | 일반적으로 사용되는 활자에 대하여, 특히 신문에만 사용되는 활자를 말한다.

신사본(新寫本) | 최근 또는 극히 근년(近年)에 수서(手書)된 책을 말한다.

신편제종교장총록(新編諸宗敎藏總錄) | 대각국사 의천(義天) 1055~1101은 신라고승의 연구저술 4백여 권을 비롯하여 정장(正藏)에 대한 고금의 연구, 주석서를 송, 거란, 일본 등에서 광범위하게 수집하고, 1,010부(部) 4,857권에 달하는 방대한 양의 장소목록인 신편제종교장총록(新編諸宗敎藏總錄) 3권을 편성하였다. 그리고 흥왕사에 교장도감을 설치하고, 이 목록에 입각하여 속장을 간행·유포하였다. 신편제종교장총록은 동양 불교의 여러 종파에서 표방하고 있는 교리 해석상의 분류법을 두루 종합하여 논리적이고도, 합리적인 새로운 분류체계를 갖춘 목록이라는 점에서 중요한 의의가 있다.

신필본(宸筆本) | 임금이 손으로 친히 쓴 책은 어필본(御筆本) 또는 신필본(宸筆本)이라하며, 중국에서는 신한본(宸翰本)이라 한다.

신한본(宸翰本) | 임금이 손으로 친히 쓴 책은 어필본(御筆本) 또는 신필본(宸筆本)이라한다.

실록(實錄) | 어떤 사실을 있는 그대로 적은 기록. 조선 초기 태조 정종, 태종의 3대 실록은 처음에는 각각 2부씩 등사하여 서울 춘추관, 충주사고에 간직했다. 장기적 보존을 위해 세종27년(1445) 서울 춘추관, 충주사고, 전주사고, 성주사고 각각 1부씩 분장하였다.

실록자본(實錄字本) | 조선시대 실록청이 임진왜란 때 소실된 태조에서 명종까지 13대 실록을 전주사고 본(全州史庫 本)에 의거 새로 찍어내고

자 옛 갑인자(甲寅字)와 을해자(乙亥字)를 모으고, 여기에 나무활자를 만들어 섞어 사용하였다. 선조36년(1603)부터 39년(1606)까지 4년에 걸려 인출한 13대의 역대 실록과 그 뒤 인출한 선조실록(宣祖實錄), 인조실록(仁祖實錄), 효종실록(孝宗實錄) 에 사용된 나무활자를 총칭하여 실록자라하고, 그 활자로 찍은 책을 실록자본(實錄字本) 이라한다.

실크페이퍼 silk paper ‖ 중세 바그다드(Baghdad)에서 생산되어 페르시아시대를 거쳐서 유명해진 린넨(linen)으로 만든 종이. 이 종이를 지폐용으로 쓰이는데 위조하기가 어렵다.

십진분류법 Decimal classification ‖ 듀이십진분류법(DDC)은 ⓪총류 ①철학 ②종교 ③사회과학 ④언어 ⑤자연과학 ⑥기술과학, 응용과학 ⑦예술 및 레크리에이션 ⑧문학 ⑨역사 및 지리. 국제십진분류법(UDC) 한국십진분류법(KDC) 일본십진분류법(NDC)이 있다.

ㅇ

아날로그 컴퓨터 analogue computer | 어떤 수치(數値)를 길이나 각도 또는 전류 등 연속된 물리량으로 나타내는 것.
아날로그 컴퓨터 ↔ 디지털 컴퓨터.

아연제판 zincography | 도안이나 선화를 흑백으로 인쇄하는 사진제판법. 목판대신에 아연판을 이용한 철(凸)판으로 좋은 작품을 만들기 위해서는 동판이 사용되기도 한다.

아연판(亞鉛版) | 인쇄판의 한 종류, 잘 간 아연의 면에 그림을 그리고, 타닌산(酸), 또는 인산(燐酸)과 아라비아 고무의 혼합액으로 부식시킨 다음에 그 위에다 잉크를 발라서 인쇄함.

아웃라인 outline | 인쇄에 있어서 동일한 폭으로 된 활자의 행으로 모양이 특이한 활자체이다.

아웃서트 outsert | 인쇄된 절(折)의 외부를 둘러싸는 2장으로 된 여분의 종이이다.

아주레 제본 Ajoure binding | 15세기말 베니스에서 성행했던 제본양식으로서 아라비아 식 의장, 금박 등 전통적인 동양식 제본이나.

아트지 art paper | 겉면에 점토·활석 가루 등의 도료를 바르고 반들반들하게 만든 양지(洋紙)의 한 가지. 광택이 있으며 사진판 인쇄나 천연색 인쇄 등에 사용함.

악보(樂譜) musical composition | 음악에서 연주되는 음의 배열(配列) 또는 그 주법(奏法)을 일정한 조직을 가진 문자(文字)또는 기호로써 기록한 작곡물(作曲物)의 원보(原譜) 내지는 인쇄된 것의 총칭이다.

악보 | → 총보score를 보라.

안피지(雁皮紙) tile page | 안피(雁皮)라는 산닥나무 종류의 껍질섬유로 만든 종이. 지질(紙質)이 매우 얇으나 질기고 투명하여 임사용(臨寫用) 등으로 널리 쓰임.

안필본(贗筆本) | 필적을 비슷하게 위조한 안필본(贗筆本) 또는 안본(贗本)구별할 때 쓰여 진다.

압지(押紙) blotting paper | 흡수성 종이를 말하며 잉크·먹물 등으로 쓴 것을, 번지거나 묻어나지 않도록 마르기 전에 그 위를 눌러서 수분을 빨아들이는데 쓰는 종이. 흡묵지(吸墨紙) 수분 흡수지.

압착기 book press | 책을 수선하거나 제본하는 동안 풀을 붙인 면이 접착되도록 책을 눌러주는 기계이다.

압축(壓縮) pressing | 면지(面紙)와 표지(表紙)의 접착을 더욱 견고하게, 책 전체를 곱게 잠재우는 것으로서 풀이 완전히 건조되고, 다시일어나지 않는 충분한 시간을 요(要)한다.

압축활자 condensed type | 높이에 비하여 폭이 좁은 활자이다.

앙구라 북 Undergrund Book | 언더그라운드 프레스(Underground press)라 하는 도덕상 좋지 않은 출판사에서 출판하는 도서나 해적판(海賊版)이다.

앙구라 출판 | 표면(表面)에 나타나지 않고, 남의 눈에 띠지 않는 곳에서의 활동하는 지하출판(地下出版)을 말함. 언더그라운드(Underground) 출판이다.

애장판(愛藏版) | 사가판(私家版)이라고도 하며, 자비로써 취미나 기념으로 만드는 책이다.

약표제(略標題) half title | 표제지 앞의 간지나 별지에 간단한 서명, 총서명, 선집명(選集名) 등이 인쇄되어 있다.

양가죽 lambskin | 부드러운 제본용 가죽으로서 쇠가죽과 비슷하나 덜 질기다.

양방향출판 interactive publishing | 양방향출판은 독자가 그 책의 일부를 그대로 또는 책의 일부를 재편집해서, 종이책으로 만들어 달라고 하는 것. 대부분의 경우는 출판사가 미리 책을 만들어 놓고, 그 책의 화면책으로 보여주는 것이 아니고, 대용량의 데이터베이스를 구축하고 그 데이터베이스 내에서, 독자가 필요한 부분만 발췌하여 책으로 제작하여 주는 출판형태이다.

양서(洋書) foreign books | 서양의 책. 서양에서 출판한, 서양말로 된 책으로, 일반적으로 구미제국(歐美諸國)에서 출판되고, 라틴문자, 희랍문자, 러시아 문자로 인쇄된 서적을 말함. 그 기원을 보면 동서양(東·西洋)을 통해 가장먼저 서력기원전 4000년경에 이집트에서 제작된 '왕문석(王文石)'으로 불리는 것이 으뜸이고, 다음은 서력기원전 2300년경 바빌로니아에서 함무라비법전 등이 있으나 세계적으로 널리 알려진 것으로는 이집트에서 발견된 서기전 196년의 로젯타 석문이다.

양장 western binding | 여러 가지 표지재료를 이용하여 책등까지 튼튼하게 덮어 싸는 서양식 장정형식으로 동양에서도 고서를 제외한 간본이 모두 이 형태의 장정으로 되어있다.

양지본 fine paper copy | 질이 좋고, 큰 종이에 인쇄된 도서를 말한다.

양친장(鑲襯裝) | 책을 오래 사용하면 책장이 마손되고 찢어지기 시작하므로, 이를 보강하기 위해 접은 책장 속에, 그 책장 크기 또는 그 보다 크게 접은 종이를 넣어 책장을 보호한다. 이를 친장(襯裝)이라 한다. 문헌에 따라서 활친(活襯), 양친장(鑲襯裝), 금양옥(장)(金鑲玉(裝)), 포투친(袍套襯)이라고도 한다.

양피제본 roan binding | 양의 가죽을 재료로 하여 제본한 것이다.

양피지(羊皮紙)1 parchment | 양의 가죽으로 만든 서사재료. 면양, 산양 따위의 가죽을 말리어 활석으로 닦아서 광택을 내게한 것. 서양에서 고대 중세에 이르기까지 사용함.

양피지(羊皮紙)2 parchment | 양

피지는 양, 염소, 소 등의 가죽으로 만든 기록매체이다. 특히 생후 6주 이내의 송아지 가죽으로 만든 것은 독피지(犢皮紙 vellum)라 한다. 양피지는 기원전 수세기 경부터 이집트, 팔레스타인, 페르시아 등지에서 사용되었다.

양피지3 parchment ∥ 양피나 송아지 가죽으로서 두루마리나 원피 상태의 것이다.

어미(魚尾) ∥ 판심의 위아래 양쪽에 물고기꼬리 모양으로 표시된 것.

어정서(御定書) ∥ 임금이 친히 손으로 저술한 책은 어제서(御製書) 어찬서(御撰書) 어정서(御定書)라 한다.

에든버러서지학회(Edinburgh 書誌學會) Edinburgh Bibliographical Society ∥ 1890년에 영국 최초로 설립된 서지학회.

에디션제본소 edition bidery ∥ 출판사를 위하여 책을 대량으로 제본하는 제본소.

에스파르토 종이 Esparto paper ∥ 아프리카 esparto grass 펄프와 화학목제 펄프를 혼합하여 만든 종이로, 섬유길이는 짧으나, 동일한 손질법, 훌륭한 질감, 대량생산으로 도서출판에 적합함.

에이젠트 agent ∥ 저작권자와 출판자 기타 저작권사용자와의 사이에서 저작물의 출판 기타의 사용을 중개하는 자를 말한다.

에필로그 epilog ∥ ①후서(後序), 결어(結語)라고도 함. 시가(詩歌)·소설·연극 등의 종결부(終結部). ②서적의 본문위에 선배, 우인(友人) 등이 그 책의 감상(感想) 등을 첨서(添書)한 것. 저자 자신의 것도 있음.

엔피 n.p ∥ ①출판지 불명(no place of publicution), 인쇄자 불명(no printer's name), 출판자 불명(no publisher's name)의 약자, ②새로운 문장(new paragraph)의 약자로서 새로운 문장이 시작됨을 식자공에게 지시할 때 여백이나 새문장 시작 첫 단어 앞에 ·로, 그어서 표시한다. ③서평에서 가격표시가 없음(no price)을 표시할 때 사용함.

여백(餘白) margin | 서적, 잡지 등 출판물의 각 페이지의 인쇄부분을 제외한 상하좌우(上下左右)의 공백(空白)을 말함. 상부(上部)의 여백을 천(天) 또는 헤드(head), 하부(下部)를 지(地) 또는 판(版) 밑사이(lower) 우측(右側)의 여백을 소구(小口) : fore enter : 둘레), 좌측(左側)의 여백, 즉 제본된 자리 쪽을 노eh(inner)라 함.

역사서지학(歷史書誌學) historical bibliography | 책의 제작을 역사적으로 연구한다. 인쇄인의 안내서, 기래기록 등 외적 증거를 통해서 분석서지학자는 특정한 인쇄과정에 관해 알 수 있다.

연간(年刊) annual, yearly | 계속해서 출판하는 서적의 간격(間隔)이 1년 1회의 경우이다.

연감(年鑑) yearbook, annual | 어떤 사항에 관하여 한 해 동안에 일어난 경과·인사·편람(便覽)·통계 등을 수록하여 한 해에 한 번씩 간행하는 책, 시사연감, 경제연감, 문화연감 등이 있다.

연보(年報) | 어떤 사실·사업에 관한 연년(年年)의 보고이다.

연보(年譜) | 개인 일대(一代)의 이력을 간략하게 나타내는 목적으로 연월순(年月順)으로 적은 기록. 연대기이다.

연속간행물 serial | 인쇄된 형태 혹은 인쇄되지 아니한 형태를 취하고 연속적인 분책(分冊)으로 발행되며, 대체로 번호, 혹은 연호(연대)표지를 가지고 연속적으로 발행되는 간행물. 여기에는 정기간행물, 신문, 연감, 번호가 매겨진 단행본총서, 회의록, 회보 등이 포함된다.

연속간행물관리(SISAC) | ☞ 자동체크인(SISAC 바코드 기반)을 보라.

연판(鉛版) stereotype, stereo | 오목형으로 문자의 형이 잡힌 것이기 때문에 인쇄할 수가 없어서 인쇄의 능률을 높이기 위하여 현판(現版)에 대고, 지형(紙型)을 뜬 다음에 납·주석·알루미늄의 합금을 녹여 부어서

뜬 인쇄판을 말함. ①원연판-신문인쇄기 같은 고속 윤전기로 인쇄하기 위한 연판. ②평연판-스톱 실린더(stop cylinder)나 2회전의 매엽활판인쇄기(枚葉活版印刷機)로 인쇄하는 연판이다.

연판(鉛版) lead stereotype | ①활자조판·아연철판(亞鉛凸版)·그물판(網版)·목판(木版) 등에서 지형(紙型)을 떠서, 그 지형에 납·주석·안티몬으로 된 합금을 녹여 부어 만든 복제판. ②활판(活版)에서 뜬 지형(紙型)에 납·주석·알루미늄의 합금을 녹여 부어서 만든 인쇄판(印刷版).

연판교정(鉛版校正) plate proof | 활자조판(活字組版)의 교정에 대응으로 원본(原本)과 대조(對照)하여 연판쇄(鉛版刷)의 교정쇄(校正刷)에 행해지는 교정이다.

연표(年表) chronological table | 개국(開國)의 초기부터 현재에 이르기까지, 저명(著名)한 역사적 사실을 연대순(年代順)으로 배열(排列)하여, 연호(年號), 연대(年代)를 기초로 제사건(諸事件)을 약기(略記)하여 표(表)로 만든 연대(年代), 즉, 사건의 검색(檢索)에 편리하도록 작성된 도서나 도표(圖表)를 연표라 한다.

연호(年號) | 군주국가(君主國家)에서 국가의 원수(元首)가 자기의 치세연차(治世年次)에 붙이는 칭호(稱號), 일명 대연호(大年號), 원호(元號). 연호의 명칭을 대개 정치적인 이상(理想)을 표시하는 것이거나 어떤 상서(祥瑞)로운 현상 또는 고전(古傳)의 글귀에 따라 제정하였으며, 한 치세(治世) 중에도 길흉(吉凶)에 따라 바꾼 예(例)가 많다.

열거서지학(列擧書誌學) 또는 체계서지학(體系書誌學) enumerative bibliography | 열거서지학은 특정한 체계에 따라 목록을 편성하는 것을 의미한다. 여기서 열거란 목록의 편성을 말하는 것이며, 체계란 그러한 목록이 모종의 원칙 혹은 체계에 따라 편성되어야 함을 의미한다. 책을 어떠한 유용한 체계에 따라 나열하거나 목록을 편성하기 때문에 열거서지학을 체계서지학이라고도 한다.

열표지(列表紙) | 헝겊으로 만들어

진 표지(表紙)이다.

열품저지(劣品楮紙) | 닥나무에 모맥절(蚌麥節), 고절(藁節), 포절(蒲節), 유피(柳皮), 유엽(柳葉), 마골(麻骨), 죽엽(竹葉), 상피(桑皮), 송엽(松葉), 의이(薏苡), 갈피(葛皮), 등의 다른 재료를 섞어 만든 책지의 통칭이다.

엽서가 book hunter | 중고 도서상점에서 특수한 책을 사려고 다니거나, 특별한 주문요청에 따라 그 특수한 책을 사려고 다니는 것이 직업인 사람이다.

영구제본 conservation binding | 유품의 원본을 오랫동안 보관하기 위하여 제본 또는 재제본하는 것으로서, 즉 각 이용하기 위한 일상적인 제본과 구별된다.

영국출판협회(英國出版協會) The Publishers Association | 1896년에 창립된 영국출판업자의 단체.

영국서적인협회(英國書籍人協會) The Society of Bookmen | 1921년에 조직된 단체로 서적의 제작과 배급(配給)에 관함.

영남책판기 | 「영남책판기」는 「고책판소재고」의 경상도조에 수록되어 있는 책판목록이다. 「고책판소재고」에는 경기, 충청, 전라, 경상, 강원, 황해, 함경 등 7도의 책판목록이 수록되어 있는데, 이 중 경상도의 책판목록은 임란 이전에 편찬된 「영남책판기」에서 전재(轉載)하고, 나머지 6개 도의 책판목록은 숙종 때 편찬된 「해동지지」권1-35에서 전재한 것이다.

영사본(影寫本) | 사본의 한 가지. 영사하여 만든 책이다.

영인본(影印本) | 원본을 사진이나 기타 과학적 방법으로 복제(複製)한 인쇄물. 영인판(影印版), 경인본(景印本).

영조본(影照本) | 고서(古書)나 비명(碑銘) 따위의 문자를 사진으로 찍어서 제판한 책이다.

예비쇄 proof | ①조판 혹은 정판으로 찍은 예비쇄. ②본인쇄를 할 수 있도록 준비가 되었을 때 석판으로 인

쇄한 것이다.

예비판 provisional edition | 가판으로 발행한 적은 부수의 도서로서, 특정 개인으로 송부하여 그들의 서평이나 제안을 받기 위한, 것으로서 완전한 최종판이 나오기 전에 발행한 도서이다.

예서체(隷書體) | 전자(篆字)의 복잡한 글자체를 쉽게 쓸 수 있도록 고친 것. 한예(漢隷), 팔분(八分).
가독성(可讀性)이 좋은 서체이나, 전서(篆書)의 번잡성으로 간자체(簡字体)화 하고 있다.

예약출판(豫約出版) publication by subscription | 도서출판업자가 출판물이 간행되기 전에, 그 대금의 일부 또는 전부를 구매자로부터 미리 받고 그 예약신청자만을 대상으로 하여 서적을 출판하는 것이다.

예약출판도서 subscription | 출판 전에 광고를 통하여 구입을 예약한 독자에게만 구매되는 도서이다.

예필본(睿筆本) | 왕이나 왕세자(王世子)의 글씨로 만든 책이다.

오버프린트 overprint | ①잘못 인쇄된 부분을 삭제하거나 수정하는 것. ②인쇄된 행을 재조정 하는 것. ③인쇄된 부분의 공간에 자료를 추가하는 것. ④필요한 부수이상의 도서이다.

오사란초본(烏絲欄鈔本) | 먹으로 계선을 찍어낸 종이에 필사한 책.

오식(誤植) misprint | 인쇄소에서 활판에 활자를 잘못 꽂음. 사진식자 인쇄물 중의 활자(活字) 및 부호 등의 틀림. 또, 그 실수로 해서 생긴 인쇄상의 잘못이다.

오자(誤字) | 잘못 쓴 철자. 틀린 글자. 오식(誤植)한 활자(活字)이다.

오지활자 | 질그릇 만드는 찰진 흙을 빚어 만든 활자를 도활자(陶活字) 또는 (오지활자)라 하고, 그 활자로 찍은 책을 도활자본(陶活字本) 또는 (오지활자책)이라한다.

옥타브 octave | 도서의 판형(判型) 명칭의 하나로 어떤 전지(全紙)를 팔

절판(八節判). 즉 직각방향으로 세 번 접은 것으로 8엽(葉) 6페이지가 됨. 이것에 종이의 명칭을 붙여 Demy 8vo, Royal 8vo와 같이 부름 8vo, 8, in-8.

옥편(玉篇) ①한문 글자를 차례로 배열(排列)하고, 그 글자의 음과 새김을 적어 엮은 책. 자전(字典) ②중국 양(梁)나라 고야왕 (顧野王)이 엮은 30권으로 된 한자, 자전(字典).후에 당(唐)나라의 손강(孫强)이 증보(增補)하고, 송(宋)나라 때 진팽년(陳彭年) 등이 중수(重修)한 이래 세상에 널리 알려지다.

올 박스 all box 한 장(漢裝)에서의 질(帙)과 같은 것으로, 흔히 어떤 출판물인 전집(全集)으로 이루어졌을 때, 책마다 이른바 케이스에 넣고, 다시전체를 한 상자에 넣는다.

옵타곤 optacon 미국에서 개발된 시각장애용 전자도서기로서 인쇄문자. 손으로 쓴 문자, 간단한 그림, 도표 등을 장애자가 직접 손으로 읽을 수 있도록 한 장치.

와이포 WIPO World Intelletual Property Organization. 세계지적소유권기구로 1967년 7월 14일 스웨덴의 스톡홀름에서 설립됨. 목적은 ①지적소유권의 세계적 보호의 촉진 ②각종의 국제지적 소유권 동맹(베른저작권동맹, 파리공업소유권 등)간의 관리상의 협력 확보에 둠.

와트먼 지(紙) Whatman paper 넝마 등을 원료(原料)로 한 특수상질지, 회화(繪畫)에 가장 적합한 종이 표지재(表紙材)에 쓰이는 수도 있으며, 한정판(限定版) 등에서는 본문지(本文紙)에도 사용힌다.

와판 (瓦版) 옛날에 목판(木版) 대신에 마른 진흙에 문자나 그림을 조각하여 구워서 기와로 만들어 인쇄하던 인쇄판.

완영책판목록(完營冊板目錄) 전라, 충청, 경상 3도의 책판 외에 약간의 함경도 책판이 포함되어 있는 목록으로 영조35년(1759) 2월에 작성된 것이다. 앞부분에 완영에서 판각한 책판이 수록되어 있어 그렇게 명명되었으며, 삼남책판목록(三南冊板

目錄)이라기도 한다.

완질본(完帙本) | 한 질(帙)을 이루고 있는 책에 있어서 권 책 수가 완전하게 갖추어진 책이다.

완판본(完版本) | 조선 왕조 말기, 주로 광무(光武)·융희(隆熙) 연간에 전주에서 간행된 고대 국문 소설의 목판본(木版本)의 총칭. 전라도 방언으로 판각(板刻)되어있어 문체도 경판본(京板本)과 달라 향토색이 농후함.

외설도서 | ①curiosa 색정적인 내용을 다룬 도서를 말하며, 에로도서 또는 호색본이라 함. ②erotica 음란하고 외설 스러운 도서.

외설물 pornography | 외설 스럽고 음란한 글이나 저작물로서 원래는 매춘부와 매춘행위에 관한 자료에만 적용되던 말. 이 말은 그리스어의 창녀에 관한 저작에서 유래하였다.

외제(外題)/내제(內題) | 표지에 기재된 서명 또는 내제라고도 한다. 표지의 좌측 상단에 책 이름을 쓰는 것으로서, 제첨(題簽) 이라고도 함.

외피(外皮) book jacket, jacket cover, wrapper | 책의 오손을 막기 위해 표지를 싼 종이. 표지의 안쪽에 접어 둔 부분에는 그 책의 내용, 저자소개 등이 있고, 외부 쪽에는 책의 특징이 인쇄되어 있다. 서양서는 책의 가격이 인쇄되어 있기도 하다.

요약(要約) | ①summary 논문이나 저작의 내용을 간추리거나, 요점을 발췌하여 축소시킨 것으로서, 원문과 일반개념은 같아야 함. ②epitome 어떤 목적에서 저작의 내용을 줄이거나, 요점만을 발췌한 것으로서 원문의 중요한 것을 유지하고 있다.

요약판(要約版) abridgment | 원래의 작품내용을 요약하고 압축하여 만든 축약판을 말한다. 원저자 또는 원저자가 아닌 다른 사람이 저술하기도 한다.

요판(凹版) | 판의 오목한 곳에 잉크를 넣고, 판의 표면에 있는 불필요한 잉크는 말끔히 씻어버린 다음, 압력을 가하여 용지에 잉크를 묻히는 인쇄 판식(版式)이다.

용어집(用語集) glossary | 어떤 분야의 전문용어 또는 학술용어 등을 모아서 정의를 내렸거나 해설한 책.

용재총화(慵齋叢話) | 조선시대 중기의 성현(成俔)의 수필집·시문·설화·역사·문물·풍속 등, 활자주조방법. 대동야승(大東野乘)에 전한다.

우량도서 best book | 한 특수분야 또는 여러 분야에서 가장 바람직하고 가장 권위있는 것으로 인정되는 도서이다.

운각(芸閣) | 서고, 장서실을 뜻함. 옛글자로 근대는 사용안함.

워드프로세서 word processor | 문서작성 편집기. 타이프라이터에 컴퓨터의 '두뇌'가 붙은 것과 같은 것으로, 만들어진 문장의 기억이나 편집 등을 간단한 조작으로 해 낼 수 있다.

원각본(原(元)刻本) | 동일한 판목(板木)을 사용하여 인쇄를 거듭한 판본(版本)중, 최초에 인쇄된 것을 말함. 초간본(初刊本), 조각본(初刻本).

원고(原稿) manuscript | ①넓은 의미로 최고를 의미하며, 반드시 저작물성을 가져야 한다고 한정할 수 없으나, 저작권법상의 협의의 원고는 복제되는 저작물의 원본으로써 손으로 쓴 것, 타이핑한 것. 활자로 인쇄된 것 등 전부를 포함함. ②인쇄물의 본보기로 삼기 위하여 쓴 글이나 그림·사진·또, 그 목적으로 문장·시가(詩歌) 등을 원고지에 쓴 것이다.

원고료(原稿料) | 저작물 사용료의 일종으로써 원고에 쓰여진 저작물에 대하여 지불되며, 때로는 회화에 대한 보수인 화료(畫料)노 포함하여 말할 때도 있다. 고료(稿料)라고도 한다.

원고의 매절(原稿의 買切) | 출판자가 출판에 임하여 저작자 혹은 저작권자에 대해 원고료를 일괄(一括)해서 지급하고, 그 원고를 독점적으로 사용한 경우를 말한다.

원도(原圖) original | 제판인쇄에 의해 복제하려는 도면(圖面)·회화(繪畫)·사진(寫眞)등의 원고(原稿)·원화(原畫)와 같음.

원문본(原文本) ‖ 주석과 교주 없이 본문만 간인한 책을 정문본(正文本) 또는 원문본(原文本)이라 한다.

원문서지(原文書誌) textual bibliography ‖ 원본을 이쇄본(異刷本)이나 이판본(異版本)과 비교 조사하여 그 변화를 연구하는 것이다.

원문서지학(原文書誌學) textual bibliography ‖ 문헌 본래의 본문 또는 표준적 본문을 올바르게 인식하고 복원하기 위하여 문자의 이동(異同)을 대교(對校)하고, 본문의 증책(增冊)을 고증하여 그 역사와 전래를 분석적으로 비평 연구하는 것이다. 중국에서는 교감학(校勘學) 또는 교수학(校讐學)이라 한다.

원본(原本) original issue ‖ ①원전(原典 :orignal text) ②주석, 해석, 번역, 개정, 번각, 서사, 중간 등에 있어 근본이 된 본디의 서체(書冊) ③동일서로서 2종 이상의 판본이 있을 때 최초의 판본을 말함. 원각본(原刻本) 또는 원간본(原刊本)이라 한다.

원서(原書) original text ‖ ①번역하거나 복사한 책에 대하여 그 근본이 되는 책. 원전(原典). 원본(原本). ②구문(歐文)의 서책(書冊). 양서(洋書).

원안(原案) original plan ‖ 저작물을 만드는 근본이 되는 기획안, 줄거리(plot), 고안(idea) 등을 말함.

원작(原作) ‖ ①본디의 저작 또는 제작(製作) ②연극·영화에서 각색된 각본에 대하여 그 소재가 된 소설·희곡 따위.

원저논문(原著論文) original paper ‖ 연구자 자신이 행한 연구활동의 내용을 명확히 기술, 해석한 문헌으로 어느 특정 분야의 새로운 정보가 포함되어야 함.

원저작물(原著作物) original work ‖ 저작물의 번역·편곡·변형·각색·영상제작 등 2차적 저작물(번역물·편곡·작품·변형물·각본·영상저작물 기타의 개작물)이 작성된 경우에 이들의 원형이 된 저작물을 원저작물이라 함. 원저작물은 저작물의 원작품과는 다름.

원전(原典) sources book | ①original text 번역, 주석, 필사 등의 기본이 되는 것으로서 원저, 원문, 원서, 원로 등. ②primary source 도서나 기타 저작물에서 저자가 인용한 1차 자료.

원지(原紙) stencil paper | ①닥나무 껍질을 원료로 하여 뜬 두껍고 질긴 종이의 한 가지. 잠란지(蠶卵紙)로 씀. ②등사판 등의 원판(原版)에 쓰이는 초 먹인 종이.

원출판자(原出版者) original publisher | 특정한 음악저작물에 대하여, 그 저작물의 이용촉진과 권리의 보전을 도모하기 위해 작사자나 작곡가 등 원저작자와 음악출판계약(music publishing contract)을 맨 처음 체결한 음악출판사를 말한다.

원통기 인쇄(圓筒機印刷) | 판판한 판면에 종이를 보내어, 이것을 원통으로 눌러 인쇄하는 형식. 활판인쇄기로 가장 흔히 쓰는 것인데, 일명 평대인쇄기(平臺印刷機)라고 함, 이에는 스톱실린더 식의 것과 2회전식의 것이 있다.

원판(原板)1 | 사진에서 밀착할 때나 확대할 때 사용하는 음화(陰畫)이다.

원판(原版)2 | ①직접 제판한 판이라는 의미로써 연판(鉛版)에 대하여 근본인, 활자의 조판 ②복제, 번각(飜刻)에 대하여 본래의 판. ③복판(複版 : 연판, 전태판, 쇄판 등)에 상대적인 것. 초판(初版)임.

원판쇄(原版刷) original plate printing | 인쇄부수가 적을 때 연판(鉛版)을 사용하지 아니하고, 조판한 그대로 인쇄하는 것. 또 그 인쇄물이나.

위서(僞書) | ①가짜 편지. ②비슷하게 만든 가짜 책. 거짓편지 ③위조문서이다.

위작(僞作) counterfeit piracy | ①위조(僞造)한 것. ②작자를 위조한 작품. 가작(假作).

위작간기(僞作刊記) fictitious imprint | 법률의 제약을 피하거나 저작권 침해 등을 감추기 위하여 거짓으로 속인 출판사항을 말한다.

위판(僞版) reprint ┃ ①일정한 절차를 밟지 않고, 출판권이나 저작권이 없는 자(者)가 출판한 책을 말함. ②원고 또는 지형(紙型)이 전매되거나 저자가 모르는 사이에 표제를 변경시켜 내놓는 것.

위편(韋編) ┃ 책을 꿰어맨 가죽 끈이다.

위편장(韋編裝) ┃ 고대에 중국에서 흔히 있었던 절책(節冊)이 바로 이런 것으로 대가지에 글을 써서 엮은 것이다.

유계(有界) ┃ 형태기술에서 계선(界線)이 있는 것을 표시하는 것이다.

유교책판 ┃ 유교책판은 305개 문중에서 기탁한 718종 6만4226장의 목판이다. 조선시대 유학자들의 저작물을 발간하기 위해 만든 것이다. 이러한 자료들은 주로 문중이나 서원 등 민간에서 보관해오던 것을 한국국학진흥원의 10여년의 수집, 보관 노력으로 세계기록유산으로 2015년 10월 10일 등재되었다. 유교책판은 1460년 청도의 선암서원에서 판각된 배자예부운략(排字禮部韻略)으로부터 1955년 제작된 책판까지, 시대를 달리하는 다양한 종류의 내용들로 구성되어 있다. 이 가운데 퇴계선생문집 책판과 같은 학술적 가치가 뛰어난 책판과 근대출판 역사를 알 수 있는 박문서관(博文書館)에서 판각한 책판도 있다(조선일보 2015년 10월 5일 A2, 10월 12일 A14).

유네스코 제시 서고내 온도와 습도 ┃ 온도 20± 1°C 정도이며, 상대습도 50± 5% 정도이다.

유네스코 쿠폰 UNESCO coupon ┃ 1948년 유네스코 총회에서 문화교류의 한 수단으로 채택된 일종의 국제어음. 유네스코 본부에서 할당된 금액의 범위 안에서 단체 또는 개개인 국제환(環)이나 달러가 없어도 자국화폐로서 외국의 학술도서·과학자료·교육영화 등을 구입할 수 있는 제도.

유령본(幽靈本) ghost edition ┃ ①서명 기타 기록에는 기재되어 있지만 실제 그 저작이 있었는지 여부에 대해서는 고증할 수 없는 불분명한 책. ②실제로는 적은 판수(版數) 밖에 없는데도 과장해서 수십판(數十版) 따위로 표시한 판이다.

유사성(類似性) likeness | 유사성에 따라 대상이나 개념을 한 자리에 모이게 하기 위하여 분류해서 사용하는 유사성의 정도이다.

유서(類書) | ①같은 종류에 속하는 책. 유본(類本). ②오늘날의 백과사전과 비슷한 것으로서, 많은 서책(書冊)에서 발췌한 내용을 이용하기 좋게 분류 편찬한 서책. 중국에서 만들었음. 〈태평어람(太平御覽)〉, 고금도서집성〈(古今圖書集成)〉 등.

유서본(由緖本) pedigree copy | 저자 자신의 필적, 또는 저서가 있든지 혹은 저자의 친지가 저자에게 보내준 헌정문 등이 있는 유서 있는 도서. 유명한 사람의 장서 혹은 수택본 등도 포함된다.

유씨씨 UCC | Universal copyright Convention. 1952년 9월 6일에 제네바에서 서명된 저작권 보호에 관한 국제협약의 명칭. 유네스코협약 혹은 제네바협약이라고도 한다

유에이피 UAP | Universal Availability of Publications. UBC에서 출판이 확인된 도서의 현물 또는 복사본을 입수 할 수 있도록 편의를 제공해 주는 국제적 기능.

유연묵(油煙墨) | 오동나무 기름 또는 삼나무 기름 등의 기름을 태운 그을음과 아교를 섞어서 만든 먹으로, 흔히 기름먹 또는 참먹이라고도 함. 금속활자 인쇄에 적합함.

유인본(油印本) | 기름 먹인 등사원지(謄寫原紙)를 줄판 위에 놓고 글, 글씨 그림을 철필로 긁거나 그린 다음 이를 등사기의 틀에 끼워 그 위를 등사잉크를 바른 로울러(roller)로 밀어서 박아낸 책이다.

유일본(唯一本) | 전래가 하나뿐인 것을 유일본(唯一本)이라 하며, 사람에 따라서는 고본(孤本)이라고도 한다.

유작(遺作) posthumous works | 저작자가 그 생존 중에 공표하지 않은 저작물을 말함. 즉 사후(死後)에 공표된 저작물이다.

유포본(流布本) | 일반대중에 다수 유포되어 있어 용이하게 구입할 수 있고, 그 간각(刊刻)이 특히 정선(精善)이라고 할 수 없는 흔한 보통의 책을 말함. 통행본(通行本).

육필본(肉筆本) | 본인이 직접 손으로 쓴 글씨. 친필(親筆)이다.

윤곽(輪廓) border | 윤곽(輪廓)은 여러 가지 괘선(罫線)이나 장식선(裝飾線)을 사용하는데, 그 사용법은 레이아웃의 방법에 따라 달라진다. 최근 윤곽은 단지 다른 것과 경계선을 짓기 위한 것이 아니고, 디자인의 일환으로서 효과적으로 사용하는 경향이 농후하다.

은박(銀箔) | 소량의 동을 가한 은을 얇게 늘린 것. 변색하기 쉬우므로 제본용으로는 알루미늄박을 사용함.

은판사진(銀板寫眞) | 잘 닦은 은판을 요드(iode) 가스로 처리하여 빛을 쐰 다음, 수은의 증기를 받게 하여 상(像)을 나타내는 사진법 프랑스의 화가 다게르(Daguerre)가 발명하였다.

음문(陰文) | 묵등(墨等) 위에 새긴 글자로서 검은 바탕에 흰 글자이다.

음문자(陰文字) | 음각(陰刻)으로 새긴 문자. 바탕색에 대비하여 종이색 그대로 찍힌 문자.

음의본(音義本) | 글자의 음과 뜻. 풀이한 책이다.

음주본(音註本) | 음석(音釋)이 가해진 것은 음주본(音註本) 또는 음의본(音義本)이라한다.

의혁판지(擬革板紙) leather board | 목재펄프·고지(故紙) 등을 원료로 하고, 가죽과 비슷하게 만든 판지. 종이상자 등에 사용.

이격(耳格) | ☞ 서이(書耳)를 보라.

2권1책 two volumes in one | 2권은 한 책에 합본한 것으로 고서에서 많이 볼 수 있다. 이 경우, 권은 서지적인 책수이며, 책은 물리적인 책수가 된다.

이니셜 initial | ①구문(歐文)의 성

(姓)과 이름과의 최초의 문자. ②독자의 주목(注目)을 끌기 위해, 혹은 장식의 목적으로, 구문의 문장의 최초 행의 1자(字) 째에 사용하는 특별대형(特別大形)의 활자. 2행, 3행, 4행 자리로 하는 수가 많다.

이력(履歷) vita | 학위논문에 부가되어 있는 저자의 이력서.

이명저작물(異名著作物) pseudonymous work | 저작물에 그 저작자의 이명(異名)을 저작자명으로 표시한 저작물. 여기에서 이명을 저작자의 실명(성명·명칭)이외의 명의를 말한.

이미테이션 아트지(initation art 紙) artificial paper | 본래의 아트지는 싱질지(上質紙)를 원지로 하여, 그 한 면 또는 양면에 백색제와 접착제의 혼합액은 브러시 코팅한 뒤 캘린더링(calendering) 가공을 하여 표면을 매끄럽게 한 것인데, 이미테이션코딩제를 사용하지 않고 캘린더링만을 특히 매끄럽게 한 종이를 총칭함. 의사(擬似) 아트지라고도 함.

이본(異本) rare book | ①진귀하고, 희귀한 책. ②alternative version 원본과는 내용의 일부에 사용된 문자나 어구가 다른 도서. ③copy of different edition 동일 도서로서 글자(文字)와 글귀(言句) 등이 부분적으로 약간씩 다른 도서.

이쇄 prefecting | 인쇄용지의 이면을 인쇄하는 것이다.

이와나미 문고(岩波文庫) | 이와나미(岩波茂雄)(1881~1946)가 32세 때 1913년 8월 5일에 고서점(古書店)으로 시작한 이와나미 서점에서 1927년 시작한 것임. 당시로서는 상당히 염가본(廉價本)이었다.

이용규정(利用規程) | 동서양을 막론하고 과거에는 귀중한 문헌을 엄격히 관리하기 위하여 대개 특수한 계층에만 문헌이용이 허용되었다. 장서관리를 철저히 한 소장자는 각자의 형편에 맞게 이용의 범위, 자격, 이용절차와 방법 등에 대한 규정을 만들어 두고 있었다.

이제(裏題)1 | 겉장의 안쪽에 표시된 제명(題名).

이제(耳題)2 | 서이(書耳)에 표시된 제명(題名). 서이(書耳)가 없을 지라도 좌우의 변란(邊欄)위 모난 곳에 제기(題記)를 쓴 것을 이제(耳題)라고 통칭한다.

이종복제(異種複製) | 원저작물과 다른 기술에 의해 미술저작물의 복제함을 말함.

이중표제(二重標題) duplication title | 본래의 표제지는 그대로 이며, 새로운 사항 등이 기재된 표제의 부가(附加)된 것 등을 말함.

이중표제지 double title-page | 오른쪽과 왼쪽 표제지를 모두 가지고 있는 경우에 사용하는 용어이다.

2차문헌 secondary source | 1차 문헌을 처리하며 그의 소재를 알리는 자료로서 초록지, 색인지 등이 대표적인 것이다.

2차서지 secondary bibliography | ①사용된 1차서지의 편찬을 위하여 한 주제에 관련된 도서만을 수록한 특수서지. ②연구의 편의를 위하여 재배열한 서지이다.

2차자료 secondary publication | ① 초록, 개요, 색인 등 현황 주지용 잡지를 사용, 원자료(1차 자료)를 보다 광범위하게 사용하기 위하여 다른 형식으로 출판하는 행위.

2차적 저작물(二次的 著作物) derivative work | 한 저작물을 원작으로 삼아 그 위에 새로운 창작성을 가한 것을 2차적 저작물이라 하며, 원작(原作)과는 별개의 저작물로 보호를 받음. 번역, 편곡, 각색, 영상제작 따위가 그 예에 속함.

이체자(異體字) | 표준적인 글자체와 다르게 쓰인 글자체.

이코노 그래피 iconography | ①초상화, 동상, 동전 등의 인물이나 기타 사물의 도해 연구 방법. ②이러한 연구에 관한 도서 또는 성과이다.

이판(異版) different edition | 동일동동종(同一同種)의 판에 의해 인쇄된 것을 '동판(同版)'또는 '일판(一版)'이라 부르는데 반해, 동일내용의

것이 다른 판(版)에 의해 찍어진 경우를 말함.

이(異)표제지판 title edition | 도서제본 표지로서 마지막 면에 가장 가까이 있는 표지.

이표지(裏表紙) reverse cover | 도서제본 표지로서 마지막 면에 가장 가까이 있는 표지이다.

이행(二行) | 수자(首字) 보다 두 글자 이상으로 높게 개행(改行)할 경우, 제일 높은 글자 자리를 일행(一行) 또는 극행(極行)이라 하는데, 그 다음 높이의 글자 자리를 말한다.

인기(印記) | 활자본(活字本)의 인출사항이나 이미 새겨진 책판(冊板) 또는 경판(經板)에서 단순히 박아낸 목판본의 인출사항을 적은 기록.

인도지(印度紙) India paper | 얇고 불투명하며 바탕이 좋고 비교적 질긴 서적용 종이로, 얇은 휴대용 서적을 만드는데 가장 적합함. 우리나라에서는 성서나 사전 등의 인쇄에 이용되고, 더욱이 아유산(亞黃酸) 펄프를 점상(粘狀) : 점처럼 생긴 모양으로 녹여, 탄산칼슘을 다량 혼입하여 불투명도 높이고 있음. 불투명지, 바이블페이퍼(bible paper)라고도 말한다.

인레이 inlay | ①제본시 책등(spine)을 견고하게 하는데 사용되는 종이끈. ②대지에 끼운 재료.

인명색인 name index | ①어떤 틀이나 테두리 안에 맞춰진 종이. 도판 등 그래픽 자료에 대하여 쓰는 용어. ②표지에 다른 색깔 또는 다른 종류의 가죽을 댄 가죽 제본 책에 대항하여 쓰는 용어이다.

인문(印文) | 인장(印章)에 새겨져 있는 문자이다.

인버티드 파일 inverted file | 키워드(key word)로 레코드를 찾을 수 있도록 편성한 파일.

인보(印譜) | 인장(印章)의 인영(人影)을 모아서 편집한 책. 중국에서는 송(宋)나라의 선화(宣和) 때 시작하여 원(元)나라 때도 있었으나, 전하지 않고, 명(明)나라의 융경연간(隆慶年

間)에 무릉(武陵)의 고씨(顧氏)가 모은 집고인수(集古印數)가 가장 오래된 것으로 전한다.

인보이스 invoice | 항목별로 명세를 기재한 청구서, 계산서를 말한다.

인본(印本) printed book | 인쇄되어진 책(寫本에 대하여). 판본이라고 한다. 간본(刊本)이다.

인서체(印書體) | 직선적으로 각 지게 만들어진 글자체. 글자를 판각하는 각수(刻手)에 의해 만들어졌으므로 장체(匠體)라고도 하였다. 필서체(筆書體) ↔ 인서체(印書體).

인세(印稅) royalty | 주로 저작물을 출판할 경우에 그 저작권자에 대해, 발행부수에다 일정한 비율(예컨대 정가의 10%)을 곱하는 방법으로 산출하여 지불하는 저작물 사용료를 말함.

인쇄(印刷) printing | 매스커뮤니케이션 수단의 하나로, 종이를 비롯한 어떤 물체에 문자나 화상(畫像)을 대량 복제하여 다수에게 전달할 목적으로 판재(板材)와 잉크를 사용. 균질한 다수면, 주로 종이 위에 그 화상을 표현하는 방법 또는 그 결과로 얻어진 인쇄물을 뜻하기도 한다.
인쇄방식의 분류 ①철판방식-목판(木版), 활판(活版), 선화철판(線畫凸版), 고무판. ②평판방식- 석판, 금속평판, 오프셋, 콜로타이프. ③요판방식-조각요판, 그라비아. ④공판방식-등사판, 실크스크린. ⑤무압방식-온 세트 프레스, 제록스.

인쇄매체(印刷媒體) print media, printed media | 인쇄되어 있는 매체로서, 그 위에 인쇄가 완료된 메시지(인쇄광고)를 게재한 것을 말한다.

인쇄방식의 분류 | ①철판방식-목판(木版) 활판(活版) 선화철판(線畫凸板) 고무판 ②평판방식-석판 금속편판 오프셋 콜로타이프 ③요판방식-조각요판 그라비아 ④공판방식-등사판 실크스크린 ⑤무압방식-온 세트 프레스 제록스.

인쇄자료 printed material | 자료의 한 형태로 인쇄에 의하여 작성된 것. 필름, 레코드 등 시청각자료에 대응됨.

인쇄장치 printer | 부호화된 기호나 문자를 사람이 이해할 수 있는 형으로 인쇄하는 장치로, 타이프라이터와 같이 1자 1자 인쇄하는 것.

인쇄적성(印刷適性) printability | 종이, 판, 잉크 등의 인쇄요소가 좋고 인쇄방식이나 인쇄조건에 적합하여 인쇄하기에 알맞은 것이다.

인쇄조판 printed matter | 단어의 배열이나 체재가 식자를 해서 인쇄된 것보다 오히려 읽기 쉬운 느낌을 주는 미려한 조판이다.

인쇄커뮤니케이션 printing communication | 문자·그림·사진·기호를 별개로 혹은 통합하여 담은 메시지로서 시각적인 의사 전달을 하는 것을 말함.

인쇄판(印刷版) | 인쇄를 하는 판(版). 양식으로 볼록판·오목판·평판이 있고, 재료로는 동판·목판·석판·연판·활판 따위가 있다.

인스턴트 도서 instant book | 최신의 뉴스 전달을 주목적으로 한 일시적인 책이다.

인시피트 incipit | 라틴어로 이곳에서 시작이란 의미. 중세 필사본 또는 고대 인쇄 책자의 시작 단어로 때로는 저작자명과 서명을 기입하기도 한다.

인역자본(印曆字本) | 조선시대 관상감(觀象監)은 활자를 보유하고 각종의 역서(曆書)를 찍어냈는데, 그것이 언제부터 하였는지 알 수 없다.

인용문(引用文) quotation | 본문 중에 다른 저자(著者)의 글을 인용(引用)힐 경우에는, 인용했다는 것을 드러나게 하기 위해 ' ', " "나 「 」,로 묶기도 하고, 인용문의 분량이 많을 경우에는 별행(別行)으로 하여 짠다. 저자·책명·발행연도·발행처 등을 인용한 그 글귀 밑에 넣거나 각주(脚註)로 다루어 명시(明示)해야 함.

인용색인 citation index | 이전에 출판된 논문을 인용한 후일의 논문들을 표시한 색인을 말하는 것으로 Science Citation Index가 유명함.

인유도서(印喩圖書) allusion book |

유명한 작가들에 대한 이유를 모은 도서이다.

인장학(印章學) | ①sigillography / 인장과학 혹은 인장을 연구하는 고서학의 한 분야. ②인장학(印章學)/ 미술상, 법률상, 또는 고문서학 등의 분야에서 인장의 형식과 성립을 연구하는 일종의 고증학. 인발학(印髮學)이라고도 한다.

인터타이프 intertype | 1행 분량의 활자를 주조하여 행을 조판하는 기계로, 조작은 라이노타이프(linotype)와 비슷하다.

인테르 leaded matter | 인쇄에 있어서 활자의 행을 구분하기 위하여 납을 넣거나 혹은 큰 활자로 구분하는 것.

인판(印版) | → 인쇄판(印刷版)을 보라.

인화지(印畫紙) | 베어라이트(barite)지에 감광유제(感光乳劑)를 칠한 것으로, 일반 사진용 이외에 컬러인화지, 컬러네가용 팬크로매틱(panchromatic) 인화지, 복사용인화지, 사진식자용 인화지, 오실로그래프(osillo graph)용 인화지 등이 있다.

일권경(一卷經) | 한권을 한 사람씩 나누어서 사경(寫經)한 것이다.

일일경(一日經) | 여러 사람에 의하여 서사(書寫)된 불경(佛經).

1차 서지 primary bibliography | ① 주제와 관련 없는 도서를 대상으로 한 일차적이고 일반적인 서지. ②자료전체 혹은 일부가 원본으로 구성된 서지.

1차 액세스 primary access | 정보검색에 있어서 파일속의 특정기업을 검색(접근)하는 것으로서 동시적·순차적·비연속적 등으로 검색이 가능하다.

1차 자료 | ①primary source 도서, 잡지, 논문, 보고서 등의 원자료로서, 색인, 초록, 목록 등의 2차자료에 대응되는 용어로 사용됨. ②primary publication 주로 원자료를 수록한 출판물.

1차 잡지 primary journal | 기초연구결과의 배포를 목적으로 발행되는 잡지.

1차 제본 primary binding | 처음 출판된 도서의 제본양식이다.

일행(一行) | 개행(改行)할 경우 가장 높은 글자의 위치. 극행(極行)이라고도 함. 일본에서는 단대(單擡).

임대자료 leased collection | 이용률이 높은 통속적인 저작물로서 돈을 받고 빌려주는 자료.

임사본(臨寫本) 임모본(臨摹本) | 문헌의 바탕이 된 책을 보면서 그대로 베껴 쓴 것이다. 임사본(臨寫本), 임모본(臨摹本), 임본(臨本)이다.

임프린트 imprint | 컬러부분을 미리 인쇄하여 두고, 문자부분만을 목적이나 대상별로 따로 인쇄해 넣는다든지, 공통된 메시지 부분을 한 번에 대량으로 인쇄해 두고, 취급자나 판매점 이름을 바꿔가며 인쇄하는 것을 총칭하는 말이다.

입체인쇄(立體印刷) stereophonic printing | 입체적으로 보일 수 있는 인쇄물 또는 그것을 제작하는 방법. 입체사진에서 출발하여 입체인쇄에 이르기까지의 과정에는 여러 가지 방법이 있겠지만, 현재 널리 사용되고 있는 방법은 미세한 렌터큘러 렌즈(lenticular lens : 블록렌즈를 여러 개 옆으로 나란히 늘어놓은 것)를 이용한 것임.

잉글리시 피니시 페이퍼 Englishfinish paper | ①일반적으로 고르게 손질되고 표면가공처리 안된 도서용 종이. ②특수한 경우 양질의 캘린더로, 기계처리한 광택이 적은 도서용 종이.

ㅈ

자가판(自家版) private edition | ① private edition 개인이 자비로서 출판한 출판물. ②private press 인쇄소 소유자의 저술이나 인쇄소를 재정 지원하는 단체의 도서만을 인쇄하는 곳으로서 소수의 부수로 아름답게 인쇄하는 소규모의 인쇄소.

자동체크인(SISAC 바코드 기반) | 연속간행물은 체크인에서 수작업으로 입수처리 하던 방식(구독관리, 체크인, 클레임, 제본)을 스캐너를 이용하여 바코드를 리딩(reading), 연속간행물을 자동으로 체크인하는 시스템을 말한다.

자리끈(가름끈) ribbon, book marker | 책의 상단(上端), 즉 head band와 붙은 책 끈 보다, 약간 길게 늘어놓은 꼬리다. 책을 읽다가 덮어둘 때, 자리의 표시로 활용할 수 있게 한 것이다.

자면(字面) face | 활자의 표면. 종이와 맞닿아 인쇄되는 문자의 부분을 말함.

자비출판(自費出版) publication on autho's account | 원고정리, 활자지정, 교정에서부터 인쇄나 제본에 관한 결정, 용지나 자제의 구입까지 모두 저작자가 자기의 비용으로 출판하는 것이다.

자서(自序) | 자기의 저서에 자기가 쓰는 서문. 자기가 저술·편찬한 책머리에 쓰는 서문.

자서전(自敍傳) autobiography | 자기가 쓴 자기의 전기(傳記), 또는 남에게 구술(口述)하여 씌운 자기의 전기. 자전(自傳).

자서전(自敍傳) autobiography | 자

기가 쓴 자기의 전기(傳記), 또는 남에게 구술(口述)하여 쓰는 자기의 전기. 자전(自傳)이다.

자송(字送) | 새 문자(文字)의 중심부에서 다음 문자의 중심부까지의 거리를 말하는데, 자간(字間)이란 앞 문자에서 다음 문자와의 거리를 가리키는 말임.

자체(字體) structure of letter | 점과 선의 조합에 의한 문자의 골조, 어떤 문자가 그 문자로 식별되는 것은 그 골조의 형태나 구조에 의한다. 여기에 살을 붙이고 일정한 규칙에 따라 내용이 풍부해진 문자의 양식을 서체(書體)라고 한다.

자형(字型) | 활자(활자)를 부어 만드는 원형(原型)이다.

잔본(殘本) | 판매가 중지된 출판사에 남아있는 도서로서, 경매처분하거나 헐값으로 서적상에서 처분하는 도서, 종래의 정가와 판매방법으로는 판매고가 기대할 수 없는 점에서 재고(在庫)와는 다르다.

잠재우기 smashing | 장합(張合)이 끝나고 실매기를 끝낸 속장은 등(背)에 실이 들어가 있으므로 그 부분이 높아 다음 작업에 지장을 준다. 따라서 잠재움 틀에 끼워서 높아진 등(背)과 자루로 되어 있는 곳을 잠재우는 작업을 말한다.

잡물(雜物) job work | 인쇄물 분류의 속칭으로 단행본이나 잡지와 같이 페이지 순으로 조판하는 것을 페이물이라 하고, 컬러인쇄를 색물(色物)이라고 속칭하는 데 상대한 말이다.

장(章)1 chapter | 어떤 한 주제가 일단락이 되지만, 전후와의 연관을 갖고 있는 책의 일부분.

장(張)2 leaf | 앞뒤 양면, 즉 종이 장 하나를 장(張)이라 한다.

장서기(藏書記) | 책을 소장하고 있던 사람이 남긴 기록을 장서기라고 한다. 장서기는 앞면지의 여백 또는 뒷면지의 여백 등에 나타나지만, 뒷면지에 쓰는 경우가 많이 있다.

장서인(藏書印) | 고서에는 소장자

의 소유 표시나 소장을 기념하기 위하여 장서인이 찍혀있는 경우가 많다. 이 장서인의 주인공을 확인하면 간행시기를 파악하는 데 큰 도움이 된다.

장서점검(藏書點檢) Inventory ∥ 장서점검은 서적이 귀하던 시절에 보존위주의 관리정책으로 소장된 서적이나 판목의 현황을 정기적으로 또는 수시로 살펴 조사하는 것이다.

장서판(藏書版) ∥ 책장에 오래 간수할 수 있도록 견고하게, 그리고 실용보다 미술적 가치에 치중하여 만든 책.

장서폐기 discird ∥ ☞ 폐기(discird)를 보라.

장식지(裝飾紙) ∥ 제본(製本)·포장(包藏)·상자 등의 표장(表裝)에 쓰이는 가공지(加工紙).

장정(裝幀) package design ∥ 표지, 면지(面紙), 등(背), 목차 등의 디자인에서부터 제본의 재료의 선택까지를 포함한 책의 외관상의 미(美)를 창조하는 기술을 말함. 장정(裝幀, 裝訂)이라고도 함. 책표지의 꾸밈새(design)를 말하기도 한다.

장지(狀紙) ∥ 저지(楮紙)의 일종으로, 주로 공문서 등에 사용하기 위하여 일반 저지(楮紙)에 비하여 2~3배 두껍게 만든 종이이다.

장책(粧冊) book binding ∥ 책을 간인 또는 필사 책을 꾸며 만들다. 장책(裝冊)이라 쓰기도 한다.

장체(匠體) ∥ 인서체(印書體)의 중국식 명칭. 방정하게 그린 글자체. 가로획이 가늘고 세로획이 굵다. 명조체(明朝體).

장판(藏版) ∥ 장판(藏板)이라고도 쓰며, 현재의 저작권과 같은 용어. 일정한 곳에 보관하여둔 책판.

장황(粧潢) ∥ 서책이나 서화첩을 꾸미어 만들다. 표장(表裝).

재제본(再製本)1 ∥ 서적(書籍)을 어떠한 기술에 의해 재제본(再製本)한 책의 총칭이라 할 수 있는 것이다.

재제본(再製本)2 | ① re-bound 출판사가 제본한 원래의 표지를 다른 것으로 대치하여 재제본한 도서. ② rebind 다시 제본한 도서.

재판(再版)1 reprint edition | 이미 간행된 출판물을 다시 동일(同一)의 지형(紙型), 원판(原版)에 의해 재차 출판하는 것.

재판(在版)2 | 출판사나 잡지, 신문사에서 간혹 재판(再版)을 위해 한번 게재한 원고를 일정기간 보존하는데, 이것을 재판(在版)이라고 함.

재해(災害) Calamity | 홍수, 지진, 폭풍, 화재 등의 자연재해는 문헌에 즉각적이고 치명적인 손상을 초래한다. 예상치 못하게 발생하는 자연재해는 매우 파괴적이므로 주의할 필요가 있다.

재현 recall | 축적 정보로부터 필요한 자료를 검색하는 것.

재현율 recall ratio | 정보검색에서 특정주제에 대한 질문 에 대하여 실제 재현된 문헌의 수가 그 주제에 관련된 전체 문헌 수에서 차지하는 비율이다.

저본(底本) original copy | ①사본과 제본본의 원본을 말하며, 원본 중의 기초적 자료가 되는 것을 말하기도 한다. ②문서의 초고(草稿)이다.

저자 결정판 author's edition | ①한 저자의 모든 작품을 선정 또는 전부를 일정한 형식으로 제본하여 한 서명을 붙여 발행한 판. ②저자 자신이 선정한 판이다.

저자 교정쇄 | ①author's proof 인쇄소에서 잘못 인쇄된 것을 정정한 교정쇄로서 저자의 교정용으로 제공하는 것. ②author's revise 저자나 편집자의 교정을 거치는 교정쇄.

저자 주도형 기획(著者主導型企劃) | 커뮤니케이터(communicater)가 출판사의 의뢰를 받지 않고, 순전히 자기생각이나 주장, 사상적 의견 등을 자기가 구상한 대로 써서 공표, 공시할 목적을 가지고 출판할 것을 협의해 와서, 이 원고의 채택여부를 출판사에서 기획회의에 부쳤을 때, 이

것을 저자 주도형 기획 이라함. 기획의 주체가 저자임.

저작(著作) | 사상이나 기술, 연구결과, 문예작품 등을 글로 써서 나타내는 것.

저작권(著作權) copyright | 저작물을 저작자가 독점적으로 복제, 반포(頒布), 연술, 번역, 흥행, 상영, 방송 등에 이용하든지 또는 타인에게 이를 허락하는 권리.

저작권 대리인 literary agent | 저작권자로부터 그 저작의 출판 및 판매에 관하여 출판사, 신문사, 방송국 등과의 사이에서 제제권 및 방영권, 영화할 때의 권리 등을 위임받은 사람.

저작권법(著作權法) copyright law | 학문적 또는 예술적 저작물의 저작자를 보호하여 민족문화의 향상, 발전을 도모함을 목적으로 1986년 12월 31에 법률 제3916호로서 개정, 공포되고 1987년 7월 1부터 시행된 법률로서 저작물 및 실연, 음반과 방송에 관하여 저작자의 권서 및 이에 인접하는 권리를 정하고 있으며, 9장 103조의 본칙과 8조의 부칙으로 이루어져 있음.

저작권심의 조정위원회(著作權審議調停委員會) | 저작권에 관한 사항을 심의하고 저작권법에 의해 보호되는 권리에 관한 분재을 조정하기 위한 기구 15인 이상 20인 이하의 심의조정위원으로 구성되어 있다.

저작권 심의회(著作權審議會) | 저작권의 등록, 저작권의 이용에 대한 보상금액(補償金額) 또는 저작권에 관한 일반적인 사항을 조사, 심의하기 위하여 설치된 문화공보부의 자문기관의 하나이다.

저작권 양도계약 the outright sale of the copyright | 저작권자가 저작물의 저작권을 출판자에게 양도하는 계약. 이것은 단지 저작재산권만을 양도하는 것이지, 저작자 인격권까지 양도한 것이 아니다.

저작권자(著作權者) owner of copyright | 저작권법에 의하여 저작권을 인정받아 그 권리를 행사할 수 있는 사람.

저작권 침해 (著作權侵害) | 저작권자의 승인 없이 저작권의 내용을 이용하는 행위. 곧, 저작권자의 정당한 승인 없이 출판, 상영, 방송, 흥행 등의 행위이다.

저작물(著作物) works | 저자가 저작한 물건. 정신적 노작(勞作)의 소산으로서, 문학, 학술, 미술, 음악, 사진, 건축, 조각 등에 관한 사상 감정을 나타내어 이를 창작, 안출(案出)한 물건을 총칭.

저작인격권(著作人格權) moral rights | 어떤 사람이 작성한 저작물에 대하여, 그 저작자로서의 자격에 의해 가지는, 인격적 이익의 보호를 목적으로 하는, 저작권법상의 권리이다.

저작인접권(著作隣接權) neighbouring rights | 저작물의 보호를 전제로 하면서 그 저작물 내용을 공중에게 전달하는 매체로서의 실연(實演)이나 녹음 또는 방송자체를 저작물에 준하는 창조성이 있는 것으로 보고, 그 행위자인 실연자(實演者), 음반 제작자, 방송 사업자에게 준 저작권에 이웃하는 배타적인 권리이다.

저작재산권(著作財産權) property rights | 저작물을 복제하는 권리. 공연하는 권리, 방송하는 권리, 전시하는 권리, 2차적 저작물을 작성하는 권리 등을 총칭하여 저작 재산권이라 한다.

저지(楮紙) | 닥나무 껍질을 삶아 표백한 다음, 닥 풀을 섞어 떠서 만든 종이이다.

적색인쇄 rubric | 도서의 장이나 절의 제목, 기타 구분되는 제목, 주요어, 난외, 색인어 등으로서 적색인쇄나 적색으로 쓴 문자이다.

전게서(前揭書) | ①loc. cit 라틴어 loco citato의 약자로서 이미 인용한 간행물을 재인용할 때 제명(題名)을 다시 쓰는 것을 피하기 위하여 각주에서 사용하는 것으로 앞에서 인용한 문헌의 모든 서지사항이 완전히 동일한 경우에 사용하는 것. ②op. cit 라틴어 opere citation(in the work cited)의 약자로서 참고(인용)자료의 표제를 생략할 때 각주에서 사용하는 것으로 앞에서 인용할 문헌의 모든 서지사항이 동일하고 페이지 수만이

상이할 때 사용함.

전기(傳記) biography ① 옛적부터 전하여 내려오는 사적(事蹟)기록. ② 개인일대(個人一代)의 사적을 연대순(年代順)에 따라 기록한 것. 자서전.

전기판(電氣板) 활자조판·목판·선화(線畫)철판·망판 등의 판에다 밀랍·납·합성수지 등을 눌러 틀을 만들고, 이것을 도금(鍍金)통에 넣어 동(銅)으로 도금한 다음, 그 구리 껍데기를 벗기어 뒤쪽에다 납을 녹여 부어서 빼낸 팔을 말함.

전문서(專門書) 특정한 학문이나 사상을 연구하는 한정된 지식층을 독자대상으로 하여, 학술적, 기술적으로 고도의 내용을 가진 도서이다.

전사본(傳寫本) 원고본이나 인본(印本)이 있더라도 보존이나 기타 여러 가지 목적에서 소수 전사본을 생산하였다. 중앙이나 지방관청 혹은 단체의 활동에 대한 기록은 다수에게 배포하여 공개할 것이 아니므로 인쇄할 필요가 없었다. 이런 경우 보존을 위한 복본을 만들어 후일의 증거자료로 보존하였다. 실록의 경우 서울의 춘추관, 충주사고, 성주사고, 전주사고, 4대사고 에 각각 1부씩 보관하였다.

전사석판(傳寫石版) 전사지(코롬페이터)에다 해묵(解墨)을 이용하여 손으로 그린 것, 혹은 원판에서 전사지에 본 떠 옮긴 것을 전사기(傳寫機)로 석판석의 면에 전사하여 인쇄판으로 만든 것.

전사지(傳寫紙) 전사석판(傳寫石版)에 쓰는 박질(薄質)의 가공지. 젤라틴(gelatin)·난백(卵白) 등을 가하여 전분호(澱粉糊)를 발랐음.

전사판(傳寫版) 인쇄의 실용판(實用版)의 하나. 전사지에 그렸거나 본을 뜬 잉크화상(畫像)을 평판용 판재면(板材面)에 옮겨 처리한 제판이다.

전산사식(電算寫植) computerized phototypesetting 금속활자 조판방식인 주조, 채자, 식자, 조판, 교정쇄 인쇄 등의 활자조판 작업공정을 모니터(CRT)에 글자 모양을 그려내고, 그 글자에 해당하는 글자 음반이나 글자폰트를 감광지에 조판된 형태로 인화시키는 작업을 말함.

전산사식기(電算寫植機) computerized phototypesetting machine | 문자·사진·도표 등 각종 화상(畫像)을 수자 부호화하여 컴퓨터의 제어(制御)에 의거 작동하게 하는 자동사식기.

전산사식조판 시스템(電算寫植組版 system) CTS: Computer Typesetting System | 컴퓨터의 집중제어 방식을 써서 자동화한 사진 식자시스템. 종래의 활자조판의 기능을 훨씬 능가한 조판 공정으로, 큰 용량의 보조기능 장치를 연결한 범용(汎用)컴퓨터를 축으로 하여 편집처리 전용 컴퓨터를 접속시켜, 문자원고의 전산처리 및 조판처리를 자동화 하는 형식의 것이다.

전서(全書)1 | 어떤 학설이나 어떤 특정인의 저작을 한데 모은 책. 또는 어떤 분야에 대한 문헌, 저작을 망라한 책이다.

전서(篆書)2 | 중국 은(殷) 왕조 말부터 주(周), 춘추전국, 진(秦)시대(기원전 11세기~기원전 3세기)에 걸쳐서 쓰인 서체. 종횡격자(縱橫格子)의 미로(迷路)에 의해 만들어졌으며 주술(呪術)적 효과에 의한 권위를 과시하고 있음.

전인본(靛印本) | 다라니 또는 주문(呪文) 술법 에 쓰이는 문자와 부호도 흔히 주색(朱色)누런 붉은 색 으로 간사(刊寫)되고 있다. 간인된 경우는 이를 주인본(朱印本) 또는 주인본(硃印本)이라한다. 중국본 중에는 주인 된 것 외에 남색으로 인쇄된 책도 볼 수 있다. 이를 남인본(藍印本) 또는 전인본(靛印本)이라 한다.

전자사진(電子寫眞) electrophotography | 현상액이나 정착액(定着液) 등을 사용하는 화학적 조작을 필요로 하지 아니하고, 광도전 효과와 정전기의 흡착현상을 이용한 정전적(靜電的) 사진법. 현상 방법에 따라 습식과 건식이 있으며, 도면이나 서류복사에 널리 이용됨.

전자식출판 electronic publishing | 저자가 워드 프로세서에 의하여 적정한 원고를 편집자나 심사 위원에게 제출하여 출판하는 것으로 이것이 곧 전자식 형태의 출판이다.

전자인쇄(電子印刷) electronic printing | 대전(帶電)한 가루잉크와 판(版)을 사용하여, 정전기력(靜電氣力)으로 종이 또는 피(被) 인쇄물 위에 화상(畫像)을 만드는 무압(無壓) 인쇄방식, 정전스크린 인쇄·정전 평판(平版)·정전 그라비아 인쇄 등이 있다.

전자제판(電子製版) | 광전관(光電菅)·진공관(眞空管) 등과 기계적인 조각(彫刻) 장치를 이용하여 인쇄판을 조각하는 제판이다.

전자책(電子冊) Electronic Book | 문자나 화상과 같은 정보를 CD-ROM, 플로피 디스크, IC카드 등 전자 매체에 기록하여 서적처럼 이용할 수 있는 디지털 도서의 총칭이다. 도서로 간행되었거나 간행될 수 있는 저작물의 내용이 디지털 데이터를 이용해 전자 기록매체·저장장치에 수록된 뒤, 유무선 정보통신망을 통해 컴퓨터나 휴대 단말기로 그 내용을 읽고 보고 들을 수 있도록 한 디지털 도서를 총칭한다. 광의의 전자책은 CD-ROM이나 온라인 형태의 인터넷과 PC통신을 비롯한 출판 등 모든 전자적 매체를 포괄한다. 좁은 의미의 전자책은 인터넷 표준언어인 HTML(Hyper Text Markup Language)과 차세대 표준언어인 XML(eXtended Markup Language)을 이용하여 디지털화된 책을 PC나 전용단말기를 이용하여 다운받아 읽는 디지털 출판형태를 말한다. 전자책은 eBook, e-텍스트, 온라인북, 파일북 등 다양한 이름으로 불린다.

전자출판 computer aided publishing | 컴퓨터를 이용한 출판 또는 전자매체를 이용한 출판행위. ①퍼스널 컴퓨터를 이용한 출판(DTP) ②편집 및 조판과정의 전산화(CTS) ③컴퓨터가 사용되는 새로운 형태의 출판물 제작(DISK 책) ④통신망을 이용한 출판(화면책).

전재(轉載) reproduction | 신문·잡지·서적·기타 인쇄물에 게재돼있는 저적물의 일부, 또는 전부를 그대로 다른 신문·잡지·서적·기타 인쇄물에 게재하는 것.

전적(典籍) | 서적(書籍)·전적(典

籍)·도서(圖書)·문헌(文獻).

전집(全集) complete works, collected works | 어떤 사람의 저작의 모두, 또는 같은 종류, 혹은 같은 시대의 저작을 모아서 출판한 책.

전책(典冊) | 갑골문(甲骨文)에 책자(冊子)는 口으로 되어 있어 마치 죽간(竹簡)을 엮은 모양이고, 금자(金字)에는 자전(字典)을 전(典)으로 나타내며, 마치 책상위에 책을 올려놓은 상형(象形)이다. 자형(字形)으로써 이를 실증(實證)해 볼 때, 후세에 기술한 전책(典冊)의 형상(形狀)과 같다. 전책(典冊)은 곧 도서의 총칭인 것이다.

전판(全版) | ①전지(全紙) ②전지를 인쇄할 수 있는 크기의 인쇄기계. A열(列), B열의 두 가지가 있으며, A5판·B5판이면 편면(片面)에서 16페이지 분, A6판·B6판이면 편면에서 32페이지 분이 인쇄된다.

전해사진복사(電解寫眞複寫) electrolytic photocopying | 종이를 지지체(支持體)로하고, 알루미늄의 박층(薄層)을 쌓아 그 위를 흰색의 광전도성 물질로 덮은 시트(sheet)에 상(像)을 투영함. 사진 복사법의 하나이다.

절장(折裝) | 권자장(卷子裝)이 종이을 둘둘 말아두기 때문에 보존이나 휴대에 편리하기는 해도, 이를 편람하기가 어렵다. 즉, 나무에 말아 두었기 때문에 책의 중간이나 끝 부분만은 볼 수가 없고, 그렇게 하려면 처음부터 필요하지도 않은 부분을 전부 펴야 한다는 번거로움이 있다. 이것을 피하는 책의 형태가 절장(折裝)이다. 두루마리를 일정한 크기로 접어서 앞뒤에 표지를 붙이는 것으로 필요한 부분만은 언제나 열어 볼 수 있음.

절첩장(折帖裝) 또는 선풍엽(旋風葉) | 절첩장은 일정한 크기의 종이를 연이어 붙여 적당한 크기로 접은 다음, 앞 · 뒷면에 두터운 장지를 붙여 만든 장정형태를 말한다. 이는 권자장의 단점을 보완한 것으로 책을 읽을 때 간편하게 한 장씩 넘겨 가며 볼 수 있고, 또한 어느 부분을 참고할 경우 쉽게 찾을 수 있으며, 다 읽고 덮어 두면 바로 원상태가 되어 권자본(卷子本)이나 선풍엽(旋風葉)보다 독

서하기에 편리하였다. 절첩본(折帖本)은 첩책(帖冊), 접책(摺冊), 범협본(梵夾本), 경접장(經摺裝), 경절장(經折裝) 등으로도 일컫는다.

절판(絶版) out of print | ①출판하여 발행한 책이 다 팔리어 없음. ②원판을 없애서 다시 출판을 못하게 됨. ③인쇄판이 없어져서 인쇄할 수 없게 됨.

점자(點字) braille | 장님을 위한 읽기와 쓰기이며, 불란서의 Louis Braite(1809-1852)이 고안 한 것이다.

접본(摺本) | 책장을 베지 않고 두루마리를 처음부터 같은 폭으로 절첩(折帖)하고, 앞뒤에 표지를 제본한 책.

접장(摺張) folds, signature | 책자의 속장이 되는 인쇄물을 간추린 다음 8페이지 또는 16페이지 등으로 접은 것을 말함. 오른쪽 매기에서는 밑쪽과 배쪽의 일부가, 자루로 되어 있다. 1책 분의 접장을 합한 다음 꿰매어 제본한다.

접장나누기 | 별쇄(別刷)를 제자리에 붙이고 면지(面紙) 붙이기 작업이 끝나면, 보통 100장씩을 세어서 나누는 작업을 말함.

접지(摺紙) folding | 페이지가 순서대로 맞도록 나눔 재단이 끝난 인쇄된 종이를 접는 것인데, 이 접혀진 것을 접장(摺張 : section, signature)이라고 함. 이 접지의 방법을 잘 모르면 종이의 낭비를 가져오기도 한다.

접지작업 folding | 제본시 책은 만들기 위해 인쇄된 종이를 부문별로 접는 작업이다.

접책(摺冊) folding book | ①꺾어 접어 두는 책. ②장첩(粧帖)으로 꾸민 책. 지도책. 동양에서 많이 사용됨.

접합지 union paper | 타르(tar)나 역청, 혹은 방수 물질을 칠하여 붙인 2장의 포장지.

정감록(鄭鑑錄) | 저자 및 저작연대 모르지만 정감록은 확실히 시국이 혼란할 때마다 머리를 드는 혹세(惑世) 무민(誣民)의 괴서이다. 그러나 사대사상(事大思想)에 젖은 구태의연한

한서(漢書)들보다, 도리어 이 괴서 에서 서민의식의 내면에 흘러내리는 역사 감각을 읽을 수 있고, 끊임없이 되풀이되는 역성혁명을 통해서 우리 민족의 생명이, 영원불멸하리라는 신념을 심어준 점에서 그 가치를 인정해야 할 것이다.

정고본(定稿本) | 고본(稿本)을 최종적으로 수정, 보완, 완전하게 한 것. 정고본(定稿本)이다.

정교본(精校本) | 교정이 올바르고 세밀하고 정교할 때는 정교본(精校本)이라 한다.

정문본(正文本) | 주석과 교주 없이 본문만 간인한 책. 또는 원문본(原文本). 소본(素本)이라고도 한다.

정보학 information science | 정보의 본질 및 특징, 정보의 흐름, 나아가서는 최대의 접근성과 이용성을 위한 처리 방법 등에 관하여 연구하는 학문이다.

정본(定本)1 | ①많은 이본을 비교·검토·교정하여, 원본과 가장 가깝게 복원(復元)했다고 작업자가 생각하는 본문(本文)을 정(定)한 책. ②저자가 손질한 결정판(決定版)

정본(正本)2 | 전사(轉寫) 또는 부본(副本)의 원본(原本).

정부간행물(政府刊行物) government publication | ①입법·사법·행정의 모든 기관을 통해 그 기능 활동상 정부의 시책에 따라서 기획·편집하여 간행한 출판물의 총칭. ②UNESCO 국가기관의 명령·경제적 부담으로 간행된 모든 기록·도서·정기간행물을 말함.

정사본(淨寫本) | 정성을 들여 글씨가 바르고 정확하게 베껴쓴 책. 정사본(淨寫本) 정서본(淨書本) 정초본(淨鈔本).

정쇄(淨刷) | 교정이 나오면 바르게 고친 다음, 교료하면 이것을 전사기에 걸어 좋은 상질지등 아주 희고 평활도가 높은 종이에 4~5매 깨끗하게 인쇄하는 것.

정오표(正誤表) errata | 인쇄가 끝

난 뒤에 발견된 오식(誤植)등의 잘못을 바로잡아 도서의 내용 중에 풀칠하여 정정하기도 하나, 별지를 표제나 간지에 첨부하여 두기도 한다.

정인본(精印本) ┆ 교정이 올바르고 세밀하고 정교한 것을 정인본(精印本)이라 한다.

정정(訂正) ┆ 저작물(著作物) 특히 원고의 잘못을 바로잡고 고치는 것.

정정권(訂正權) right of correction ┆ 자기에 대해서 보도(報道)된 사실에 잘못이 있을 경우 동일(同一)의 매체(媒體)에 있어서 정오(正誤)를 하는 것. 또는 정오서(正誤書), 반론문(反論文)의 게재(揭載)를 청구할 수 있는 권리.

제명(題名)또는 제목(題目) ┆ 책에 붙인 이름 또는 명칭을 제목(題目)이라 하며, 서명(書名)에 해당한다.

제자(題字)1 epigraph ┆ ①신문이나 잡지의 제명(題名)의 문자를 말함. 정기간행물의 제명, 자체(字體)등은 필요하면 상표 등록을 한다. ②서화(書畫), 석비(石碑) 등의 상부에 쓴 문자.

제자(製字)2 ┆ 보통 활자에 준비되어 있지 않은 특별한 문자를 제작하는 것. 일반적으로 납으로 된 활자에 대한 호칭이지만 최근에는 사식 등의 경우에도 사용됨.

제적(除籍) weeding ┆ 더 이상 이용가치가 없다고 판단되는 도서를 등록대장에서 제거하는 것이다.
제적은 → 폐기도 discard 보라

제책(製冊) book binding ┆ 수서(手書) 또는 인쇄된 종이 기타의 지엽(紙葉)을 순서에 따라 합쳐 꿰매여 한 권의 책으로 완성시키는 것.

제첨(題簽) ┆ 고서에서 외제(外題)를 종이 또는 비단 같은 쪽지에 써서 붙인 것. 제전(題箋), 제첨(題簽).

제판비(製版費) ┆ 확실한 지정, 깨끗한 지정이 가격을 많이 좌우하게 되며 최종적으로는 1색 인쇄용 한 장의 필름이 되더라도 망점(網点)의 % 수변화(數變化), 필름 따붙이기 작업이 얼마나 많으냐 하는 것도 단가(單

價)를 많이 움직이게 한다.

조각요판(彫刻凹版) intaglio, etching | 오목판의 일종으로 금속(철·동 등)의 표면을 오목하게 깍아서 거기에 잉크를 채워 압력으로 인쇄하는 방법, 또는 그 인쇄물 15세기 중엽 이탈리아의 피니게에 의해 창안되었다고 한다.

조본(造本) | 체재면에서의 판형·조판·장정·제본 등의 방식, 자재 면에서의 용지·포장재료 등을 당초의 출판계획에 따라 선택 결정하여 하나의 책자로 꾸미는 것.

조선왕조실록(朝鮮王朝實錄) | 조선왕조실록은 태조부터 철종까지 25대의 역사적 사실을 편년체로 기록한 책으로 조선시대 역사연구에 가장 중요한 책이다. 실록을 보존하기 위해 서울의 춘추관, 충주사고, 전주사고, 성주사고에 각각 1부씩 보관하였다. 국보151호 유네스코 세계기록유산 등록 1997년 10월.

조판(組版) make-up | ①인쇄에 있어서 게라에서 활자를 뽑아 페이지 형태로 넣는 것. 식자(植字)라고도 부름. ②원하는 본문이나 삽도의 배치를 표시한 견본의 lay-out대용어. ③출판자가 제본업자에게 제공하는 도서의 목차로서 도판, 도면, 지도 등의 위치를 지시하는 내용이 포함된다.

조판비(組版費) | 보판할 때 드는 비용으로, 원칙적으로 관수물을 제외하고는 기본적으로 자수(字數)들이에 따라 다르며, 난이도에 따라 10%, 50%, 100% 등이 가산(加算)됨.

조판지정(組版指定) | 활자의 서체와 그기(포인드 또는 급수), 한 행의 자수, 1페이지의 행수, 2단 이상이 될 때는 그 단수, 자간, 행간, 단간을 지정한다.

존경각(尊經閣) | 조서시대 태조7년(1398)에 건립한 교육기관이다. 성균관에는 대학도서관이라고 할 수 있는 존경각(尊經閣) 성종6년(1475) 건립되어 문헌을 수집, 보존, 열람 내용은 사서, 오경, 제사, 성리학 등의 유서류, 유가문집이다.

종묘(宗廟) | 조선시대 역대 임금과

왕비의 위패를 모시던 왕실의 사당. 대묘(大廟).

종이의 결 | 물에 용해(溶解)된 원료가 초망(抄網)위를 흐를 때 종이의 섬유는 그 흐르는 방향으로 평행으로 늘어선다. 이 섬유가 흐르고 있는 방향을 종이의 결이라고 한다.

종이의 발명 | 후한서(後漢書) 권108 채륜전(蔡倫傳)에 상방령 이었던 채륜(蔡倫)이 비단은 비싸고 죽간은 무거워 이용에 불편하므로 수피(樹皮), 마두(麻頭), 폐포(蔽布), 어망을 사용하여 종이를 만들었다고 하였다. 원흥(元興) 원년(105)에 임금에게 올린 이후 쓰게 되었으며, 이를 채후지(蔡侯紙)라 하였다고 한다.

좌우쌍변(左右雙邊) | 광곽(匡郭)의 변란(邊欄)이 상하는 단선이고 좌우는 쌍선인 경우이다.

주기사항 bibliographic notes | 서지기술에서 ①일반주기(식별성, 명확성), ②총서주기(총서명), ③학위논문주기(석사, 박사), ④내용주기(2인 이상의 저작물, 전집, 합집) ⑤합철주기(독립된 2개이상의 저작물을 합철) 제본한 것이다. 각각 부출 한다.

주물장(鑄物匠) | 쇠붙이를 녹여서 일정한 거푸집에 부어 만드는 사람 주물장(鑄物匠)이다.

주사란초본(朱絲欄鈔本) | 주색(朱色)으로 계선을 찍은 종이에 필사한 책.

주석서 commentary | 원전을 설명 또는 비평한 도서로서 본문에 부가된 것과 독립된 것이 있다.

주석자 annotator | 본문의 내용이나 어떤 항목등에 주(註) 또는 의견을 다는 사람이다.

주소본(註疏本) | 본문에 대하여 주(註)와 소(疏)가 붙어있는 도서를 말하며, 특히 주(註)만 있는 것을 주본(註本) 또는 부주본(附註本)이라 하고, 소만(疏)만 있는 것을 단소본(單疏本)이라 한다.

주자본(鑄字本) 주자판(鑄字版) |
☞ 금속활자본을 보라.

주자인쇄(鑄字印刷) | ①활자의 주조기술 ②활자의 조판기술 ③쇠붙이 활자에 잘 묻는 먹물의 고안개발 등.

주주(周註) | 본문 밖의 둘레에 적은 주(註).

죽간목독(竹簡木牘) | 죽간은 대나무 조각이나 목독은 나무 조각에 글자를 새겼다.

죽백(竹帛) | 죽(竹)은 죽간(竹簡)을 말하고, 백(帛)은 면직물(綿織物)로서, 의복을 만들 수도 있고, 글을 쓸 수도 있다. 다만 죽(竹)만을 말할 때에는 간책(簡冊)을 말하는 것인지 알 수 없고, 또한 백(帛)만을 말할 때에는 백서(帛書)를 말하는 것인지 알 수 없으므로 옛사람들은 모두 죽(竹)·백(帛) 두자를 합쳐서 말해왔다. 이른바 죽백(竹帛)의 뜻은 오늘의 도서를 말한다.

죽지(竹紙) | 죽엽(竹葉)과 죽피(竹皮)로 만든 종이. 모변지(毛邊紙) 라고도 한다. 대나무로 만든 당지(唐紙)로 복건죽지(福建竹紙)가 유명하다. 송(宋)나라 때 시작하여 원(元)시대에 가장 많이 사용되었다.

중간본(重刊本) | 판본의 재간(再刊)을 의미하며, 목각본(木刻本)의 중간(重刊)은 중각본(重刻本)이라고도 한다.

중봉(中縫) | 책의 중간이 접히는 부분을 말한다. 또는 판구(版口)라고도 한다. 판심(版心)의 정중(正中)이다. 즉 서엽(書葉)의 절선(折線)부분이다.

중사본(重寫本) 또는 중초본(重鈔本) | 어떤 사본을 바탕으로 거듭 베껴쓴 것이나.

중쇄(重刷) reprint, reprinting, reissue | 원판의 내용을 조금도 변하지 않고 원판(原版) 그대로 다시 인쇄한 것. 증쇄(增刷).

중조본(重彫本) | 초간 이후 거듭 간행한 것을 중간본(重刊本)이라 한다. 동의어로 중각본(重刻本), 중조본(重彫本) 등이 있다.

중질지(中質紙) | 쇄본(碎本) 펄프가 약 30%이내 이고 나머지는 화학

펄프로서 제조된 일반도서용(一般圖書用)의 하급지(下級紙)에 속함. 무게로서는 60·70·80 등이 주로 생산되고 있으며 물량(物量)이 많을 경우 주문품(主文品)의 무게의 용지(用紙)도 쓸 수 있다.

중판(重版) reissue | 계속적으로 같은 판을 사용하여 두 번, 세 번 거듭 인쇄의 횟수를 증가시키는 것. 또는 그러한 소산의 서적을 말한다.

지각(地脚) | 광곽(匡郭) 하변(下邊) 아래의 여지(餘紙). 광곽이 없는 경우는 본문 하단의 여지(餘紙). 지(地), 서각(書脚), 서족(書足).

지갑(紙匣) | 종이로 만든 책갑(冊匣).

지도(地圖) map | 기복이 있는 지구의 표면을 축척하여 일정한 법칙 기호 부호 등에 따라 한 장의 지면에 표시하는 것이다.

지명사전 gazetteer | 지리적 역사적 통계적 정보를 다양하게 포함하고 있는 지리사전이다.

지시적 초록 indicative abstract | 원문이나 기사의 주제와 그 범위를 설명한 짧은 초록으로 원문의 필요 유무를 판단할 목적으로 작성된 것.

지장(紙匠) | 조선조(朝鮮朝)에 교서관(校書館) 또는 조지서(造紙署)에서 종이를 만드는 일을 맡은 공인.

지장본(紙裝本) | 영어의 paperback(페이퍼백)과 같은 뜻. 종이표지로 속장을 싸서 마무른 책자. 전반을 말하지만 특히 반양장으로 제본되는 문고본이나 신서판을 지칭함.

지적소유권(知的所有權) intellectual property | 사람의 지적 활동에 의해 창작된 객관적 존재인 무체물을 독점적으로 지배할 수 있는 권리.

지정도서 reserved book | 대학도서관에 있어서 학기별 강의에 필요한 도서를, 교수가 선정하여 강의 진행에 따라, 학생들이 이용할 수 있도록 한, 도서로서 일반도서와는 별도로 배가한다.

지정마크 designation mark | 책 제

목의 첫 번 글자에 해당하는 글자를 말한다.

지지(地誌) | 산천, 군명(郡名), 인구(人口), 산물(産物) 등을 기록한 책이다.

지표지 paper covered | 판지 대신에 두터운 종이 표지로 제본한 팜프렛이나 작은 규격의 도서이다.

지형(紙型) | 활자로 조판한 판을 흐트러지지 않고, 안전하게 다루기 위하여 또는 재판인쇄(再版印刷)를 대비하여 장기보관을 하려할 때, 간편하게 하기 위하여 제작(製作)하는 것. ①matrix 연판이나 전기판으로 만든 지형. ②mould 종이 제조시 펄프섬유의 습기를 제거하기 위하여 쇠그물 모양의 체를 놓을 수 있도록 만든 4각형의 나무틀이다.

지형교정(紙型校正) | o.k. 지(紙 : 마지막)교정지에 지적된 오자(誤字) 및 기타 지시 내용이 모두 고쳤나를 우선 확인하면서 다음 사항을 자세하게 체크(check)하여 다시 수정지시 하는 것이다.

직각요판(直刻凹版) | 판판하고 미끄럽게 간 동판 또는 강철판의 표현에 베르에칭 방식제(防蝕劑)를 골고루 바르고 그 위에 원도(原圖)의 윤곽을 그린 다음, 조각칼로 원도의 농담(濃淡)에 따라 거칠고 곱거나 깊고 얕은 폭파인 선을 조각하고, 다시 부식기에 의해 요각(凹刻)을 완전히 하고 마지막으로 광택주걱으로 전체를 반들반들하게 만든 실용적인 요판(凹版).

직무상 저작물(職務上 著作物) | 고용이나 노동계약에 따라 피고용자가 직무수행 과정에서 저작물을 작성하는 것을 직무지직 또는 업무서삭이라 하며, 그 저작물을 직무상 저작물 또는 단체명의 저작물이라 함. 기자가 작성한 기사나 출판사의 사원이 직무로서 저술한 것, 또는 사진기자가 직무상 찍은 사진 따위가 모두 직무상 저작물이다.

진달문(進達文) letter of transmittal | 관청출판물에서 보고서제출관청의 장관이 그의 상부 관 청장에게 보내는 송부문. 보통 표제지의 다음 면에 인쇄되어 있고, 목록상 표목 결정에 유력한 전거가 된다.

진적(眞跡) | ①육필(肉筆)의 서화(書畫) 및 자필(自筆)의 서화(書畫)를 말한다. ②안물(贋物)가짜 위조의 서화(書畫).

진전문(進箋文) | 왕·임금의 명을 받들어 편찬한 봉명서(奉命書)의 경우, 그 책을 편찬하게 된 내력을 적어 책머리에 붙이는데, 이를 진전문(進箋文)이라 한다.

진필본(眞筆本) | 손수 자신의 손으로 쓴 글씨. 친필본(親筆本).

집자판(集字版) | ☞ 활자본(活字本)을 보라.

집현전(集賢殿) | 집현전이란 궁중에 설치한 학술 연구 및 왕실교육기관이다. 젊은 학자들을 우대하여 고전의 연구·수집과 정치 자문에 응하게 함으로써 왕권 강화와 학문 발전에 큰 계기가 되었다. 세종실록에 의하면 집현전에 장서각을 세우고, 서적을 중국과 국내에서 수집하여 서가목록을 만들어 관리했다고 한다. 사분법 경(經), 사(史), 자(子), 집(集)으로 분류하였다.

징비록(懲毖錄)/류성룡(柳成龍) | 징비록(懲毖錄)은 조선시대 류성룡이 임진왜란 1592년(선조 25)-1598년(선조 31)까지 7년 동안의 임진왜란에 대한 기록유산이다. 국보 132호이다.

징크판(zinc 版) | 아연판(亞鉛版)을 재료로 만든 판(版). 징크판은 평판을 가리키는 것이 보통이다. 따라서 난백(卵白)판, 평요판(平凹版) 등 오프셋 인쇄용 판을 말함. 또한 아연판은 아연철(凸)판, 즉 활판안에 추가하는 선화철(線畫凸)판을 말한다.

ㅊ

참고문헌(參考文獻) bibliography | 주로 학술서 등에서 인용한 서적이나 참고한 문헌을 말함. 게재형식은 저자명, 서명, 발행지, 발행자, 발행연차, 권수, 페이지수 등을 기입한다. 논문집의 경우는 필자명, 논문제명, 게재지명, 권수, 호수, 페이지수, 발행연월일을 기입한다.

참본(槧本) | 다듬지 않은 목판본의 별칭이라고 한다.

참판(槧版) | 사실을 설명하여 내용을 밝히다.

책가도(冊架圖) 병풍 | 책가도는 조선시대 책장(冊欌)·서가(書架) 병풍 세로139cm. 가로396cm의 8폭 73개의 칸, 230개 사물함이다. 조선일보 2025. 3. 12 A16

책갑(冊匣) portfolio | 책이 상하지 않도록 넣어두는 상자나 겉으로 싸는 갑(匣)으로 어떤 것은 두겹 이상의 것도 있다. 일명 외상(外箱) : slip case), 또는 서갑(書匣)이라고도 하는 이 상자는 대개 책의 서두(書頭), 서근(書根), 서구(書口) 부분을 봉하고 있다.

책가위 book cover, dust jacket | 책이 상하지 않게 덧입히는 물건. 책의(冊衣). 책갑(冊匣).

책귀 | 표지의 넓이에서 접히는 도랑까지의 사이 전부가 아닌 도랑에서 약간 부분을 색소(色素)나 그 밖의 자료를 달리해서 제본(製本)한 책에서 볼 수 있는 부분이다.

책끈 ties | 장식용으로 또는 표지가 느슨해지는 것을 방지하기 위하여 도

서의 표지 가장자리에 붙여놓은 비단, 리본, 가죽 줄 테이프 등을 말한다.

책의(冊衣) | ①책의 앞뒤를 싸고 있는 겉장. ②책가의(加衣). 서책(書冊)의 표지. 책의(冊衣)는 ☞ 서의(書衣)도 보라.

책의 기원(冊의 起源) | 책의 글자이므로 책의 기원을 편철사용(編綴使用)한 죽간목독(竹簡目讀)에 두는 것이 학계의 통념이다.

책의 요건 | 책은 어떤 요건을 갖추어야 하는데, ①가지고 지니거나 운반이 쉽게 되어야 한다. ②일정한 내용이 있어야 한다. ③편람이 손쉽게 될 수 있도록 만들어져야 한다. ④어느 정도 부피가 있어야 한다. ⑤표지(表紙)가 있어야 한다.

책(冊)의 장정(裝訂) | 장정의 변천 권자본(卷子本), 절첩장(折帖裝), 호접장(蝴蝶裝), 포배장(包背裝), 선장(線裝), 양장(洋裝), 전자책 이 사용된다.

책판(冊板) | 나무판에 글자를 새겨 책을 찍어내던 판이다.

책판목록(冊板目錄) | 책판목록은 팔도정도(八道程途) 내에 수록되어 있는 판각목록으로 임란이전 간본에는 모두 수록되어 있으나, 그 이후 간본에는 진공방물(進貢方物)로 대체되었다.

철장(綴裝) | 끈으로 제본한 방책형(方冊形)의 장정(裝訂)을 뜻하며, 우리나라 고서의 대부분이 이 장정에 속한다.

철판(凸版) | 볼록 도드라지게 내민 부분에 잉크가 묻어서 인쇄되는 인쇄판의 한 판식(版式)을 말함.

철활자(鐵活字) | ☞ 금속활자를 보라.

첨지(簽紙) | 책자의 제명(題名), 책차(冊次), 목차, 총책 수 등을 전하는 쪽지이다. 부전지(附箋紙) 쪽지에 간단한 의견을 써서 붙이는 종이이다.

첩(帖) quire | ①24매와 외측의 1매를 합해서 25매가 되는 것. 일련의

1/25의 용지. ②제본하기 전 도서용으로 인쇄된 지면.

청사진(靑寫眞) | 반투명지(tracing paper, 트레팔지)에 원고(도면)를 그리고 이를 감광지(感光紙)와 직접 접촉하게 하여 노광이 안 된 부분은 짙은 청색으로 발색하는 복사 방법이다.

청쇄(淸刷) clean proof | 활판(活版)에서 특히 정밀한 인쇄물을 얻는 것, 또는 그 인쇄물. 사진식자와 별도로 활자의 맛을 살리고 싶을 때, 또 사진식자로 조판(組版)이 끝난 한 구문(區文)활자, 괘선, 장식인자(裝飾印字 : ornaments) 등을 활판 이외의 판식(版式)으로 옮길 때 이것에 의한다.

청조체(淸朝體) | 중국의 청조(淸朝)시대로부터 전해 내려온 서체(書體). 명조체(明朝體)보다 호수(號數)에 비교해 작아 보이기 때문에 호수를 구별하는데 혼동하기 쉬움. 또 글자의 형태에 따라 자면(字面)의 크기도 좀 다른 것이 특색이기도 하며 명함이나 안내장 또는 초대장에 많이 이용됨.

청타조판(淸打組版) | 아연이 주성분(主成分)으로 되어 있는 활자를 둥근 실린더에, 백지를 감고 먹지와 같은 잉크 테이프 위를 글자가 때리면, 인자(印字)가 되는 방법. 타력(打力)의 차에 따라 농도차(濃度差)가 생겨 인쇄효과가 나쁨.

체감서지 degressive bibliography | 다루고 있는 기간의 차이나 간행물의 중요성에 따라서 서지적 기술이 다양한 것.

체계서지학(體系書誌學) systematic bibliography | 문헌을 체계 있게 편성하거나, 시대별 주제별 학설의 추이와 목록과 서목에 관하여 연구하는 것. → 열거서지학 도보라

체인도서 chained books | 서가나 열람책상에 매달려 있는 도서를 말하며 15세기부터 18세기 초기의 도서관에서 도난방지를 위한 방법으로 쓰였다.

체크리스트 check-list | ①도서에 있어서는 총서의 기록을 정기간행물에서는 입수되는 각호의 기록을 하는

서식이다. ②대조표. 점검 기록이다.

초간본(初刊本) | 어떤 저작을 첫 번째 또는 최초로 간행해낸 것을 초간본(初刊本)이라 한다. 동의어로 원간본(原刊本), 원각본(原刻本), 초판본(初板本), 원판본(原板本), 초참본(初槧本), 조판본(祖板本).

초록지(抄錄誌) abstracts | 초록은 색인이 주는 서지정보와 위치정보만 아니라 원저의 내용을 객관적이며 간결하게 표현한 것으로 원문내용을 신속 정확하게 파악할 수 있도록 작성한 것이다. 현재 널리 사용되고 있는 초록지로는 박사학위 논문의 내용을 요약하여 수록한 Dissertation Abstracts International이 있다.

초서체(草書體) | 빠르게 쓰기 위해 흘려 쓴 글자체.

총보(總譜) score | 기호형식으로 된 음악작품을 인쇄하거나 기록한 악보(樂譜)로서 이상의 보표에 성악이나 기악부문을 표시한 것. 독주곡에는 적용되지 않는다.

총보 | → 악보를 보라

총서(叢書) | 같은 종류의 사항에 대하여 모은 서석 또는 계속해서 출판하는 같은 종류의 책. 시리즈(series)·법률총서·경제학총서 등.

총양장(總洋裝) hard cover book binding | 표지를 제외한 모든 속장을 실로 꿰메고, 정해진 사이즈(size)로 재단한 다음 둥근등(丸背)이나 각배(角背)로 튼튼하게 굳혀, 면지(面紙)의 힘으로 두터운 합지(合紙)를 쓴 표지를 붙여 만드는 것이다.

최신국가서지 current complete national bibliography | 국가에서 발행된 모든 최신의 기록물의 완전한 리스트(list).

최신선택서지 current selective bibliography | 최신서지 서비스를 통해 특정 범주에 속하는 간행물의 통보 적 리스트를 작성하는 기법 및 그 서지.

추록(追錄) addendum | 도서가 인쇄된 후 본문의 내용을 보충하는 자료로서, 별도로 인쇄되거나 본문사이에 삽입된다.

추리기 jogging | 인쇄소에서 운반해 온 인쇄물을 인쇄할 때 기준을 삼았던 변(邊 : 옆 맞추게 side gauge와 물림묷gripper edge)에 따라 가지런히 추리는 것으로 나눔 재단을 하기 위한 준비작업.

추상기호 abstract symbol | 광학문자 판독기에 있어서 모양과 형태가 무엇을 뜻하는 가를 알아내기 힘든 기호(記號)를 말한다.

축쇄판(縮刷版) | 보존용으로 기존의 판(判)을 축소하여 제본되는 것을 말한. 최근에는 보존 공간을 많이 치지한다고 해서 마이크로필름에 의한 보존과 복사 서비스가 이용되고 있다.

축적(縮積) storage | ①필요한 정보를 희망하는 시간에 축적하고 다시 후에 검색할 수 있는 것. 또는 그와 같은 작업을 하는 장치. ②문헌을 다시 찾을 수 있는 형태로 보존하는 것.

출전인용 source citation | 표목이나 참고문헌에 관련된 정보의 소재를 확인할 수 있도록 문헌이나 그 소재를 기록하여 나열하는 것.

출처(出處) provenance | ①문서, 도서 또는 사본의 이전소유의 내력을 기록한 것이나, 도서의 출전을 표시한 것. ②특정자료 소유의 변동에 관한 기록.

출처목록 source list | 저자가 이용한 자료를 제시하기 위하여 논문에 부록으로 넣은 참고자료목록.

출판(出版) publishing | 인간의 정신적 활동의 소산인, 저작물을 주로 인쇄술을 통해, 복제하여 출판물이란 형태로 구현시켜, 그것을 필요로 하는 다수의 독자에게, 배포하는 행위. 출판과정의 기본적 구성요건이 되는 것은, 저작물의 복제와 배포이다.

출판계약(出版契約) publication contract, agreement for publication | 저작물을 원작(原作)대로 인쇄술 따위에 의해 문서 또는 도서로서 복제하여 배포하는 것을 목적으로 하는 저작권자와 출판자 사이의 계약.

출판권(出版權) right of publication | 출판하는 권리로서 저작재산권의 부분권으로서, 저작재산권자가 출판

하는 권리와 출판자가 출판할 권리로 사용한다.

출판기술(出版技術) | 출판사업을 구성하는 개개의 기술이 아니고, 출판사업을 출판사업으로 운영하는 종합적인 출판경영의 운영(運營)테크닉을 의미한다.

출판기획(出版企劃) publication plan | 주어진 환경하에서 앞으로 만들어져 나올 잡지·도서의 편집, 생산, 보급에 관한 세부적인 지침이다.

출판디자인(出版 design) publication design | 책의 크기나 형태, 책의 구조, 또는 책의 상품적인 가치도 포함하는 총체적인 기획(planning)을 하는 것. 출판디자인은 책 전체를 기획하는 것을 의미하며, 책을 레이아웃(layout)하고 활자를 지정하며 디자인 하는 편집디자인(editorial design)을 포괄하는 넓은 영역의 개념이다.

출판면허 imprimatur | let it be printed란 끗의 라틴어 표시에서 비롯했으며 서양의 고전에서 볼 수 있다. 일반 행정당국이나 교회당국에서 정식으로 출판 면허한 사실을 기술한 것이다. 요즈음은 주로 카톨릭계 저작자가 저술한 종교서적에서 볼 수 있다.

출판문화 publication culture | 출판물의 발행 유통 등으로 형성되는 문화영역으로 여기서 뜻하는 출판물이란, 일반적으로 신문을 제외한 도서 잡지를 중심한 간행물을 뜻한다.

출판사항(出版事項) imprint | 출판지, 출판사, 출판년을 말하며 표제지 하단이나 또는 판권지에 표시되어 있다.

출판시도서목록 | ☞ 씨아이피(CIP)를 보라.

취진본(聚珍本), 취진판(聚珍版) | ☞ 활자본(活字本)을 보라.

친장(襯裝) | 책을 오래 사용하면 책장이 마손되고, 찢어지며 떨어지게 되는데, 이를 보강하기 위해 접은 책장 속에, 그 책장 크기 또는 그보다 크게 접은 종이를 넣어 책장을 보호하는 것. 활친(活襯), 양친장(鑲襯裝)

금양옥(장)(金鑲玉(裝)), 포투친(袍套襯)이라고도 한다.

침정(針釘) | 표지와 본문지(本文紙)를 고착시키기 위해서 실과 바늘로 꿰매는 것을 말한다. 이것은 각 나라마다 다르다.

ㅋ

카피 copy | 출판할 것을 목적으로 한 원고. 원고에는 손으로 쓴 필사원고(manuscript)와 타이프로 친 원고(typescript)등 문자원고와 주로 시각에 호소하는 도판·사진 원고의 두 가지로 크게 나누어진다.

칼자국(각흔(刻痕)) 너덜이 자국 | 목판본과 목활자본은 글자 획에 칼자국(각흔(刻痕))이 예리하게 나타난다. 경우에 따라서 세로획과 가로획이 겹치는 곳에 칼자국이 나타나기도 한다. 금속 활자본은 활자를 주조한 다음 줄로 손질하기 때문에 찍은 자국에도 칼자국이 남아있지 않고, 글자 끝도 둥글둥글한 느낌이 난다. 다만 민간에서 주조한 활자는 손질이 거칠 경우, 너덜이가 남아 인본에도 그 자국(주흔(鑄痕))을 남기는 경우가 있다.

커버 cover | 책의 표지에 종이나 그 밖의 재료로 만든 덮개를 씌우는 것을 '커버'라 하지만, 서양에서는 이를 재킷(jacket)이라 한다. 서양에서는 '커버'란 책의 표지를 뜻한다.

컬럼 column | ①도서나 신문에 있어서 종 또는 횡으로 구분하여 놓은 인쇄된 한 부분을 말하며, 선이나 공백으로 구분함. 난(欄). ②행렬 또는 행렬식의 종방향으로 나열된 자열(字列)이다.

컴퓨터조판(computer 組版) | 사진식자(寫眞植字)의 방법과 원리를 computer에 옮겨 Laser방식에 의하여 인자(印字)하는 조판 방법이다.

컷 cut | 책장 및 권말여백에 장식으로 넣은 그림이다.

컷 라인 cut line | 삽화의 아래에 표시하는 부분을 말함.

케이스 case | 서양에서 우송(郵送)할 때 책이 상(傷)하지 않도록 포장(包裝)하기 위해서 필요했으나, 일본에서 새롭게 책의 한 부분으로 발전시킨 것이다. 케이스(case)는 책을 보호 할 뿐만 아니라 서가(書架)에 책을 꽂아두었을 때 언제나 습기(濕氣)의 침입을 막아주는 구실을 한다.

코덱스 codex | 성경·고전의 사본(寫本)이다.

코막 KORMARC 고서(한적) | ☞ 서지기술을 보라.

코트지 coated paper | 인쇄 적성(適性)은 아트지와 같음. 아트지와 다른 점은 표면의 그레이 도포(塗布)량이 1㎡당 10g밖에 되지 않는 것이고, 육안으로 식별이 어렵다는 점. 아트지보다 가격이 싸서 컬러 인쇄용에 많이 쓰임.

콜로타이프 인쇄(collotype 印刷) collotype printing | 두꺼운 유리의 면에 감광성(感光性)의 젤라틴 유제(乳劑)를 바르고 가열·건조시켜 여기에다 사진 네거티브를 밀착하여 인화하고, 유리판의 젤라틴 막에 생긴 화상(畫像)을 처리하여 고정시켜서, 인쇄판으로 하고 젤라틴 판면으로 한 사진 인쇄법이다.

콤비판(combi 版) | 선화(線畫)와 사진판 양쪽에 붙어있는 철판(凸版). 선화와 사진판은 제판 공정이 약간 다르므로 별도로 제판하는 경우가 많은데, 사진 속에 문자가 들어가는 것과 사진과 그림을 조합시키는 것을 1매의 판으로 제판하는 것이다.

크로모석판(chromo 石版) | 손으로 그려 제판하던 시대의 다색 인쇄의 석판임. 손으로 그리는 데는 점묘(點描) 또는 사목(砂目)이 있는 석판면에다 크레용으로 그리는 방법이 사용된다.

클로스 제본 cloth binding | 전부가 천으로 제본된 도서이다.

클리어링 하우스 clearing house | 저작권의 집중적 처리기관을 말함.

많은 저작권자로부터 그의 권리를 양도·신탁·대리·위임 등의 계약에 의해 집중적으로 관리하고 사용자에 대하여 이용행사를 대신하는 기관이다.

클리핑 clipping ‖ 신문이나 잡지 등에서 기사를 오려내어 이용할 수 있도록 하는 것으로서 영국에서는 cutting 또는 press cutting이라고 한다.

클리핑 파일 clipping file ‖ 신문이나 잡지 등의 기사에서 필요한 사항을 오려, 종이 위에 붙인 후 주제별로 폴더에 끼워 일정한 순서로 배열한 것이다.

ㅌ

타블로이드판(tabloid 判) | 4·6전지(全紙)의 8절(切)과 혼동하고 있으나 실제는 국전지(菊全紙)의 4분(四分)에 해당함. 미국에서 창시되어 일본을 거쳐 우리나라에 도입됨. 월간(月刊)·주간(週刊) 등 전문지(專門紙) 등에서 많이 사용.

타이트 백 tight back | 제본(製本)의 방식으로 표지의 back을 합지(合紙)와 풀로 굳게 붙여서 튼튼하기는 하지만 책을 펼 때 유연성이 좋지 않은 제본방식. 붙은 등이다.

타이포그래피 typography | 책 편집 디자인에 있어서 중요한 요소 가운데 하나로 문자의 크기, 글줄길이, 글줄사이, 자간(字間), 띄어쓰기, 조판의 형태, 문자의 꼴등이 한 덩어리로 어울려 타이포그래피에 의한 조판의 미(美)를 이룬다.

타이프 오프셋 type offset | 타이프라이터로 문자를 쳐서 이것을 오프셋 인쇄한 것, 또는 그 방법. 일반타이프라이터 혹은 전용 타이프라이터를 사용하여 좋은 종이에 찍어서 여기에서 사진 제판에 의해 네가 필름을 만들고 오프셋용 판을 만들어 인쇄함.

타이프 패밀리 type family | 활자의 동일 서체에는 자폭(字幅), 선폭, 경사, 크기라는 네 가지 인자에 따라 여러 단계가 있음. 이들의 전체 시스템을 타이프 패밀리라고 함. 그 중에서 특히 크기의 단계를 시리즈(series)라고 한다.

타이프페이스 typeface | 활자의 스타일 또는 디자인. 타이프페이스는 선(線)의 굵기, 세리프(serif)의 유무, 형상, 선의 수직·경사 등에 의해서도 여러 종류로 나뉘며 활자의 자폭(字幅)

의 차이에서도 정체(正體: normal or standard), 평체(平體: extended or expanded), 장체(長體): condensed) 등으로 분류되고, 또 한 선의 폭에 따라서도 '보통'(normal) '가는'(light), '굵은'(bold). '특대'(extra bold) 등의 차이가 있다.

탁인본(拓印本) | 탁본은 금석이나 기타 물체에 새겨진 글씨, 그림 등을 종이에 박아낸 것을 말하며 탑본(搨本), 타본(打本)이라고도 한다. 습탁으로 오금탁(烏金拓), 선익탁(蟬翼拓), 격마탁(隔麻拓).

탑본(搨本) rubbed copy | 금석(金石)에 새긴 글씨나 그림을 그대로 박아냄. 주색(朱色)으로 박아낸 것은 주탁본(朱拓本), 주탑본(朱搨本)이라 한다.

태극(太極) the First Cause | ①동양철학에서, 온 세상의 만물이 생겨나는 근원을 이름 ②역학에서, 음양의 두 원기(元氣)가 나뉘어 지기 전의 근본을 이름 ③만물의 근원을 그림으로 나타낸 상징·우주를 뜻하는 하나의 원(圓)을 양과 음으로 2등분하여 양(陽)은 붉은 빛으로, 음(陰)은 남빛으로 된 고리 모양의 무늬가 머리 부분을 서로 엇 물고 돌아가듯이 그린 것이다.

태극기(太極旗) the national flag of korea | 우리나라의 국기. 흰색 바탕에 가운데 태극문양과 네모서리의 건곤감리(乾坤坎離) 4괘(四掛)로 구성되어 있다. 태극기의 흰색바탕은 밝음과 순수, 그리고 전통적으로 평화를 사랑하는 우리의 민족성을 나타내고 있다. 가운데의 태극문양은 음(陰: 파랑)과 양(陽 :빨강)의 조화를 상징하는 것으로, 우주만물이 음양의 상호 작용에 의해 생성하고, 발전한다는 대자연의 진리를 형상화한 것이다. 네모서리의 4괘는 음과 양이 서로 변화하고 발전하는 모습을 효(爻: 음--, 양-)의 조합을 통해 구체적으로 나타낸 것이다. 그 가운데 건괘(乾卦)는 물을, 이괘(離卦)는 불을 각각 상징한다. 이들 4괘는 태극을 중심으로 통일의 조화를 이루고 있다. 이와 같이 태극문양을 중심으로 만들어진 태극기는 우주와 더불어 끝없이 창조와 번영을 추구하는 한민족(韓民族)의 이상을 담고 있다.

테 square | 속장을 보호하기 위하여 표지가 속장보다 튀어나온 부분을 말함. 테의 크고 작음을 표지의 두께나 판형의 대소에 따라 다소의 차이는 있을 수 있으나, 대개 2㎜에서 5㎜ 정도이며, 마구리(edge) 즉 머리·배·밑의 3면의 테는 같아야 한다.

통권(通卷) | 잡지나 신문 등의 발간 첫 호부터 매호에 순차적으로 붙이는 일련번호. 창간호가 통권 제1호가 된다.

통권호수 whole number | 정기간행물이나 연속간행물에 대하여 출판사가 첫 권 이후 연속해서 부여한 일련의 호수·총서나 일반도서의 권수를 표시한 것과는 구별된다.

통보적 초록 informative abstract | 한 문헌에 포함된 내용의 질적, 양적 정보를 비교적 상세하게 축약하여 원문을 읽지 않아도 내용의 요점을 이해할 수 있는 초록이다.

통주(通柱) | 면주(面柱)를 붙이는 방법의 하나로 서적 전부에 같은 면주를 붙이는 것, 통주로 할 경우에는, 일반적으로 짝수 면에 서명을 통주로 붙이고, 홀수 면에 각장의 제목을 면주로 한다.

투식판(套式板) | 목판에 글을 새기기 이전에 등재본을 작성하거나, 필사하기 위해 판식만, 찍은 빈 용지를 찍어내는 판. 계판(界版), 괘판(罫版), 투격(套格).

투인본(套印本) | 여러 가지 색깔 수대로 여러 번 찍었던 것을 투인본(套印本) 이라한다. 중국의 판화본(版畫本)에서 많이 볼 수 있다.

튜우브 인쇄 tubo printing | 납·선납(錫) 등으로 성형(成形)하여 금속 튜우브에 하는 직접 인쇄법.

트레이스 trace | 원도(原圖)나 문자 위에 트레이싱 따위를 올려놓고 투사하는 것을 말함. 보통 제판을 목적으로 한 판밑 따위를 작성할 때 트레이스를 한다.

특제본 extra binding | 동일한 도서의 보통 것보다도 특별히 가공한 것. 또는 특별한 재료와 의장으로 장정한

도서를 말한다.

티핑 인 tipping in ┃ 제본용어로 별지(separate leaf)를 끼워 붙이는 것. 이를 페이스팅 인(pasting in)이라고도 한다.

틴트 tint ┃ ①밝고 엷은 색의 총칭. 일반적으로 흰 색재(色材)를 섞으면 틴트라고 일컫는 색조(色調)가 된다. ②인쇄물에 엷은 색으로 밑인쇄를 하는 것.

팁스 tips ┃ 대단히 얇은 표지 제본용 마분지이다.

ㅍ

파드롭 장식 padeloup style | 18세기 프랑스의 Padeloup 가(家)에서 사용한 도서 장식양식.

파이 pie | 옛날 두루마리나 문서를 셀 때 사용하던 자모순 색인이나 목록이다.

파인본(擺印本) | ☞ 활자본(活字本)을 보라.

파일 pile | 화일조직 방법 중에서 가장 초보적인 기법으로, 데이터가 시스템에 도달되는 순서대로 수록하는 것이며, 분석이나 분류, 표준화 과정을 거치지 않은 것이다. 이것은 입수되는 순서대로 있을 뿐이다.

파지(破紙) spoilage, waste paper | 인쇄과정에서 나오는 못 쓰는 종이의 총칭. 시험 인쇄한 것, 잘못 인쇄한 것, 재단하고 남은 것, 수송 중에 더렵혀졌거나 찢어진 인쇄물을 총칭함.

파트 part | ①출판사가 발행한 저작물의 한 책, 혹은 다권본(多卷本) 중의 일부, 또는 한권을 뜻하며, 편집에 따라서는 자주 혹은 정기적인 간격으로 발행되며 별도의 표제나 생략표제, 표지서명을 가지는 것이 보통임. ②내용에 따라 책을 나누는 것. ③작곡에서 성악부와 기악부가 도입된 부분. ④별도로 발행된 연속간행물의 한 호(號).

파피루스 papyrus | 메소포타미아에서 점토판에 설형문자를 새기던 때에 또 다른 고대문명의 발상지인 이집트의 나일문화권에서는 파피루스(papyrus)를 이용하여 기록매체로 활용하였다. 이집트 나일강 삼각주에서 자라는 갈대의 일종으로 학명은

'cyper papyrus' 또는 'papyrus antiquorum'이다. 오늘날 쓰고 있는 'paper, papier, papel'이란 말은 모두 파피루스에서 나온 것이다.

판광(版匡) | 판의 4주(四周)의 변란(邊欄)을 말한다.

판구(版口) | 책장이 접힌 곳을 판구(版口)라 함. 판구(版口) 한복판에 묵선(墨線)이 있는 것을 흑구(黑口), 묵선이 없는 것을 백구(白口)라 하고, 묵선이 굵은 것을 대흑구(大黑口)라 하고, 가는 것을 소흑구(小黑口)라 한다. 묵선이 없고 한복판에 글자를 새긴 것을 화구(花口)라 한다.

판권(版權) | 서양(西洋)에서는 책의 앞, 즉 표제지(表題紙)아래에 기록하는 것이 보통인데 동양(東洋)에서는 끝에 붙인다. 서지학적(書誌學的)인 사항으로서 책의 발행일자, 정가, 출판사, 저자, 그리고 인쇄소까지 자세하게 기록한다.

판권지(版權紙) colophon | 책을 인쇄할 때 그 책의 맨 끝장에 서명, 저자명, 출판지, 출판사(자), 출판년, 인쇄지, 인쇄자명, 인쇄년, 판차, 인차, 발행자의 주소 및 연락처, 정가, 판권인, 출판물목록정보 등의 사항을 기재하고 있다. 동양에서는 책의 맨 끝에 별지로 주어지나, 서양에서는 표제지의 후면에 인쇄되어 있는 경우가 많다.

판금도서(販禁圖書) | 사회의 공공질서나 미풍양속에 반하는 출판물로서 당국에 의해 판매가 금지된 도서이다.

판도(版圖) | 나라의 영토(領土)를 말할 때 판도라고 한다.

판면(版面) | 책자의 한 페이지에서 문자가 조판(組版)되어 있는 부분을 말함. 판면은 책자의 기본행이 되는 것이므로, 그 크기는 판형(判型)을 전제로 하여, 사용 활자의 크기, 배수(倍數), 행수(行數), 행간(行間)에 따라 결정되고 그 인쇄되는 위치는 상하·좌우의 여백과의 조화를 고려하여 결정한다.

판면잡기 | 판면의 위치를 정하는 방법에 따라 한 페이지의 아래 위 및

좌우의 네부분의 여백의 모습이 달라진다. 그 방법에는 모리스(William Morris)법칙과 언윈(Sir Unwin)의 법칙이 있다.

판본(板(版)本) | 목판으로 새긴 박은 책. 간본(刊本), 판각본(板刻本).

판본학(板本學) physical or bibliography | 판본학은 지적 소산을 담은 책의 물리적 형태와 특징, 그 변천과정을 실증적 방법으로 분석·조사·비평·연구·종합하여 책의 간사(刊寫)의 성격과 시기를 고증하고, 그 우열을 식별하며, 책에 관한 여리 문제를 연구하여 기술하는 분야이다. 책을 감정하기 위해서는 이것을 실증적 방법으로 식별해내는 것이 필요하다. 판본학은 서양의 형태서지학에 해당한다고 볼 수 있다.

판서자(板書者) | 문헌에 글씨를 쓴 자. 문헌에 문자, 글자, 그림을 기록하는 자.

판수(版數) | ①신판(新版) (new edition) 새로 출판한 것. ②개정판 (revised edition) 내용을 개정한 것. ③증보판 (enlarged edition)내용을 증보한 것. ④판차 증가, 내용의 개정과 새로운 사실을 연구 증가 첨부한 것. ⑤재판(再版) 이미 간행된 출판물을 재차 출판하는 것. ⑥재쇄(再刷) 이미 간행된 출판물을 재인쇄하는 것은 재판(再版)이 아니고, 재쇄(再刷)이다.

판식(版式) | 고서의 판식은 대체로 시대에 따라 유행양식이 있었다. 어미, 변란, 삽도 등의 변화가 그 예이다. 어미는 판심(版心) 상·하단 부분에 물고기꼬리모양으로 새겨 넣어 제본의 중심을 파악하면, 감정에 도움이 된다. 이 방법은 정확성은 떨어지나 감정의 한 방편이 된다. 일부 흑어미는 중국에서 남송 말부터 명초 까지 유행한 판식이다. 우리나라는 고려시대, 조선 초기에 해당한다. 오래된 고서인 것처럼 위장하기 위해 흑구가 없는 후세 본에 흑구를 삽입하거나 화문어미를 흑어미로 바꾸는 경우도 있다.

판심(版心) | 책의 중간이 접히는 부분을 말한다. 또는 판구(版口)라고도 한다.

판심제(版心題) | 판심에 표시한 제명(題名), 제목(題目).

판종(版種) kind of issue | 도서 또는 인쇄물의 인쇄방식에 따라 본판, 활자판, 석판, 영인판, 등사판 등으로 나누며, 활자의 재료, 제작연대, 제작처 등에 의한 종류에 따라 목활자판, 동활자판, 연활자판, 계미활자판, 훈련도감활자판 등으로 나누고, 발행형식 또는 발행된 시대 및 지역에 따라 관판, 동판, 고려판 송판, 원판 등으로 나누는 판의 명칭이다.

판질(板帙) | 호접장(蝴蝶裝), 포배장(包背裝), 선장(線裝), 등의 방책(方冊)인 경우, 책보다 약간 크게 두 개의 얇은 목판을 만들어 그 판 사이에 책을 넣은 다음, 납작하고 두껍게 만든 끈으로 매어 두는 형식의 서의(書衣). 협판(夾板).

판하(版下) | 곧바로 제판에 들어갈 수 있는 상태의 원도(原圖). 블랙카피(black copy)라 고도 하는데, 흰종이에 까맣게 쓴 것으로, 제판 카메라의 프레임에 넣어 곧 사진촬영이 되는 것을 말한다. 본래에는 이것을 원고라고 하였으나, 러프 스케치(rough sketch)와 같은 원고가 넘어진 경우에 새로 고쳐 쓴 것을 판하(版下)라고 하여 처음 원고와 구별한다.

판화본(版畵本) printing | 목판·동판·석판·따위에 그림을 새기고 잉크나 물감을 칠하여 찍어낸 그림이다.

판화자(版畵者) | 종이나 헝겊위에 직접 그리는 것이, 아니라 다른 면에서 옮겨오는 그림. 목판화(木版畵). 동판(銅版畵).

팔만대장경(八萬大藏經) | 몽고군의 침략으로 대구 팔공산 부인사(符仁寺)에 소장되어 있던 초조대장경이 소실되자(1232), 불력의 수호로 외침을 다시 물리치려고 발원하여 대장도감에서 재차 조조한 한역 정장이 재조대장경이다. 현재 해인사에 소장되어 있는 팔만대장경이 바로 그것이다. 이러한 재조대장경은 총 633함(函) 1,562부(部) 6,778권(卷)에 달하며, 경판의 수는 총 8만1천여 판이다. 재조대장경은 그 본문이 정확하기로 세계적으로 정평이 나 있다. 유네스코 세계기록유산 2007년 6월

지정되었다.

팸플렛 pamphlet | 수엽(數葉)의 인쇄물로서 간단한 가표지(假表紙) 또는 우지표지(友紙表紙)의 책. 한 책, 한 건(件)의 논문을 싣고 또 광고안내 등에도 사용된다. 소책자(小冊子).

패기(牌記) | 패기(牌記)는 목기(木記) 도기(圖記) 또는 패기(牌記)로 서문, 목록, 발문의 끝에 수록되어 있다. 종(鍾)이나 정(鼎) 또는 작(爵)과 같은 기물을 그려 그 안에 간인자의 성명이나 자, 호, 간인지, 간인처, 간인년 등을 새겨 넣은 것을 말한다.

패널 panel | ①도서의 외부표지나 책등(背)을 구분하는 장식둘레. ②책등에 있는 두 개의 책 허리띠 사이의 공간. ③표제면 맞은 페이지에 기재된 동일저자가 저술한 도서목록.

패딩 padding | 얇은 팜플렛을 제본할 때 책등에 붙인 백지로서 두께를 두껍게 하기 위하여 사용된다.

패러그래프 인덴션 paragraph indention | 인쇄에 있어서 절의 첫행에 비워두는 여백의 정도이다.

패러디 parody | 문예작품의 한 형식으로 유명한 시나 소설 등의, 기성작품의 문체를 비틀거나, 또는 음률을 답습하여, 그 원작품의 내용과는 다른 내용의 것으로 하여, 원작품을 해학적으로 혹은, 풍자적으로 재구성한 작품이다.

패스워드 password | 시스템에 액세스하기 위해 이용자가 컴퓨터에 입력시키는 문자의 집합. 즉 합법적인 이용자를 식별하기 위한 수단으로 컴퓨터시스템이 이용자에게 부여하는 일종의 암호이다.

패엽경(貝葉經) | 불교나 기독교 등 종교의 경전을 인쇄하지 않고 손으로 직접 글을 옮겨 쓴 것. 불교를 전파하려는 목적으로 종려 껍질에 베껴 쓴 패엽경(貝葉經)에서 비롯되었다.

패턴보드 pattern | 제본 자가 제본시 통일을 기하기 위하여 제목의 위치, 색채, 규격 등을 표시한 표지 견본을 올려놓고 사용할 수 있는 판(版)이다.

팩스 fax ∥ 구어체(口語體)로 팩시밀리 전송물을 생산 또는 전송하는 시스템이다.

팩시밀리 facsimile ∥ 문자 사진 그림 등을 전송 한 후 전송전의 상태로 재생함을 목적으로 하는 전송방식이다.

팩시밀리 판 facsimile edition ∥ 도서의 정확한 복사판을 말함. 절판된 자료를 새로 만들 때에 비용을 절감하기 위하여 사용된다.

팬시 타이프 fancy type ∥ 장식서체의 한 종류로서 구부러진 헤라인을 많이 사용한 서체 또는 일반적으로 장식서체를 말하기도 한다.

퍼프 puff ∥ 17세기 이래 도서를 관장하여 선전하는 용어로서 저자나 출판사가 광고지나 도서 자켓에 쓴 글이다.

페이스트 그레인 paste-gram ∥ 풀을 칠하여 단단하고 광택이 잘 나도록 만든 양피. 양의 가죽.

페이스트 다운 paste-down ∥ 도서의 표지 안쪽에 붙인 면지 부분.

페이스트 업 paste up ∥ 범례(凡例)·삽도 및 본문의 위치를 바로 잡고, 판하(版下)를 만들기 위해, 사진식자, 로고타이프, 심벌마크, 교정쇄 등을 레이아웃대로 용지위에 배열·붙이는 작업.

페이지 메이커 page maker ∥ 완전한 문서(글자와 그림)를 컴퓨터 화면을 보고 작성하여 고해상도 프린터나 사식출력기로 출력시킬 수 있도록 하는 프로그램이다.

페이지 브레이크 page break ∥ 도서 본문에서 한 페이지가 끝나고 다음 페이지가 시작되는 부분.

페이지 인쇄장치 page printer ∥ 1페이지 분의 문자가 인쇄되기 전에 작성, 기억되어 고속으로 인쇄되는 장치이다.

페이지 코드 page code ∥ 판의 정판이나 해판 전에 활자를 조판하기 위하여 인쇄용으로 제조된 내수성이 강한 줄이다.

페이퍼 백 paper back | 종이로 표지(表紙)를 한 포켓판의 염가본(廉價本). 본문도 중질지(中質紙) 이하의 용지를 쓰고 베스트셀러 등이 대량염가판으로 보급되며, 우리나라의 신서판(新書版)이나, 문고본도 넓게는 이에 속한다. 역사적으로 1800년대 창간된 독일의 레클람(Reclam)문고도 있지만 1935년부터 펴내기 시작한 영국의 펭귄 북스(Penguin Books)가 현대적인 의미에서 최초의 것이며, 그 성공에 자극받아 미국의 포켓북스, 프랑스의 크세즈(Que sais-je)문고 등이 발행되었다. 그러나 이들은 오히려 포켓본이라 할 수 있으며, 페이퍼백이 일반화된 것은 2차 세계대전 후의 일이다. 출판의 대량생산과 대중화 현상을 반영하는 페이퍼백은 50년대 이래 출판계의 지배적 관행으로 정착했다.

페인 장식 payne style | 18세기 영국의 Roger Payne이 사용한 도서 장식 형태로서 점이나 원을 배경으로 한 도서의 가장자리에 작은 꽃무늬를 여러 개 반복하여 만든 장식.

편곡 arrangement | 원래 작품과 다르게 연주하기 위하여 음악 작품의 전체나 일부분을 개작하는 것. 예를 들면, 성악곡을 피아노곡으로 또는 관현악 서곡을 올갠곡으로 개작하는 등이다.

편람(便覽) hand book | 한 분야의 전 영역을 총망라한 참고용 도서로서 대체로 소형의 참고용 도서이다.

편면쇄 brood side | 일반적으로 한 장짜리 인쇄물로 단면만을 1페이지로 인쇄한 것.

편목/목록(編目/目錄) cataloging/catalogue | 편목은 서지사항 ①서명저자사항 ②판(차)사항 ③발행사항 ④형태기술사항 ⑤총서사항 ⑥주기사항 ⑦표준도서번호 기술이고. 목록은 사실대로 카탈로그 목록 상품목록이다.

편자(編者) editor, compiler | 저작물을 편집하는 사람이라는 뜻이지만, 제각기 전문영역에서 자기의 의도와 책임 밑에 편집하는 경우에 이 호칭을 쓰며, 출판사, 잡지사, 그 밖의 경영체(經營體)의 일원으로서 직업적으로

편집에 종사하는 사람에 대해서는 편집자라고 부르는 것이 통례이다.

편저(編著) | 편집에 의해 이루어진 저작물, 또는 그 출판물. 편저자(編著者)라고 할 때 편자(編者)와 같은 뜻을 갖는 경우도 있고, 편자 자신이 그 편집한 것의 일부의 저작자로서 참가하고 있다는 것을 뜻하기도 한다.

편저자(編著者) | 편자(編者)와 같은 뜻을 갖는 경우도 있고, 편자 자신이 그 편집한 것의 일부의 저작자로서 참가하고 있다는 것을 뜻하기도 하나, 주로 편집의 소재(素材)가 된 자료에 편자가 독자적으로 손을 대어 정리를 했다는 점을 특히 강조하기 위해 많이 쓰임.

편집(編輯) edit, compile | 자료나 원고를 모아 일정한 방침 아래 체재를 구상, 결정하고, 원고의 정리 지정과 교정, 인쇄, 제본 등 여러 가지 과정을 거치어, 서적, 잡지, 신문 등을 만드는 것이다.

편집기획(編輯企劃) editorial plan editorial schedule | 출판기획의 한 부분으로 기획 회의에서 확정된 기획서를 담당부서인 편집부로 이송해 온 것. 기획자의 손을 떠나 집행단계인 편집부로 넘어온 기획서 내용을 하나하나 점검, 집행할 계획을 일정표로 짜는 것이다.

편집디자인 (編集 design) editorial design | 미적(美的) 안목과 메커니즘 에 대한 지식, 그리고 매스 커뮤니케이션 매체로서의 책에 대한 이해를 가진자가 책 전체에 걸쳐서, 시각 디자인을 디자인 원리에, 입각하여 행하는 행위이다.

편집자 managing editor | 신문, 잡지, 출판사의 편집 전체의 진행을 관리하는 자(者)이다.

편집저작물(編輯著作物) complication | 2차적 저작물의 일종인 편집저작물은 간단히 편집물이라고도 하는데, 서로 다른 몇몇의 저작물을 모아서 창작적으로 편집하여 만들어낸 출판물을 말함. 그대표적인 것은 정기간행물과 사전, 전집, 연감, 법전, 명구집(名句集) 등이 속한다.

편집후기(編輯後記) | 잡지말미에 편집자가 써 넣는 짧은 기사, 편집의 방침, 집필자의 동향, 편집의 뒷 이야기, 금후의 포부, 스탭(staff)의 프로필 따위를 내용으로 한 것.

편찬자 compiler | 여러 저자의 저작에서 자료를 모아서 도서를 출판할 사람이다.

평압기기인쇄(平壓器機印刷) | 판판한 판면에 종이를 올려놓고, 이것을 평평하게 눌러 인쇄하는 형식. 활자조판이나 사진판 등을 인쇄하는 교성기(校正機) 및 빅토리아 인쇄기, 페닉스 인쇄기 등이 이에 속한다.

평철판(平凸版) | 판재면의 비화선부를 부식하여, 화선(畫線)을 약간 도드라지게 한 평판인데 질산 혹은 전해부식(電解腐蝕)을 하여 평면처리를 한 판이다.

평판인쇄(平版印刷) offset printing | 오프셋 인쇄라고도 하는데, 판면(版面)이 평면 이라 하여 평판인쇄로 부르게 됨. 인쇄방법은 물(水性)과 잉크(油性)의 반발작용을 이용하여 인쇄하는 방법이다.

편평체(扁平體) | 획의 강약(强弱)이 명조체(明朝體)와 같은 방법으로 구성되어 있으나 가로, 세로의 비율이 1:2~3 정도의 비율로 종선이 굵은 것이 특징임. 신문의 본문활자(本文活字)가 이런 식(式)으로 되어 있지만 강약의 차(差)는 다르다.

편향초록 slanted abstract | 특정 이용자 집단의 흥미를 끌기 위하여, 문헌의 내용 중 특정 분야를 강조하여 작성한 초록이다.

평행(平行) | 개행이 있을 경우 수자의 위치와 그 높이가 같은 것. 일본에서는 평대라 함.

폐가제(閉架制) closed access | 일반 이용자들은 서가 또는 서고에 직접 접근하지 못하도록 하고 제한 된 사람에게만 허가하는 방식이다.

폐기(廢棄) discard, weeding | 소장자료 중 오손 및 파손된 도서, 부적당한 도서 또는 이용되지 않은 도서를 도서관 장서에서 공식적으로 제거하

는 것이다. 제적(weeding) 항목도 보라.

포괄서지 comprehensive bibliography | 가능한 한 어떤 주제에 관한 모든 간행물이 리스트 된 서지를 말한다.

포렐 forel | 도서의 표지로 쓰이는 양피지의 일종이다.

포맷 formats | ①책장을 만들기 위하여 인쇄된 종이가 접어진 횟수. ② 크기, 넓이, 종이의 질, 형태, 제본, 인쇄형태 등을 포함한 인쇄물의 인쇄외형. ③복사장비에 요구되는 자료의 부피, 크기, 마이크로자료 폼의 질, 영상의 배열 형태, 영상 상태 등. ④ 정보의 축적 검색에 있어서 입출력 데이터 및 매체의 축적배열을 지시하는 코드 또는 코드집단. ⑤광의로는 문헌의 물질적 형태. 서지데이터 포맷과 서지레코드 포맷은, 모두 어떤 서지적인 자료에 대해서 작성되는, 기계가독레코드의 배열방법이나, 구조를 가리키는 것이다. 서지데이터 포맷은 대개 물리적 구조와 내용표시 기호, 내용 등 세 가지 기본 구성요소로 이루어진다.

포배장(包背裝) | 포배장은 호접장과 반대로 먼저 인쇄 또는 필사한 면의 글자가 밖으로, 나오도록 판심의 중앙을 접어, 가지런히 한 책의 분량으로 모아, 두터운 장지로 책등을 둘러싸 제책한 형태를 말한다.

포쇄(曝曬) | 서적에 해로운 습기를 제거하기 위해 햇볕을 간접적으로 쏘이고 바람을 통하게 하는 것이다. 이것은 중국에서 유래된 것으로 1년 혹은 6개월에 한 번씩 하는 것이 관례였다.

포스트 제본 post binding | 종이 가장자리에 있는 구멍에 금속이나 플라스틱 표말을 끼워 넣는 가제식 제본 방법이다.

포인츠 points | ①인쇄과정에서 지면에 생긴 작은 구멍으로서 기계가 종이를 접을 때 매수를 계산하기 위한 것. ②활판본의 서지적 특성으로서, 이의 유무가 초판인지의 여부를 결정한다.

포인트식(point 式) | 활자(活字)와 공목(空木) 등의 크기를 나타내는 표준단위로 America식 point와 Didot

식 point가 있음. ①America식 Point는 Pica 활자의 1/12 즉 0.3514㎜(0.013837인치)를 1Point 결정 ②Didot식 Point는 프랑스에서 쓰고 있는 자(尺 : pied duroi)의 한 눈금(1/72인치에 해당)을 1point(0.3759㎜) 정(定)하였는데 유럽 여러 나라에서 아직도 사용함.

포인트 활자(point 活字) type on point system | 포인트 활자는 호수(號數) 활자와 함께 활자의 크기를 나타내는 표준단위. 미국식 포인트와 디도(Didot)식 포인트의 두 가지가 있다.

포지티브 positive | ①대상과 같도록 명암이나 색의 농도를 재현시키는 상(像) ②그것을 만드는데 이용되는 각종의 필름재료. ③그 필름에다 노출은 시켰지만 현상처리는 하지 않은 상태의 필름. ④현상처리를 완료하여 포지티브 상을 이룬 필름을 말한다.

포투친(袍套襯) | →금양장(金鑲裝), 친장(襯裝)을 보라

포활자(匏活字) | 바가지의 외피에 문자와 숫자, 기호 등을 새긴 활자로 바가지 활자라고도 한다. 그러나 언제, 누가, 어떤 방법으로 활자를 제작하고 서적을 인출하였는지에 관한 자세한 기록은 없다.

폭서(曝書) | 수장된 도서를 외부로 옮겨서 일광에 쪼여 습기와 먼지를 제거하고 충해를 방지하는 것.

표시기호 tag | 표시기호는 해당필드에 대한 레이블로서 사용된다. 가변장 필드를 식별하기 위한 표시로써 각각의 필드를 유형별 또는 기능별로 표시하고자 하는 부호이다. 레코드디렉토리 중에 기록되고, 세 자리 숫자를 사용한다. 표시기호는 필드자체에는 수록되지 않고 디렉토리 엔트리에 수록된다. USMARC와 KORMARC에 있어서 표시기호는 표목부(1XX, 6XX, 7XX, 8XX)와 기술부(2XX-5XX)로 나누어 표시되고 있다.

표제(標題)1 heading | 표제지에 표시된 제명(題銘)으로 후기의 고서와 현대의 신간서(新刊書)에서 볼 수 있다.

표제(表題)2 heading | 책의 겉장

위에 표시된 제명(題名). 외제(外題).

표제지(標題紙) title page | 완전서명을 비롯하여 저서 및 출판사항 등이 인쇄되어 있는 책두부(冊頭部)의 한 면으로, 목록상 기입의 본체(body of the entry)에 기록되는 근거가 된다.

표준도서번호(ISBN) | ☞ 국제표준도서번호(ISBN)를 보라.

표지(表紙) cover | 도서 및 팜플렛의 외면이 되는 부분, 일명 책뚜껑, 서표(書標)라고도 한다. 표제지가 없는 도서나 그 서명이 분명하지 못할 때에는 이 표지서명을 표제로 채기하고, 주기에 그 정보원을 기재해야 한다.

표지표제(表紙標題) cover title | 자료가 간행(刊行)되었을 때 표지에 인쇄되거나, 압날(押捺)(도장 찍음) 되어 있는 서명, 표지에 표시되어 있는 서명은, 책의 등(背)에 인쇄된 서명과 표지의 전면에 인쇄된, 서명으로 되어 있다. 배에 있는 서명 배서명 혹은 On spine. 표지서명 혹은 Cover title: 라고 부기하고 해당서명을 채기한다.

표판(表版) | 활자조판에서, 틀 안에 문자가 들어갈 유표(類表)나 서식류(書式類) 등을 괘선을 써서 조판 한 것이다.

풀 pull | 조판이나 정판으로 정식 인쇄 전에 시험적으로 인쇄하여 보는 것이다.

풀드 pulled | 도서 표지가 떨어져 나가서, 본문 지면이 모두 떨어진 도서이다.

풀링 pulling | 도서의 낡은 표지를 없애고 묻어있는, 오래된 아교를 제거하여, 재 제본하는 것이다.

풀 페이지네선 full-page nation | 한 면 전체를 한 번에 편집하는, 기능으로 스캐너를 통하여 입력된, 그림 데이터와 키보드로 입력된, 본문 데이터를 둘 다 화면으로 보면서, 원하는 대로 조판하여 바로, 인화지로 출력시키는 방식이다.

프레스 press | ①4단 이상의 2련 책장. ②활자, 판, 판목에 인쇄용지를

밀어 넣는 기계. ③신문, 정기간행물의 발행에 따른 사업, 기술, 저술에 대한 일반적인 용어이다.

프레스 북 press book | 개인 출판사가 발행한 도서이다.

프레스 점자 press braille | 얇은 아연이나 철판으로 된 인쇄판 위에 양각한, 점자로서 이것으로 맹인용 도서를 생산한다.

프레스 프루프 press proof | 최종교정쇄(最終校正刷) 인쇄상태를 부거나 메이크 레디(make-ready)를 작성할 필요가 있는가 어떤 가를 결정하거나, 최종적인 교정거리의 유무를 조사하거나, 하기 위해 본쇄(本刷) 걸기 직전에 인쇄기에서 직접 빼내는 교정쇄로, 본문 전 페이지를 일괄해서, 제출하는 것을 말한다.

프레임 frame | ①책표지 끝으로부터 간격을 두고 만든 직사 격 형의 제본 양식. ②제본시책 등을 끈이나 테이프로 묶거나 테를 꿰맬 때 사용하는 나무선반이다.

프로덕션 production | 편집부의 손을 떠난 인쇄원고를 받아, 인쇄소에 이를 입고(入稿)하고, 그 이후의 인쇄 진행 일체를 책임지고, 제본완료 단계까지 맡는 것을 말한다.

프로젝티드 북스 projected books | 신체장애자를 위하여 천정이나 벽 혹은 스크린에 영사하여 읽을 수 있도록 한, 마이크로필름으로 된 도서이다.

프로파일 profile | ①한 전문분야에서의 업적을 기술, 평가한 전기적 기술 ②정부검색에 있어서 정부의 선택적 제공(SDI) 서비스를 이용하는 개인 혹은 이용자 집단의 관심·주제를 설명한 일련의 색인어.

프리랜서 free lancer | ①전속이 아닌 자유 계약 근로자. ②전속되지 않은 자유 기고가(寄稿家), 또는 전속되지 않은 가수나 배우, 작가.

플라스틱 요(凸)판 | 합성수지, 섬유소 유도체, 천연고무, 합성고무 등의 플라스틱 판재를 사용한 인쇄판을 총칭한다.

플라스틱 제본 plastic binding | 팜프랫이나 상품목록 등을 제본하는 방법으로서, 종이에 여러 개의 구멍을 뚫어서 이 구멍에 갈퀴가 달린 둥근 합성수지를 넣어 제본하는 형식이다.

플래시 색인 flash index | 롤 마이크로필름에 있어서, 문헌내 소항목(subfields)의 신속한 색출을 용이하게 하는 표식으로, 굵은 활자로 되어 있어서 확대하지 않고도, 찾을 수 있도록 되어 있다.

플랙서블 백 flexible back | 속장의 등에 표지(表紙)를 직접 붙이는 것으로, 책의 펼침은 tight back보다는 좋으나 등글자(背文字)가 잘 상하는 흠이 있다. 흰 등.

플러시 flush | 인쇄시 인덴션이 없음을 의미하는데, see flush on left는 왼쪽 여백이 동일하게 되어야 하며, flush right는 오른쪽 여백이 동일하게 되어야 한다는 지시이다.

플레이트 넘버 plate number | 인쇄하고자 하는 개개의 악보에 연속하여 부여한 하나 이상의 숫자 혹은 문자와 조합이다.

플렉소그래픽 flexography | 고무철(凸)판과 안료(顔料) 잉크로 실시하는 일종의 간이인쇄. 사무양식, 종이봉지, 포장지 등에 많다.

플롯 plot | 소설, 희곡, 시나리오 등의 이야기를 이루는 줄거리 또는 그 줄거리에 나오는 여러 사건을 하나로 짜는 작업과 수법이다.

피니스 finis | 라틴어로 끝을 의미하며, 책 내용이 끝나는 마지막에 표기하는 끝이라는 말이다.

피니쉬 finish | 종이 표면의 매끄러운 정도를 말한다.

피드백 feedback | ①정보검색에서 소오스(source)에 대한 결과의 부분적인 전환. ②서비스에 대한 이용자나 고객의 반응이다.

피비리포트 PB report | PB는 Publication Board의 두문자로 미국 국방성 관계 이외의 정부 지원에 의한 결과가 수록되는 리포트이다.

피스 piece | ①고문서정리에 있어서 보존문서관이 자체 참고용으로 만든 기입으로서 문서를 기술, 배열하는 기본 단위가 된다. ②완전한 도서를 오리거나 분책하여 만든 자료를 뜻한다.

피알지(PR紙, 誌) magazine for public relations | PR을 위해 발행되는 잡지로, 행정기관이나 기업, 각종 단체가 발행 주체가 되나, 지역의 과제를 제시하는 시민 그룹의 잡지 등. PR지의 범위는 넓음. 주로 PR지는 대외적인 잡지를 가리키고 대내적인 것은 일반적으로 사내보(社內報)라 한다.

피카식(pica 式) | 미국에서 창시된 것으로 문자규격(文字規格)은 12포인트를 정함. 큰 문자, 넓은 공간을 처리하는데 편리(便利)한 점이 있는 반면에, 작은 문자에서는 사용이 불편하다.

피휘(避諱) | 임금의 이름인 어휘(御諱)를 사용해야 할 경우, 임금에 대한 존경의 표시로 이를 함부로 사용하지 못하여, 그 글자의 한 획을 생략하거나, 뜻이 같은 다른 글자를 사용하거나, 또는 그 글자를 다른 종이나 천으로 가리는, 등 여러 가지 방법으로 피하는 것.

피휘결획(避諱缺畫) | 문장에 임금의 이름인 어휘의 글자를 사용해야 할 경우, 임금을 경외하는 뜻으로, 그 글자의 한 획을 생략하는 것. 또는 피휘궐획(避諱闕畫)이라 한다.

피휘대자(避諱代字) | 문장에 임금의 이름인 어휘의 글자를 사용해야할 경우, 임금을 경외하는 뜻으로 그 글자와 뜻이 같은 글자로 바꾸어 쓴 것.

피휘자(避諱字) | 옛날에 왕은 지존의 존재라 그 이름을 함부로 부를 수 없었다. 따라서 책 본문 중에 왕의 이름자와 같은 글자가 나타나면 그 글자의 사용을 기피했는데 이를 피휘자(避諱字)라고 한다.

픽션 fiction | 작가의 상상력에 의하여 창작된 저작물. 소설, 희곡 등의 문학작품을 말한다.

필드 field | 필드는 수개의 데이터 엘

ㄱ ㄴ ㄷ ㄹ ㅁ ㅂ ㅅ ㅇ ㅈ ㅊ ㅋ ㅌ ㅍ ㅎ

리 멘트로 구성된다. 형태기술사항 등은 필드의 한 예이다. 각 필드는 그 내용을 나타내도록 명명되어 있다. 필드에는 고정장필드와 가변장필드가 있다. 출판년은 언제나 4자, 언어는 언제나 3자라는 것과 같이 언제나 동일한 문자수로 나타내는 데이터를 고정장 필드라고 한다. 미리 그 길이가 고정되어 있지 않는 데이터 엘리 멘트로 된 것을 가변장 필드라고 한다.

필러 filler | 제본시 적당한 두께를 유지하도록 팜플렛 같은 얇은 책자 뒤에 덧붙인 여러 장의 빈 종이.

필름교정(film 校正) | 색분해(色分解), 네거 또는 포지 필름작업을 통하여 완전한 필름으로써 한 페이지씩 정리가 되면, 필름교정을 보게 된다. 이 필름교정에서는 공장(工場)의 작업미스도 확인해야 하지만 쪽 필름을 조합(組合)하여 구성된 부분이 있기도하며, 확대, 축소, 촬영할 부분 등을 확인하엽잘못된 부분을 바로 잡는다.

필리트 fillet | ①책표지 양쪽에 새기거나 찍은 선 또는 밴드. ②선을 내기 위해 가열하여 쓰는 바퀴모양의 연장 도구이다.

필링 filling | 종이표면의 질과 잉크 흡수성을 좋게 하기 위하여, 종이 제조 과정에 쓰이는 재료 또는 색소의 첨가물로서, 이 첨가물이 탄산 염화 칼슘일 때, 알칼리 광택기구가 요구된다.

필명(筆名) pen name | 저작자가 저작물을 저작 또는 공표함에 있어, 자기 실명 이외에, 그 저작물의 저작자로서 사용하는 이름을 말한다. 필명은 어문저작물(語文著作物)의 경우에 사용되며, 기타 저작물의 경우는 아호, 예명, 약칭 등의 이명(異名)이라 한다.

필사본(筆寫本) | 붓이나 펜을 이용해 손으로 베껴 쓴 책이다. 동의어로 사본(寫本), 서사본(書寫本), 선사본(繕寫本), 초본(鈔本) 등이 있다.

필사지도 manuscript map | 인쇄과정을 거치지 않고 손으로 그린 지도이며, 원형지도, 사본지도 등이 있다.

필사체 | ①minuscule 초서로 쓴

소자 필기체. ②text hard 1100~1500년경 도서나 조약문 또는 통신의 제목 작성에 사용된 서체이다.

필삭(筆削) | 첨삭(添削) 첨가하고, 삭제하는 것. 필칙필(筆則筆), 삭칙삭(削則削).

필서체(筆書體) | 부드러운 선의로 하는 서체이다. 인서체(印書體) ↔ 필서체(筆書體).

필적(筆蹟) | 손수 쓴 글씨나 그림의 경과 행적이다.

ㅎ

하드 바운드 hard bound | 천이나 종이로 제본된 것으로서, hard cover 라고도 한다.

하드 카피 hard copy | ①종이에 사람이 읽을 수 있도록 인쇄한 데이터 또는 컴퓨터 등 기계에 의해 축적된 카드. ②복제 용어로는 원문헌 또는 마이크로 형태로부터 종이에 확대한 카피이다.

하드 페이퍼 hard paper | 명암이 상반된 사진 원판을 인화하는데 쓰이는 인화지. 색조의 농담단계가 보통 종이보다 제한되어 있어 명암구분이 현저하게 나타난다.

하상비(下象鼻) | 판심(版心)에서 광곽(匡郭)의 아랫변(邊)과 아래어미(魚尾)사이의 공간.

하이라이트 highlight | 복제시 원본이나 사본의 가장 밝은 부분과 연속색조 또는 하프톤(halftone)네거티브면의 가장 어두운 부분이다.

하이브리드 컴퓨터 hybrid computer | 1개의 계산기 시스템 안에 아날로그(analogue)형과 디지털(digital)형을 혼합하여 사용한 것.

하이 콘트라스트 high contrast | 사진의 중간계조(中間階調)를 없애버리고, 흑백의 일러스트레이션 풍으로 만든 상태, 또는 그 도판. 인물이나 건축물, 특수한 정경 등의 시각효과를 높이는데 사용된다.

하이퍼파이 방식(hi-fi 方式) | 프리프린트(free-print) 방식에 의한 컬러 인쇄 방식의 하나로, 인쇄하기 전에 미리 두루마리의 전면에 컬러 인

쇄를 하고, 재차 말아 놓은 후, 이것을 당일의 철판 윤전기에 걸고, 편면(片面)에 내용을 찍는 방식이다.

하판(下版) | 실제로 인쇄로 사용되는 판을 제판 완료해서, 교료지(校了紙)와 같이 인쇄기 계측에 넘기는 것. 인쇄작업 진행상 시간적 포인트로서 체크된다.

하프톤 half-tone | ①사진 인화 또는 사진원판의 흑에서 백 사이, 또는 불투명 부분에서 투명 부분에 이르는 중간 상태 ②농담(濃淡)을 망점(網點)의 대소로 나타낸 망판(網版). ③동판 등에 새긴 철판(凸版)식 망목(網目)의 사진판이다.

한간(汗簡) | 대(竹)의 기름 빼었다는 말에서 유래하는 것으로, 죽찰(竹札) 또는 죽간(竹簡)을 뜻한다. 따라서 문서, 서적 또는 사서(史書), 기록(記錄)을 의미한다.

한국의 세계기록유산 | ①훈민정음해례본 ②조선왕조실록 ③불조직지심체요절 ④승정원일기 ⑤팔만대장경 ⑥조선왕조의궤 ⑦동의보감/허준 ⑧일성록 ⑨5.18광주민주화운동기록물 ⑩난중일기/이순신 ⑪새마을운동기록물 ⑫한국유교책판 ⑬KBS 특별생방송이산가족을 찾습니다. ⑭조선통신사기록물 ⑮조선왕실 어보와 어책. ⑯국채보상운동기록물 ⑰동학농민혁명기록물 ⑱제주4.3기록물 ⑲산림녹화기록물. 1997-2025.

한국의 유교책판 | ☞ 유교책판을 보라.

한글/훈민정음 Korean language | 우리나라는 오래된 역사와 전통문하를 가지고 있었으나, 고유한 문자가 없었다. 따라서 세종은 민족의식과 애민정신에 입각하여 한글창제에 착수하였다. 이러한 민족주의의 정신은 훈민정음 서문에도 잘 보여 지고 있다. 궁중에 정음청을 두고, 집현전 학사인 신숙주(申叔舟), 성삼문(成三問), 최항(崔恒), 정인지(鄭麟趾), 박팽년(朴彭年) 등과 연구 끝에 28자(현대24자) 자음14, 모음10자 음절단위로 모아쓰는 표음문자의 훈민정음을 창제하였다. 여러 가지 반대를 물리치고 용비어천가 등의 시험을 거친 후 1446년 반포함으로써 민족문

화의 터전을 마련하였다. 훈민정음 해례본 국보70호 유네스코 세계기록 유산 등록 1997년 10월.

한방향 출판 on-demand publishing | 종이책으로 출판하지 않고, 화면책으로 출판하는데, 독자의 요구에 따라서는 종이책으로 만들어주는 출판형태. 이때 구매자인 독자는 인쇄될 종이의 종류, 본문 활자의 크기, 제책의 형식까지 지정할 수 있음. 출판사는 종이책을 미리 찍어서, 창고에 보관할 필요가 없고, 안 팔리는 재고도 걱정할 필요가 없다. 또는 미술 화집이나 학술연구서 등 일반 구독자와는 거리가 먼 개성적인 출판에서 한정판이 발행된다.

한자(漢字)의 글씨체 | 한자에는 여러 글씨체가 있으며, 그중 중요한 것을 전서체(篆書體), 예서체(隸書體), 초서체(草書體), 해서체(楷書體), 행서체(行書體) 등이다.

한적(漢籍) | 유교의 사전을 말하며, 뒤에 한문으로 쓰여진 책의 총칭으로 사용되었다.

한정판(限定版) limited edition | 출판 부수를 한정하여 간행하는 간행물. 특정인을 대상으로 배포되는 비매품의 서책이나, 예약 구입자를 정하여 발행되는 적은 부수의 출판물이다.

한청(汗靑) | 살청(殺靑)과 같은 뜻. 불로서 죽편(竹片)을 덥게하여 그 청유(靑油)를 취해 문자를 쓰기 쉽게 하는데서 나온 말이다.

할러우 hollow | 책등과 책등의 움푹 들어간 부분 사이의 빈공간 또는 루스백 북(lose-back book) 한정판(限定版) limited edition 한수판(限數版), 부수제한판(部數制限版), 한정본(限定本)이라고도 한다.

할주(割註) | 서적 부문에 삽입하는 주(註)를 다는 방법의 하나로, 주를 달아야 할 어귀 다음에 작은 활자를 써서 그 줄로 넣는 주를 말함. 학술서에서 흔히 볼 수 있다. 찬등(타이트 백 tight book).

합각서(合刻書) | 독립적으로 발표한 상이한 2종 이상의 도서를 한권으로 제본한 것이며, 각편이 완전히 독

립된 페이지, 목차 표제지가 있으며, 이러한 도서 중 출판 당시부터의 합친 것을 합각서(合刻書)라 하고, 출판 후에 합책한 것을 합철본이라고 한다.

합본(合本) composite volume | 팜플렛과 같이 두 개 이상의 분리된 출판물을 함께 제본한 것이다.

합성사진(合成寫眞) | 각각 다른 때와 장소에서 촬영한 것을 동일한 화면에 구성하는 방법인데, 콜라즈적 효과를 표현하기 위해 쓰이는 것을 특히 몽타즈(montage)기법이라 한다.

합성지(合成紙) | 1969년 8월 10일 일본의 일간(日刊)공업신문사에서 초판이 발행되고, 1970년 7월 30일에 4판을 낸 이노우에(井上啓次郞)의 저서(著書)임. 합성지란 석유(石油)로 만든 종이다. 합성지는 ①물속에 넣어도 손상(損傷)되지 않는다. ②열기(熱氣)에 강할 뿐만 아니라 그대로 물속에 던져도 비교적 오래 견디어 낸다. ③인쇄적성(適性)이 효과적일 뿐 아니라 색도 인쇄에도 적합하다. 이 '합성지'라는 책은 그 내용이 잘 말해주듯이 그 원리와 역사를 알 수 있는 자료가 됨은 물론, 최초의 합성지로 만든 책이라는데 큰 의의가 있다.

합성화 montage | 장식, 전시, 광고를 목적으로 하나의 그림을 만들기 위해, 여러 장의 사진이나 그림, 혹은 사진의 일부를 모아서 만든 그림이다.

합저서(合著書) composite work | 두 사람 또는 그 이상의 저자가 공동으로 저술한 단일 주제에 관한 도서로서, 각 저자의 분담 부분이 완전히 구분되어진 것이다.

합주판(合註版) | 이미 출판된 여러 도서를 비교하여 만든 도서로서, 여러 다른 저자들의 견해나 각주를 모아, 도서를 돕고 원문과 대조할 수 있게 한 판이다.

핫 타이프 hot type | 종래의 납활자에 의한 인쇄법, 사식에 의한 인쇄법인 콜드 타이프와 반대되는 말. 납을 녹이는데 특별한 열을 가하므로 핫(hot)이라 한다.

해서체(楷書體) | 해서(楷書)=해자

(楷字), 해정(楷正) 글자의 모양이 올바르고 정연하다. 송조체(宋朝體) 중국에서 서체로 일반도서의 경우 이 서체를 많이 사용함. 우리나라에서는 별로 사용하지 않는다.

해유(解由)/인수인계 | 경국대전(經國大典) 권2 호전 해유조에 의하면, 해유는 관리 교대 시에 재임중 관장하던 물품에 부족함이 없는 사람에게 지급한 문서이다. 전임자가 후임자에게 재임중의 소관물을 인계할 때 그 책임을 해제하는 것을 말한다. 서적에 대한 해유법은 세종조 집현전의 서적관리에서 언급되고 있다.

해적판(海賊版) printed edition | 베른협약이나 세계저작권협약 체결국, 국민인 원저자 또는 출판사의 승낙 없이, 무단으로 간행한 원서의 복제판이다.

해제(解題) annotation | ①목록이나 서지에 추가된 주기이며, 도서의 주제나 내용을 설명하거나 평가 또는 기술한 것. ②책이나 작품의 저작자, 저작의 배경 내용, 체제, 타(他)에 미친 영향, 출판의 연월일 등에 관한 해설이다.

해제목록(解題目錄) annotated catalog | 도서의 서지적 사항이나 내용에 관하여 설명, 주석 또는 평가가 되어 있는 목록이다.

해제서지(解題書誌) annotated bibliography | 특정한 주제를 어떤 목적에 따라 서지적 사항을 기술하고 짧게 해설하여 일정한 순서에 따라 배열, 편성한 도서목록이다.

핸서드 Hansard | 영국의회 의사록을 출판하는 관리의 속칭. 19세기 Thomas Curson Hansard 출판업자의 이름에서 유래된 것이다.

행간(行間) | 본문(本文)에 있어서 줄과 줄 사이를 뜻함. 행간(行間)을 활용하는데, 있어서는 조판문법(組版文法)과 문자규격(文字規格)의 계열(系列)에 따라 사용하여야 한다.

행간기획 interlinear | 해석이나 번역문을 작은 활자로 행간에 쓰거나 인쇄한 것이다.

행관(行款) 행격(行格) | 한 장에 수록된 본문의 행수와 한 행에 수록된 글자 수를 행관이라 하며, 행격(行格)이라고도 한다. 목록작성 형태의 기술에서는 권축장과 절첩장 같이 판심이 없는 경우는 서엽(書葉) 한 장에 수록된 총 행수와 한 행에 수록된 자수를 표시한다.

행서체(行書體) | 해서(楷書)와 초서(草書)의 중간서체라고 볼 수 있는, 행압서체(行押書體). 이 서체는 선(線)의 굵기 차가 크고, 너무 검은 정도로 자면(字面)의 굵은 부분이 많아, 가독성(可讀性)이 좋지 않다.

행송(行送) | 앞줄의 중심부에서 다음 행(行)의 중심부까지의 보내기 거리를 말한다.

행인쇄 line printing | 1행 전체를 하나의 단위로 하여 일시에 인쇄하는 것이다.

행자수(行字數) | 서엽(書葉)한 장에 수록된 본문의 행수와 한 행에 수록된 글자 수. 행격(行格), 행관(行款).

향토서지 **local bibliography** | 특정 지방의 인물, 주거상태, 자연환경, 건축, 사회 등에 관한 자료의 서지이다.

헌사(獻辭) dedication | 저자나 발행자가 은혜를 입은 사람, 후원자, 선배, 벗 등에게 자기의 저서를 통하여 경의를 표하는 말이다. 이를 헌사(獻詞), 헌재(獻題)라고도 한다.

헌정(獻呈) dedicatory work, Complimentary copy | ①자기의 저작물을 은사, 부모, 친한 사람들에게 바치는 것. ②서적을 무상으로 배포하는 것이다.

헌정사본 inscribed book | ①기증자, 수혜자명 등과 헌정사가 쓰여진 책의 사본. ②헌정사를 저자가 쓴 책의 사본이다.

헤드 밴드 head band | 책의 본문지(本文紙)와 표지를 부착시키는데 있어서 필요한 것인데, 이것이 표지와 본문지의 상하에 있어서, 장식(裝飾)이 되기도 함. 사용하는 목적은 속장과 표지가 벌어지면, 보기 싫은 공간(空間)을 덜 보이게 하고, 속장을 실로 꿰매지 않았기 때문에 풀칠을 했

어도, 갈라지는 수가 있어 이를 방지하는 역할을 위해 쓰인 것이다.

헤일로 이펙트 halo effect | 헤일로 현상은 인쇄된 문자의 주위에 잉크가 뭉치거나, 또는 중앙부의 잉크농도가 엷기 때문에 생기는 시각적인 원광현상(圓光現象)을 말한다.

협주(挾註) | 본문 줄 사이에 끼워 넣은 주석.

형태사항 physical description | 자료의 물리적인 특성인 면수, 권수, 권자본(권, 축), 삽도, 크기, 딸림자료 등을 기술한다.

형태서지학(形態書誌學) physical or material bibliography | 책의 형태적인 여러 특징과 그 변천과정의 실증적인 방법으로 분석 조사 비평 연구 종합하여 기술하는 것. 중국에서는 판본학(板本學) 장정(裝訂), 간사(刊寫)종류, 간인본(刊印本), 필사본(筆寫本), 목판본(木版本), 활자본(活字本), 판식(板式) : 광곽(匡郭), 흑구(黑口), 어미(魚尾) 등이다.

호부장(糊付裝) wire stitching | 부수(部數)를 다량(多量)으로 생산하게 되는 잡지나 교과서, 참고서 등은 무선(無線)과 이 호부장을 제일 많이 사용함. 속장을 모두 철사(鐵絲)로 철하고 나서, 표지와 속장은 책등의 풀로 써 부착시키는 방법과 좀더 고급으로 할 경우는, 면지(面紙)를 써서 표지(表紙)와 속장을 부착시키고, 책을 펼 때 철사가 보이지 않게 하는 방법도 있다.

호수식(號數式) | 우리나라에서 가장 오랫동안 사용해온 문자규격(文字規格)으로서, 일본에서 창시(創始)된 것을 도입(導入)하였는데, 일본의 옛자(尺) 경척(鯨尺)의 한 눈금을 '5호(五號)'로 정하고, 그 갑절되는, 규격호(規格號) 2호로 하였으며, 그 반대로 5호의 절반에 해당되는 규격을 7호로 정하였음. 그러나 그것만으로 활자(活字)의 크고 작기를 나타내기가 어려워 4호, 6호, 1호, 3호, 특호를 만들어 호수식활자(號數式活字)는 전부 10종으로 되었다.

호스트 host | 보유하고 있는 다수의 데이터 베이스를 자체 컴퓨터를 사용

하여 주로 온라인으로 이용시키는 업체를 말하며, 이용자에게 데이터베이스 사용료를 부과한다. information vendor 또는 on-line retailer라고도 한다. 록히드사, SDC, BRS가 대표적인 예이다.

호스트 도큐멘트 host document | 부분들이 모여서 이루어진 매크로 도큐멘트를 말함. 예를 들면, 정기간행물은 매크로 도큐멘트라고 할 수 있으며, 그 중의 각 기사는 마이크로 도큐멘트 이며, 이때에 정기간행물은 각 기사에 대한 호스트 도큐멘트이다.

호접장(蝴蝶裝) 호장본(蝴裝本) | 호접장은 인쇄 또는 필사한 낱장을 본문이 마주 보도록 가운데를 접어, 판심 부분의 뒷면에 풀을 발라, 하나의 표지를 반으로 꺽어, 접은 안쪽에 붙여 만든 장정형식을 말한다. 본래 호접장은 절첩장 형식의 단점인 접힌 부분의 결락을 방지하기 위해서 고안된 형식이다. 호접장은 낱장을 반으로 접어 판심의 뒤쪽에 풀을 칠하여 표지에 붙이게 되므로, 책장을 펼쳤을 때 필사 또는 인쇄면의 모양이 마치 나비 같다고 하여 붙여진 이름이다. 이것을 호장본(蝴裝本), 접장본(蝶裝本), 점엽(粘葉), 과배장(裹背裝)이라고 한다.

호화제본 splendid binding | 16세기 페르시아에서 유행하였던 제본형태로서, 수직으로 교차된 리본이 있고, 한 쪽에는 두 줄로, 다른 쪽에는 한 줄로 명확히 줄을 그으며, 표지는 크기가 다른 대칭적인 구획으로 나눈 화려한 제본이다.

호화판(豪華版) | 재료를 고급으로 쓰고, 표지 장정도 화려히며, 제본도 본양장으로 하여 사치스러운, 정도로 호화롭게 꾸민 책자이다.

호환성 compatibility | 한 컴퓨터로 작성, 사용되는 프로그램이나, 데이터 파일, 또는 접속되고 있는 장치 자체나 다른 형식의 컴퓨터에도 사용, 접속이 가능한 것이다.

혼북 horn book | 양피지나 또는 투명한 가축의 뿔에 의해서 보존된 것으로, 종이로 구성되고 밑에는 손잡이가 달린, 얇은 장방형 나무위에 부착시킨 고대 문자서판이다.

홀로우 백(空背) hollow back | 배지(背紙)를 책 속장에 붙이지 않고, 양쪽 끝만 접착시켜 책의 펼침이 제일 유연한, 제본방식(製本方式)으로, 정밀을 기하지 않으면, 소기의 목적을 거두기 어려우며, 우리나라에서 별로 이용하지 않는다. 안 붙은 등이 있다.

홈내기 joint groving | 표지(表紙)를 씌운 다음 책등과 표지바닥의 사이에, 표지에 개폐(開閉)를 유연하게 하기 위해, 앞뒤로 홈을 내는 것. 책의 미장(美裝)에도 효과가 있으므로 앞뒤의 홈이 일정해야 하는데, 홈을 내는 기계(機械)는 대개 양쪽 이빨의 굵기가 같지 않기 때문에 한 번씩 돌려가며 고르게 홈을 내야 한다.

홍격초본(紅格鈔本) | 홍색(紅色)으로 계선을 찍어낸 종이에 필사한 책.

화구(花口) | 상상비(上象鼻)에 제명(題名)이 표시되어 있는 것.

화문어미(花紋魚尾) | 어미에 꽃잎무늬가 있는 것.

화이트 리포트(白書) white reports | 발행부수공사기구가 발행하는 각종 보고서(ABC reports)가 백지에 인쇄된다고 해서, 이 보고서를 구입하는 사람들 가운데서 쓰이고 있는 속칭이다.

화일 file | ①참고 또는 보관에 편리하도록 조직적으로 배열 또는 철한 카드, 문서, 기타자료의 집합을 말함. ②순서로 배열된 카드, 문서, 기타 자료들을 보존하는 캐비넷, 상자 및 기타 기구를 말함. ③신문·잡지 등을 합철하는 것을 말함. ④관련 있는 레코드의 조직적인 집합으로, 컴퓨터 시스템에서의 화일(file)은 자기테이프, 디스크, 천공카드, 주기억장치에 존재함. 여기에는 ①순차화일 ②색인순차화일 ③직접화일 ④리스트형태화일 ⑤도치화일 ⑥클러스터화일 등이 있다.

화일식 제책(file식 製冊) | file식 제책은 필요한 내용을 삽입할 수 있고, 불필요한 내용을 삭제하기 편리하게 내용과 표지에 구멍을 내어 가제하는 방식. 주로 법령관계 서적 등에 사용된다.

환배(丸背) round back | 본제본(本製本)에 의한 책의 등이 평면(平面)이 아니고, 둥그스름한 모양을 하고 있는 것. 각배(角背)에 대응하는 제책상(製冊上)의 용어이다.

활각본, 활각판, 활인본, 활자인본, 활자판, 활판본 | ☞ 활자본을 보라.

활자본(活字本) | 활자본은 문자와 숫자, 기호 등을 조각 또는 주조한 활자를 원고에 따라 문선하여 조판한 다음 그 판에 염료를 칠하여 인출한 서적이다. 동의어로 배인본(排印本), 배자본(排字本), 식자본(植字本), 식자판(植字版), 일자판(一字版), 집자판(集字版), 취진본(聚珍本), 취진판(聚珍版), 파인본(擺印本), 활각본, 활각판, 활인본, 활자인본, 활자판, 활판본 등 여러 가지가 있다.

활자저널리즘(活字 journalism) | 신문, 잡지 등의 활자를 주로하는 인쇄미디어에 의한 저널리즘을 말함. 라디오, TV, 영화 등 시청각 미디어의 저널리즘에 대응한다.

활판인쇄(活版印刷) typographic printing | 역사적으로 가장 오래된 인쇄 방법인데, 활자판이나 연판(鉛版), 수지판(樹脂版) 등이 모두 자면부(字面部)가 볼록하게 나와 있다고 하여 볼록판 인쇄라고도 함. 장점으로는 입체감(立體感)이 있으며, 단적으로 인쇄효과(印刷効果)가 떨어지는 것이다.

활판조판(活版組版) | 하나하나의 낱개 활자를 편집(編輯)의 지정(指定)대로 조립(組立)을 나가는 것인데, 활자 한 서체당(書體當) 시설비가 많이 들고, 능률적으로 더디며, 조판비가 높은 관계로 퇴색(退色)되어 가는 실정이다.

황본 yellow book | 프랑스 정부가 발행하는 공식 보고서로서, 황색표지를 하고 있기 때문에 유래한 이름이다.

황색지 yellow press | 인기 있는 신문이나 정기간행물에 대한 명칭이다.

회경(繪經) | 그림이 들어있는 경권(經卷). 회입경(繪入經)이라고 한다.

회고록 memoirs | 작가의 관찰, 실

험, 기억에 의하여 사건을 기록한 것으로서 자서전적인 기록이다.

횡본(橫本) | 대소에 관계없이 횡장(橫長)으로 된 책. 미농반지(美濃叛紙)를 사절(四節)하여, 이를 이절하여 옆(橫)으로 철한 것은 특히 사절본(四節本)이라 하고, 단 종장(縱長)의 것은, 사절된 것도 수진본(袖珍本)이라 한다.

횡장본 oblong | 표지의 높이(세로)보다 폭(가로)이 더긴 도서이다.

후기(後記) | 서문보다 가벼운 의미를 갖는 것으로, 대개 저자의 탈고 후의 소감을 내용으로 하기도 하고, 번역서의 경우에는 원저서에 관한 내용이나, 원저자에 관한 해설을 후기에서 하기도 함. 발(跋), 발문(跋文), 발제(跋題), 후서(後序)등 으로 표기하는데 뜻은 모두 같다.

후서 postscript | 도서의 전말에 있는 문장으로 발문, 후기 등을 뜻한다.

후쇄(後刷) | 목판의 경우에 초쇄의 판본을 사용하여 재판(再版) 복제하는 것이다.

후판지(後版紙) millboard | 낡은 로프, 부대용 천, 펄프 및 종이로 만든 강력한 마분지의 일종으로서, 도서표지용으로 사용 한다.

훈민정음(訓民正音) 한글 | ①조선시대 세종 25년(1443)에 세종대왕이 집현전 학자들의 도움을 받아 처음 만든 우리나라 글자. 모음 11자, 자음 17자로 되어있다. ②조선시대 세종28년(1446)에 훈민정음 28자를 세상에 반포하기 위해 펴낸 책이다. 한글. 훈민정음 해례본 국보70호 유네스코 세계기록유산 등록 1997년10월.

훈점(訓點) | 한문을 국문(한글)식으로 읽기 위하여 한문에 다는 반점(返點)을 말한다. 훈점의 종류에는 주점(朱點), 당상점(堂上點), 도춘점(道春點), 도을점(道乙點), 금평점(金平點), 가점(嘉點), 삼평점(三平點), 일제점(一齊點), 암제점(闇齊點) 등의 각 파가 있다.

흑구(黑口) | 판심의 중봉 위치에 검

은 선, 없는 것을 백구 라 한다. 상하 상비(上下象鼻)에 검은 선이 있는 것.

흑구본(黑口本) | 판심어미(版心魚尾)의 상하에 흑지(黑地) 또는 흑선(黑線)이 있는 한적(漢籍) 대흑구, 소흑구가 있다.

흑어미(黑魚尾) | 판심의 중봉 위아래에 검은 바탕으로 된 물고기 꼬리 모양 흑어미(黑魚尾).

흠정본(欽定本) | 자명(刺命) 자기 명령(自己命令)에 의하여 편찬된 책이다.

흠정판(欽定版) | 왕명(王命)에 의하여 편찬된 책이다.

희구서(稀覯書) rare book | 귀중한 도서로서 세상에 그 수가 극히 적어서, 흔하게 볼 수 없는 도서를 말하여, 진본(珍本)이라고도 한다. 희귀서(稀貴書), 귀중본(貴重本).

희귀본(稀貴本), 희구서(稀覯書), 귀중본(貴重本) rare book | 귀중한 도서로서 세상에 그 수가 극히 적어서 흔하게 볼 수 없는 도서를 말하여, 진본(珍本)이라고도 한다. 동의어로 희구서(稀覯書), 희한본(稀罕本)이다.

희귀장서 rare book | 자료의 희귀성 또는 마모되기 쉽거나 경제적 가치나 연구 자료로서의 가치성 때문에 일반 장서와는 별도로 관리되는 도서만의 자료의 특수 집서이다.

힌맨 대조기 Hinman collator | 힌맨(Charlton Hinman)이 발행한 페이지 대조기계로 두 벌의 카피의 본문을 연속 거울 앞에 놓고 페이지끼리 대조하여 상위를 확인하는 방법이다.

힌지 hinge | 제본 끝에 부착하여 삽입물, 간지, 지도 등을 넣을 수 있도록 한 종이이다.

부록

도서관법
저작권법
교과용도서에 관한 규정

도서관법

[시행 2023. 8. 8.] [법률 제19592호, 2023. 8. 8., 타법개정]

제1장 총칙

제1조(목적) 이 법은 도서관 지식정보에 관한 국민의 알 권리 보장과 국가 및 지방자치단체의 책임 등을 정하고 도서관의 운영과 서비스, 사회적 역할에 관한 기본적 사항을 규정함으로써 국가 및 사회의 문화발전에 기여함을 목적으로 한다.

제2조(기본이념) 이 법은 도서관이 국민의 정보기본권 신장과 사회의 문화발전에 기여하여 지식문화 선진국을 창조하는 데 중요한 기반시설 중의 하나임을 인식하고, 도서관의 가치가 사회전반에 확산될 수 있도록 국가 및 지방자치단체가 그 역할을 다하며, 국민의 자유롭고 평등한 접근과 이용을 위하여 도서관의 공공성과 공익성을 보장하는 것을 기본이념으로 한다.

제3조(정의) 이 법에서 사용하는 용어의 뜻은 다음과 같다. 〈개정 2023. 8. 8.〉

1. "도서관"이란 국민에게 필요한 도서관자료를 수집·정리·보존·제공함으로써 정보이용·교양습득·학습활동·조사연구·평생학습·독서문화진흥 등에 기여하는 시설을 말한다.
2. "도서관자료"란 인쇄자료, 필사자료, 시청각자료, 마이크로형태자료, 전자자료, 그 밖에 장애인을 위한 특수자료 등 지식정보자원 전달을 목적으로 정보가 축적된 모든 자료(온라인 자료를 포함한다)로서 도서관이 수집·정리·보존하는 자료를 말한다.
3. "도서관서비스"란 도서관이 도서관자료와 시설을 활용하여 공중에게 제공

하거나 지원하는 대출·열람·참고서비스, 각종 시설과 정보기기의 이용서비스, 자료입수 및 정보해득력 강화를 위한 이용지도교육, 독서활동 지원 등 모든 유·무형 서비스를 말한다.

4. "사서"란 제43조제2항에 따른 자격요건을 갖추고 도서관 또는 제9조에 해당하는 시설에서 근무하는 사람을 말한다.

5. "납본"이란 도서관자료를 발행하거나 제작한 자가 일정 부수를 법령으로 정하는 기관에 의무적으로 제출하는 것을 말한다.

6. "온라인 자료"란 정보통신망(「정보통신망 이용촉진 및 정보보호 등에 관한 법률」 제2조제1항제1호의 정보통신망을 말한다. 이하 같다)을 통하여 공중송신(「저작권법」 제2조제7호의 공중송신을 말한다. 이하 같다)되는 자료를 말한다.

7. "온라인 자료 제공자"란 온라인 자료를 정보통신망을 통하여 공중송신하는 자를 말한다.

8. "기술적 보호조치"란 「저작권법」에 따라 보호되는 저작권 등의 권리에 대한 침해행위를 효과적으로 방지 또는 억제하기 위하여 그 권리자나 권리자의 동의를 얻은 자가 적용하는 기술적 조치를 말한다.

제4조(도서관의 구분) ① 도서관은 그 설립·운영 주체에 따라 다음 각 호와 같이 구분한다.

1. 국립 도서관: 국가가 설립·운영하는 도서관

2. 공립 도서관: 지방자치단체 및 「지방교육자치에 관한 법률」 제32조에 따라 교육감이 설립·운영하는 도서관

3. 사립 도서관: 「민법」, 「상법」, 그 밖의 법률에 따라 설립된 법인·단체 또는 개인이 설립·운영하는 도서관

② 도서관은 그 설립목적 및 대상에 따라 다음 각 호와 같이 구분한다.

1. 공공도서관: 공중의 정보이용·독서활동·문화활동 및 평생학습을 주된 목적으로 하는 도서관을 말하며, 다음 각 목의 시설을 포함한다.

가. 주민의 참여와 자치를 기반으로 지역사회의 생활 친화적 도서관문화의 향상을 주된 목적으로 하는 작은도서관

나. 어린이, 장애인, 노인, 다문화가족 등에게 도서관서비스를 제공하는 것을

주된 목적으로 하는 도서관

2. 대학도서관: 「고등교육법」 제2조 각 호에 따른 학교 및 다른 법률의 규정에 따라 설립된 대학교육과정 이상의 교육기관에서 교원과 학생 및 직원에게 도서관서비스를 제공하는 것을 주된 목적으로 하는 도서관

3. 학교도서관: 「초·중등교육법」 제2조 각 호에 따른 학교에서 교원과 학생 및 직원에게 도서관서비스를 제공하는 것을 주된 목적으로 하는 도서관

4. 전문도서관: 법인·단체 또는 개인이 소관 업무와 관련하여 소속 직원, 공중에게 특정 분야의 전문적인 도서관서비스를 제공하는 것을 주된 목적으로 하는 도서관

5. 특수도서관: 특수한 환경에 처한 사람에게 도서관서비스를 제공하는 시설로서, 다음 각 목의 도서관을 말한다.

가. 의료기관에 입원 중인 사람이나 그 보호자 등에게 도서관서비스를 제공하는 것을 주된 목적으로 하는 병원도서관

나. 육군·해군·공군 등 각급 부대의 장병에게 도서관서비스를 제공하는 것을 주된 목적으로 하는 병영도서관

다. 교도소·보호감호소·치료감호소 등에 수용된 사람에게 도서관서비스를 제공하는 것을 주된 목적으로 하는 교정시설도서관

제5조(국가 및 지방자치단체의 책무) ① 국가 및 지방자치단체는 국민의 지식정보 접근권을 보장하고 지식정보격차를 해소하여 자유롭고 평등하게 지식정보에 접근·이용할 수 있도록 도서관 발전을 지원하여야 하며 이에 필요한 시책을 강구하여야 한다.

② 국가 및 지방자치단체는 지식정보 및 창조기반의 역할수행을 위하여 사서 등 전문인력 양성에 필요한 시책을 강구하여야 한다.

제6조(지식정보격차 해소 지원) ① 국가 및 지방자치단체는 장애인 등 대통령령으로 정하는 지식정보 취약계층(이하 "지식정보 취약계층"이라 한다)의 지식정보 접근권 보장 및 지식정보격차 해소를 위하여 다음 각 호의 시책을 수립·시행하여야 한다.

1. 도서관자료의 확충·제공 및 공동 활용체계의 구축에 관한 사항
2. 도서관 편의시설의 확충과 전문인력의 양성에 관한 사항
3. 그 밖에 지식정보 접근권 보장 및 지식정보격차 해소를 위한 사항

② 국가 및 지방자치단체는 지식정보 취약계층의 지식정보 접근권 보장 및 지식정보격차 해소를 위하여 도서관이 추진하는 사업에 필요한 재원의 전부 또는 일부를 지원할 수 있다.

③ 국가 및 지방자치단체는 지식정보 취약계층이 도서관자료를 이용하는 경우 「저작권법」 제31조제5항에 따라 저작재산권자에게 지급하여야 하는 보상금에 대하여 예산의 범위에서 그 전부 또는 일부를 보조할 수 있다.

④ 국가 및 지방자치단체는 장애인의 도서관 시설과 서비스 이용에 필요한 「장애인차별금지 및 권리구제 등에 관한 법률」에 따른 정당한 편의 제공을 위한 비용의 전부 또는 일부를 보조할 수 있다.

제7조(도서관의 책무) ① 도서관은 국민에게 필요한 도서관자료를 수집·정리·보존·제공하고 정보이용·교양습득·학습활동·조사연구·평생학습·독서문화진흥 등에 기여하여야 한다.

② 도서관은 국민이 신체적·지역적·경제적·사회적 여건과 관계없이 공평한 도서관서비스를 제공받는 데 필요한 모든 조치를 하여야 한다. 〈개정 2023. 8. 8.〉

③ 도서관은 지식정보 취약계층의 지식정보 접근권 보장 및 지식정보격차 해소를 위하여 다음 각 호의 조치를 하여야 한다.

1. 도서관자료의 확충, 제공 및 공동 활용체제 구축
2. 평생학습 및 문화 프로그램의 확충·제공
3. 편의시설 확충, 이용편의 제공 및 전문인력 배치
4. 다른 도서관 및 관련 단체와의 협력
5. 그 밖에 지식정보 접근권 보장 및 지식정보격차 해소를 위하여 필요한 사항

제8조(도서관의 협력 등) ① 도서관은 도서관자료의 관리 및 이용 등에 관한 업무의 효율성을 높이고 도서관자료의 공동이용을 활성화하기 위하여 다른 도서관과 협력하여야 한다.

② 도서관은 공중에게 다양한 서비스를 제공하기 위하여 박물관·미술관·문화원·문학관·학습관 등 각종 문화·교육시설, 행정기관, 관련 단체 및 지역사회와 협력하여야 한다.

③ 대학도서관·학교도서관·전문도서관 등은 그 설립 목적의 수행에 지장이 없는 범위에서 공중이 이용할 수 있도록 시설 및 도서관자료를 제공할 수 있다.

제9조(적용범위) 이 법은 정보관·정보원·정보센터·자료센터·자료실·지식센터 및 이와 유사한 명칭과 기능이 있는 시설 중 대통령령으로 정하는 시설에 대하여도 적용한다.

제10조(다른 법률과의 관계) 도서관에 관하여는 다른 법률에 특별한 규정이 있는 경우를 제외하고는 이 법에서 정하는 바에 따른다.

제2장 도서관발전종합계획의 수립 등

제11조(국가도서관위원회의 설치) ① 도서관정책에 관한 주요 사항을 수립·심의·조정하기 위하여 대통령 소속으로 국가도서관위원회를 둔다.

② 국가도서관위원회는 다음 각 호의 사항을 수립·심의·조정한다.

1. 제14조에 따른 도서관발전종합계획의 수립·시행 등에 관한 사항
2. 도서관 관련 제도 및 운영체계 개선에 관한 사항
3. 도서관 운영평가에 관한 사항
4. 도서관 및 도서관자료의 접근·이용 격차 해소에 관한 사항
5. 도서관 전문인력 양성에 관한 사항
6. 그 밖에 도서관정책을 위하여 대통령령으로 정하는 사항

③ 국가도서관위원회의 사무를 지원하기 위하여 국가도서관위원회에 사무기구를 두고, 제2항에 따른 기능을 수행하기 위하여 문화체육관광부에 기획단을 둔다.

④ 위원장은 사무기구의 업무수행을 위하여 필요한 경우에는 관계 중앙행정기관의 공무원 또는 관련 단체의 임직원의 파견을 요청할 수 있다. 이 경우 요청을 받은 기관의 장은 특별한 사유가 없으면 이에 따라야 한다.

⑤ 국가도서관위원회의 사무기구 및 기획단의 설치·운영 등에 필요한 사항은

대통령령으로 정한다.

제12조(국가도서관위원회의 구성) ① 국가도서관위원회는 위원장 1명과 부위원장 1명을 포함한 30명 이내의 위원으로 구성한다.

② 위원장은 도서관과 국민의 지식정보 증진에 관한 전문지식과 경험이 풍부한 사람 중에서 대통령이 위촉하고, 부위원장은 문화체육관광부장관이 된다.

③ 위원은 다음 각 호의 사람이 된다.

1. 대통령령으로 정하는 관계 중앙행정기관의 장
2. 도서관 또는 국민의 지식정보 증진에 관한 전문지식과 경험이 풍부한 사람 중 위원장이 위촉하는 사람

④ 위원장은 회의를 소집·주재한다.

⑤ 위원장은 필요한 경우에 부위원장으로 하여금 직무를 대행하게 할 수 있다.

⑥ 위원장 및 제3항제2호에 따른 위원의 임기는 2년으로 하되, 한 차례만 연임할 수 있다.

⑦ 위원이 사고로 직무를 수행할 수 없거나 궐위된 때에는 지체 없이 새로운 위원을 위촉하여야 한다. 이 경우 보임된 위원의 임기는 전임위원의 잔여기간으로 한다.

⑧ 그 밖에 국가도서관위원회의 운영에 필요한 사항은 대통령령으로 정한다.

제13조(위원의 해촉) 국가도서관위원회 위원장은 제12조제3항제2호의 위원이 다음 각 호의 어느 하나에 해당하는 경우에는 해당 위원을 해촉(解囑)할 수 있다.

1. 심신장애로 인하여 직무를 수행할 수 없게 된 경우
2. 직무와 관련된 비위사실이 있는 경우
3. 직무태만, 품위손상, 그 밖의 사유로 인하여 위원으로 적합하지 아니하다고 인정되는 경우
4. 위원 스스로 직무를 수행하는 것이 곤란하다고 의사를 밝히는 경우

제14조(도서관발전종합계획의 수립) ① 국가도서관위원회 위원장은 도서관 발전을 위하여 5년마다 도서관발전종합계획(이하 "종합계획"이라 한다)을 수립하여야 한다.

② 종합계획에는 다음 각 호의 사항이 포함되어야 한다. 〈개정 2022. 1. 18.〉

1. 도서관정책의 기본방향에 관한 사항
2. 도서관정책의 추진목표와 방법에 관한 다음 각 목의 사항
   가. 도서관의 역할강화 및 환경개선에 관한 사항
   나. 지식정보 취약계층에 대한 도서관서비스 증진에 관한 사항
   다. 도서관의 협력체계 활성화에 관한 사항
   라. 그 밖에 도서관정책의 주요 시책에 관한 사항
3. 주요 추진과제 및 관계 중앙행정기관 등의 협조에 관한 사항
4. 도서관의 감염병 등에 대한 안전·위생·방역 관리에 관한 사항

제15조(연도별 시행계획의 수립 등) ① 관계 중앙행정기관의 장과 특별시장·광역시장·특별자치시장·도지사 및 특별자치도지사(이하 "시·도지사"라 한다)는 종합계획에 기초하여 매년 연도별 시행계획(이하 "시행계획"이라 한다)을 수립·추진하여야 한다. 이 경우 시·도지사는 필요하다고 인정하는 경우 해당 지역의 교육감과 협의할 수 있다.

② 관계 중앙행정기관의 장과 시·도지사는 해당 연도의 시행계획 및 전년도 추진실적을 대통령령으로 정하는 바에 따라 매년 국가도서관위원회 위원장에게 제출하여야 한다.

③ 국가도서관위원회 위원장은 제2항에 따라 제출받은 추진실적을 종합하여 평가하여야 한다.

④ 그 밖에 시행계획의 수립·시행 및 추진실적의 평가 등에 필요한 사항은 대통령령으로 정한다.

제16조(재원의 조달) ① 국가 및 지방자치단체는 종합계획 및 시행계획의 추진을 위하여 필요한 재원을 확보하여야 한다.

② 도서관발전을 위하여 필요한 재원의 전부 또는 일부를 「문화예술진흥법」 제16조에 따른 문화예술진흥기금에서 출연 또는 보조할 수 있다.

제17조(광역도서관위원회의 설치 등) ① 특별시·광역시·특별자치시·도 및 특별자치도(이하 "시·도"라 한다)는 관할지역 내에 있는 도서관(이하 "지역도서관"

이라 한다)의 균형발전과 지식정보 접근권 보장 및 지식정보격차 해소에 관한 주요 사항을 심의하기 위하여 광역도서관위원회를 둔다.

② 광역도서관위원회는 다음 각 호의 사항을 심의한다.

1. 지역도서관의 균형발전에 관한 사항
2. 지역도서관의 지식정보 접근권 보장 및 지식정보격차 해소에 관한 사항
3. 그 밖에 지역도서관 정책을 위하여 광역도서관위원회에서 필요하다고 인정하는 사항

③ 광역도서관위원회는 위원장 1명과 부위원장 1명을 포함한 15명 이내의 위원으로 구성한다.

④ 위원장은 부시장·부지사(해당 시·도에 부시장 또는 부지사가 2명 이상인 경우에는 해당 시·도지사가 지명하는 사람을 말한다)가 되고, 부위원장은 제25조에 따른 광역대표도서관의 장이 되며, 위원은 도서관에 관한 전문지식과 경험이 풍부한 사람 중 위원장이 위촉하는 사람이 된다. 〈개정 2023. 8. 8.〉

⑤ 위원장은 회의를 소집·주재한다.

⑥ 위원장은 필요한 경우에 부위원장으로 하여금 직무를 대행하게 할 수 있다.

⑦ 그 밖에 광역도서관위원회의 운영에 필요한 사항은 해당 지방자치단체의 조례로 정한다.

제18조(도서관 관련 단체의 설립) ① 문화체육관광부장관은 도서관 상호 간의 도서관자료 교환, 업무협력과 운영·관리에 관한 연구, 관련 국제단체와의 상호협력, 도서관서비스 진흥 및 도서관의 발전, 직원의 자질향상과 공동이익의 증진을 위하여 필요한 경우에 도서관 관련 단체의 법인 설립을 허가할 수 있다.

② 국가 및 지방자치단체는 제1항에 따른 관련 단체의 운영에 필요한 경비를 보조할 수 있다.

③ 제1항에 따른 관련 단체에 관하여 이 법에 규정된 것을 제외하고는 「민법」 중 비영리법인의 규정을 준용한다.

제3장 국립중앙도서관 및 국립장애인도서관

제19조(국립중앙도서관의 설치 등) ① 국가를 대표하는 도서관으로 문화체육관광부장관 소속으로 국립중앙도서관을 둔다.

② 국립중앙도서관은 국가를 대표하는 도서관으로서 효율적인 업무처리 및 지역 간 도서관의 균형발전을 위하여 필요한 경우에 지역별·분야별 분관을 둘 수 있다.

③ 그 밖에 국립중앙도서관의 조직 및 운영 등에 필요한 사항은 대통령령으로 정한다.

제20조(업무) ① 국립중앙도서관은 다음 각 호의 업무를 수행한다.

1. 종합계획에 따른 관련 시책의 시행
2. 국내외 도서관자료의 수집·제공·보존관리
3. 국가 서지(書誌) 작성 및 표준화
4. 정보화를 통한 국가문헌정보체계 구축
5. 도서관 직원의 교육훈련 등 국내 도서관에 대한 지도·지원 및 협력
6. 외국 도서관과의 교류 및 협력
7. 도서관 발전을 위한 조사 및 연구
8. 「독서문화진흥법」에 따른 독서 진흥 활동을 위한 지원 및 협력
9. 그 밖에 국가를 대표하는 도서관으로서 기능을 수행하는 데 필요한 업무

② 제1항에 따른 업무수행에 필요한 사항은 대통령령으로 정한다.

③ 제1항제7호의 업무수행을 위하여 국립중앙도서관에 자료보존연구센터를 둔다.

④ 제3항에 따른 자료보존연구센터의 설립·운영 및 업무에 관하여는 대통령령으로 정한다.

⑤ 국립중앙도서관은 그 업무를 효율적으로 수행하기 위하여 국회도서관 등과 협력하여야 한다.

제21조(도서관자료의 납본) ① 누구든지 도서관자료(온라인 자료는 제외한다. 다만, 온라인 자료 중 제23조에 따라 국제표준자료번호를 부여받은 온라인 자료

는 포함한다. 이하 이 조에서 같다)를 발행 또는 제작한 경우 그 발행일 또는 제작일부터 30일 이내에 그 도서관자료를 국립중앙도서관에 납본하여야 한다. 수정증보판인 경우에도 또한 같다. 〈개정 2023. 8. 8.〉

② 국가, 지방자치단체 및 그 밖에 대통령령으로 정하는 공공기관이 제1항에 따라 도서관자료를 국립중앙도서관에 납본하는 경우에는 대통령령으로 정하는 바에 따라 디지털파일 형태로도 납본하여야 한다.

③ 국립중앙도서관은 제1항 및 제2항에 따라 도서관자료를 납본한 자에게 지체 없이 납본 증명서를 발급하여야 하며 납본한 도서관자료의 전부 또는 일부가 판매용인 경우에는 그 도서관자료에 대하여 정당한 보상을 하여야 한다.

④ 납본 대상 도서관 자료의 선정·종류·형태·부수와 납본 절차 및 보상 등에 필요한 사항은 대통령령으로 정한다.

제22조(온라인 자료의 수집) ① 국립중앙도서관은 대한민국에서 서비스되는 온라인 자료 중에서 보존가치가 높은 온라인 자료를 선정하여 수집·보존하여야 한다.

② 국립중앙도서관은 온라인 자료가 기술적 보호조치 등에 따라 수집이 제한되는 경우 해당 온라인 자료 제공자에게 협조를 요청할 수 있다. 요청을 받은 온라인 자료 제공자는 특별한 사유가 없으면 이에 따라야 한다.

③ 수집된 온라인 자료에 본인의 개인정보가 포함된 사실을 알게 된 사람은 대통령령으로 정하는 절차에 따라 국립중앙도서관장에게 해당 정보의 정정 또는 삭제 등을 청구할 수 있다.

④ 제3항에 따른 청구에 대하여 국립중앙도서관장이 행한 처분 또는 부작위로 인하여 권리 또는 이익의 침해를 받은 사람은 「행정심판법」에서 정하는 바에 따라 행정심판을 청구하거나 「행정소송법」에서 정하는 바에 따라 행정소송을 제기할 수 있다.

⑤ 국립중앙도서관은 제1항에 따라 수집하는 온라인 자료의 전부 또는 일부가 판매용인 경우에는 그 온라인 자료에 대하여 정당한 보상을 하여야 한다.

⑥ 수집대상 온라인 자료의 선정·종류·형태와 수집 절차 및 보상 등에 필요한 사항은 대통령령으로 정한다.

제23조(국제표준자료번호) ① 도서 또는 연속간행물(온라인으로 발행 또는 제작되는 도서 및 연속간행물을 포함한다)을 발행 또는 제작하고자 하는 공공기관, 개인 및 단체는 그 도서 또는 연속간행물에 대하여 국립중앙도서관으로부터 국제표준자료번호(이하 "자료번호"라 한다)를 부여받아야 한다.

② 국립중앙도서관은 제1항에 따른 업무를 효율적으로 수행하기 위하여 출판 등 관련 전문기관·단체 등과 상호 협력하여야 한다.

③ 자료번호의 부여에 필요한 사항은 대통령령으로 정한다.

제24조(국립장애인도서관의 설치 등) ① 지식정보 취약계층 중 장애인에 대한 도서관서비스를 지원하기 위하여 문화체육관광부장관 소속으로 국립장애인도서관을 둔다.

② 국립장애인도서관은 다음 각 호의 업무를 수행한다.

1. 장애인을 위한 도서관서비스 시책 수립 및 총괄
2. 장애인을 위한 도서관서비스 기준 및 지침의 제정
3. 장애인을 위한 도서관자료의 수집·정리·보존·제작·제작지원 및 이용서비스 제공
4. 도서관자료에 대한 장애인의 접근 보장 및 이용 편의 제공
5. 장애인을 위한 도서관자료의 표준 제정·평가·검정 및 보급 등에 관한 사항
6. 장애인을 위한 도서관자료의 공유 시스템 구축 및 공동 활용
7. 장애인을 위한 도서관서비스 및 특수설비의 연구·개발 및 보급
8. 장애인인 아동·청소년을 위한 도서관서비스의 연구·개발 및 보급
9. 장애인의 지식정보 이용을 위한 교육 및 문화 프로그램에 관한 사항
10. 장애인의 도서관서비스를 담당하는 전문직원 교육
11. 장애인의 도서관서비스를 위한 국내외 도서관 및 관련 단체와의 협력
12. 그 밖에 장애인에게 필요한 도서관서비스에 관한 업무

③ 국립장애인도서관은 제2항제3호의 업무를 수행하기 위하여 필요한 경우 도서관자료를 발행 또는 제작한 자에게 이를 디지털파일 형태의 도서관자료로 제출할 것을 요청할 수 있다. 이 경우 요청을 받은 자는 대통령령으로 정하는 정당

한 사유가 없으면 요청받은 날부터 30일 이내에 국립장애인도서관에 디지털파일 형태의 도서관자료를 제출하여야 한다.

④ 국립장애인도서관은 제3항에 따라 디지털파일 형태의 도서관자료를 제출한 자에게 지체 없이 증명서를 발급하여야 하며, 제출한 도서관자료의 전부 또는 일부가 판매용인 경우 그 도서관자료에 대하여 정당한 보상을 하여야 한다.

⑤ 그 밖에 국립장애인도서관의 조직 및 운영, 제3항에 따른 제출, 제4항에 따른 증명서 발급 및 보상 등에 필요한 사항은 대통령령으로 정한다.

제4장 공공도서관

제1절 광역대표도서관

제25조(광역대표도서관의 설치 등) ① 시·도는 관할지역의 도서관시책을 수립·시행하고 관련 서비스를 체계적으로 지원하기 위하여 공립 공공도서관 중에서 광역대표도서관을 지정 또는 설립하여 운영하여야 한다.

② 광역대표도서관은 관할지역의 중심도서관으로서의 업무수행에 적합한 인력, 시설, 장서 등을 갖추어야 한다.

③ 제1항에 따른 지정·설립·운영 및 제2항에 따른 인력·시설·장서 등의 기준에 필요한 사항은 대통령령으로 정한다.

제26조(광역대표도서관의 업무) 광역대표도서관은 다음 각 호의 업무를 수행한다.

1. 지역도서관 발전 및 도서관서비스 강화를 위한 시책 수립·시행
2. 시·도 단위의 종합적인 도서관자료의 수집·정리·보존 및 제공
3. 지역도서관 지원 및 협력사업 수행
4. 지역도서관 업무 및 운영개선에 관한 조사·연구
5. 지역도서관의 자료수집 활동 지원 및 다른 도서관으로부터 이관받은 도서관자료의 보존관리
6. 지역도서관 협력네트워크 구축 및 운영
7. 국립중앙도서관의 도서관자료 수집 활동 및 도서관 협력사업 등 지원

8. 그 밖에 광역대표도서관으로서 기능을 수행하는 데 필요한 업무

제27조(광역대표도서관의 건립비 등 보조) ① 국가는 광역대표도서관을 설립하고자 하는 시·도에 대하여 그 건립비의 일부를 지원할 수 있다.

② 국가는 도서관 협력체계의 효율적 운영을 위하여 광역대표도서관을 설치한 시·도에 대하여 그 사업비의 일부를 보조할 수 있다.

제28조(광역대표도서관을 위한 도서관자료 제출) ① 지방자치단체가 도서관자료를 발행 또는 제작한 경우에는 그 발행일 또는 제작일부터 30일 이내에 그 도서관자료를 관할지역 안에 있는 광역대표도서관에 제출하여야 한다. 수정증보판인 경우에도 또한 같다.

② 제출대상 도서관자료의 종류·부수 및 제출 절차 등에 필요한 사항은 대통령령으로 정한다.

제2절 국·공립 및 사립 공공도서관

제29조(공공도서관의 설치 등) ① 국가 또는 지방자치단체는 대통령령으로 정하는 바에 따라 국·공립 공공도서관을 설립·육성하여야 한다.

② 국가 또는 지방자치단체는 제1항에 따라 공립 공공도서관을 설립할 때 생활환경이 열악하고 재정 여력이 부족한 시·군·구(자치구인 구를 말한다)에 우선적으로 설립될 수 있도록 노력하여야 한다.

③ 제1항에 따라 설립된 국·공립 공공도서관은 "도서관"이라는 명칭을 사용하여야 한다.

④ 지방자치단체는 공립 공공도서관을 설립·운영하는 경우 체계적인 시스템을 구축하여 도서관 운영의 효율성 및 편의성을 도모하여야 한다.

⑤ 누구든지 사립 공공도서관을 설립·운영할 수 있다.

제30조(국립 공공도서관의 설립 협의) ① 중앙행정기관의 장은 소관 업무와 관련하여 국립 공공도서관을 설립하려면 미리 문화체육관광부장관과 협의를 하여야 한다.

② 제1항의 협의에 필요한 사항은 대통령령으로 정한다.

제31조(공립 공공도서관의 설립타당성 사전평가) ① 지방자치단체의 장 또는 시·도교육감은 공립 공공도서관을 설립하려면 미리 공공도서관 설립·운영계획을 수립하여 문화체육관광부장관으로부터 설립타당성에 관한 사전평가를 받아야 한다.

② 제1항에 따른 사전평가의 절차, 방법 등에 필요한 사항은 대통령령으로 정한다.

제32조(공공도서관의 업무) 공공도서관은 공중의 정보이용, 문화활동, 평생학습 등의 기능을 발휘할 수 있도록 다음 각 호의 업무를 수행한다.

1. 공중을 위한 도서관자료의 수집·정리·보존 및 제공
2. 공중의 문화활동 및 평생학습에 필요한 프로그램의 제공 및 장려
3. 독서의 생활화를 위한 계획의 수립 및 실시
4. 다른 도서관과의 긴밀한 협력 및 도서관자료의 상호대차(相互貸借, 도서관 간에 도서관자료를 서로의 이용자에게 빌려주는 것을 말한다)
5. 지역 특성에 따른 분관 등의 설립 및 운영
6. 그 밖에 공공도서관으로서 기능을 수행하는 데 필요한 업무

제33조(국·공립 공공도서관의 운영 및 지원 등) ① 국가 및 지방자치단체는 도서관의 설립·운영 및 도서관자료의 수집에 필요한 경비의 일부를 보조하는 등 국·공립 공공도서관의 균형발전과 효율적인 운영을 지원할 수 있다.

② 지방자치단체가 설립·운영하는 공립 공공도서관에 대하여는 해당 지방자치단체의 일반회계에서 그 운영비를 부담하여야 한다.

③ 「지방교육자치에 관한 법률」 제32조에 따라 교육감이 설립·운영하는 공립 공공도서관에 대하여는 해당 지방자치단체의 일반회계 에서 그 운영비의 일부를 부담하여야 한다.

④ 국가 및 지방자치단체는 국·공립 공공도서관의 기능 및 서비스 활성화와 도서관문화의 발전을 위하여 도서관 상호 간의 도서관자료 및 업무 등을 협력하여야 한다.

제34조(공립 공공도서관의 관장 및 도서관운영위원회 등) ① 공립 공공도서관의

관장은 사서직으로 임명한다.

② 공립 공공도서관은 해당 도서관의 효율적인 운영을 도모하고 각종 문화시설과 긴밀하게 협조하기 위하여 도서관운영위원회를 두어야 한다.

③ 제2항에 따른 도서관운영위원회의 구성 및 운영에 필요한 사항은 해당 지방자치단체의 조례로 정한다.

제35조(사립 공공도서관의 지원) ① 국가는 제36조제1항에 따라 등록한 사립 공공도서관의 균형 있는 발전을 위하여 필요한 지원을 할 수 있다.

② 지방자치단체는 제36조제1항에 따라 등록한 사립 공공도서관의 효율적 운영에 필요한 경우 운영비나 그 밖에 필요한 사항을 지원할 수 있다.

③ 지방자치단체의 장은 사립 공공도서관의 조성 및 운영에 필요하다고 인정하는 경우 「공유재산 및 물품 관리법」에도 불구하고 공유재산을 무상으로 사용하게 하거나 대부할 수 있다.

제3절 공공도서관의 등록 등

제36조(등록 등) ① 공공도서관을 설립·운영하려는 자(이하 "설립자"라 한다)는 그 설립 목적을 달성하기 위하여 필요한 사서와 도서관자료 및 시설을 갖추어 대통령령으로 정하는 바에 따라 국립 공공도서관은 문화체육관광부장관에게, 공립 공공도서관은 관할 시·도지사나 시·도교육감에게 등록하여야 한다. 다만, 사립 공공도서관은 관할 특별자치시장·특별자치도지사·시장·군수·구청장(구청장은 자치구의 구청장을 말하며, 이하 "시장·군수·구청장"이라 한다)에게 등록할 수 있다.

② 제1항에 따라 등록하려는 자(이하 "신청인"이라 한다)는 대통령령으로 정하는 요건을 갖추어 등록 신청을 하여야 한다. 등록한 사항을 변경(문화체육관광부령으로 정하는 경미한 사항의 변경은 제외한다)하려는 때에도 또한 같다.

③ 제1항 및 제2항에도 불구하고 다른 법령에 따라 설립 또는 설치되거나 대통령령으로 정하는 일정 규모 이하의 공공도서관의 경우에는 그러하지 아니하다.

④ 문화체육관광부장관, 시·도지사나 시·도교육감 또는 시장·군수·구청장은

제2항에 따라 등록 신청을 받은 경우 신청일부터 30일 이내에 등록심의를 거쳐 그 결과를 신청인에게 통보하고 등록증을 발급하여야 한다.

⑤ 제1항에 따라 등록한 공공도서관의 설립자가 해당 도서관을 폐관하고자 할 때에는 문화체육관광부령으로 정하는 바에 따라 문화체육관광부장관, 시·도지사나 시·도교육감 또는 시장·군수·구청장에게 신고하고, 등록증을 반납하여야 한다.

⑥ 그 밖에 등록에 필요한 사항은 대통령령으로 정한다.

제37조(공공도서관의 운영평가) ① 문화체육관광부장관, 시·도지사나 시·도교육감 또는 시장·군수·구청장은 등록된 공공도서관의 시설과 인력 및 도서관자료 등의 운영에 관한 사항을 평가하고 그 결과를 공개할 수 있다.

② 문화체육관광부장관, 시·도지사나 시·도교육감 또는 시장·군수·구청장은 제1항의 평가 결과에 따라 우수한 공공도서관에 대해서는 예산 지원 및 포상 등 필요한 조치를 할 수 있다.

③ 제1항에 따른 공공도서관의 평가에 관한 기준·절차·방법 등에 관하여 필요한 사항은 대통령령으로 정한다.

제38조(등록의 취소 등) ① 문화체육관광부장관, 시·도지사나 시·도교육감 또는 시장·군수·구청장은 제36조제1항에 따라 등록한 공공도서관이 다음 각 호의 어느 하나에 해당하면 그 등록을 취소할 수 있으며, 필요한 경우 기한을 정하여 시정을 요구하거나 6개월 이내의 기간을 정하여 운영정지를 명할 수 있다. 다만, 제1호에 해당하면 등록을 취소하여야 한다.

1. 거짓이나 그 밖의 부정한 방법으로 또는 영리를 목적으로 등록을 한 경우
2. 제36조제2항 전단에 따른 등록 요건을 유지하지 못하여 도서관으로서 역할을 수행할 수 없다고 인정되는 경우
3. 제36조제2항 후단에 따른 변경 등록을 하지 아니한 경우
4. 이 법에 따른 도서관의 설립목적을 위반하여 관리·운영한 경우

② 제1항에 따른 행정처분의 세부기준, 그 밖에 필요한 사항은 대통령령으로 정한다.

제5장 대학·학교도서관 및 전문·특수도서관

제39조(대학도서관의 설치 등) ①「고등교육법」 제2조 각 호에 따른 학교 및 다른 법률의 규정에 따라 설립된 대학교육과정 이상의 교육기관에는 대학도서관을 설치하여야 한다.

② 제1항에 따른 대학도서관의 설치·운영에 관하여는 별도의 법률로 정한다.

제40조(학교도서관의 설치 등) ①「초·중등교육법」 제2조 각 호에 따른 학교에는 학교도서관을 설치하여야 한다.

② 학교도서관은 다음 각 호의 업무와 역할을 수행한다.

1. 학교교육에 필요한 도서관자료의 수집·정리·보존 및 이용서비스 제공
2. 학교 소장 교육 자료의 통합관리 및 이용 제공
3. 시청각자료 및 멀티미디어 자료의 개발·제작 및 이용 제공
4. 정보관리시스템과 통신망을 이용한 정보공유체제의 구축 및 이용 제공
5. 도서관 이용의 지도 및 독서교육, 협동수업 등을 통한 정보 활용의 교육
6. 그 밖에 학교도서관으로서 하여야 할 기능수행에 필요한 업무

③ 제1항에 따른 학교도서관의 설치·운영에 관하여는 별도의 법률로 정한다.

제41조(전문도서관·특수도서관의 설치 등) ① 국가, 지방자치단체, 법인, 단체 또는 개인은 전문도서관 또는 특수도서관을 설립할 수 있다.

② 전문도서관은 다음 각 호의 업무와 역할을 수행한다.

1. 전문적인 학술 및 연구 활동에 필요한 도서관자료의 수집·정리·보존 및 이용서비스 제공
2. 다른 도서관과의 도서관자료 공유를 비롯한 다양한 협력활동
3. 그 밖에 전문도서관으로서 기능을 수행하는 데 필요한 업무

③ 특수도서관은 다음 각 호의 업무와 역할을 수행한다.

1. 병원, 병영, 교정시설 등 각각 특수한 환경에 처한 사람의 학습과 독서, 여가 등에 필요한 서비스 제공
2. 그 밖에 특수도서관으로서 기능을 수행하는 데 필요한 업무

제6장 도서관 인력·시설 등

제42조(도서관의 날) ① 도서관에 대한 국민의 이해와 관심을 높이고 이용을 촉진하기 위하여 매년 4월 12일을 도서관의 날로 정하며, 도서관의 날부터 1주간을 도서관 주간으로 한다.

② 국가와 지방자치단체는 도서관의 날 취지에 적합한 기념행사를 개최할 수 있다.

③ 제2항에 따른 도서관의 날 기념행사에 필요한 사항은 대통령령으로 정한다.

제43조(사서) ① 문화체육관광부장관은 도서관 및 문헌정보에 관한 학력 및 경력을 갖춘 사람에게 사서의 자격증을 발급하고, 이를 관리하여야 한다.

② 제1항에 따른 사서 자격의 구분 및 자격요건과 양성 등 필요한 사항은 대통령령으로 정한다.

③ 국가 및 지방자치단체는 도서관직원의 전문적 업무수행 능력향상을 위하여 노력하고 이에 따른 교육기회를 제공하여야 한다.

제44조(자격취소) 문화체육관광부장관은 제43조제1항에 따라 자격증을 발급받은 사람이 다음 각 호의 어느 하나에 해당하는 경우에는 그 자격을 취소하여야 한다.

1. 거짓이나 그 밖의 부정한 방법으로 자격을 취득한 경우
2. 제43조제1항에 따라 발급받은 자격증을 다른 사람에게 대여한 경우

제45조(도서관 인력·시설 및 도서관자료 등) ① 도서관은 대통령령으로 정하는 바에 따라 도서관 운영에 필요한 사서, 「초·중등교육법」 제21조제2항에 따른 사서교사 및 실기교사를 두어야 하며, 도서관 운영에 필요한 전산직원 등 전문직원을 둘 수 있다.

② 도서관은 도서관자료의 수집·정리·보존과 이용편의를 위하여 적합한 시설 및 도서관자료와 도서관 운영기준을 갖추어야 한다.

③ 도서관은 도서관자료의 효율적인 보존과 체계적인 관리를 위하여 교환·이관·폐기 및 제적을 할 수 있다.

④ 제1항에 따른 사서의 배치기준, 제2항에 따른 도서관 시설·도서관자료의 기준 및 제3항에 따른 도서관자료의 교환·이관·폐기·제적의 기준 및 범위에 관한

사항은 대통령령으로 정한다.

제46조(도서관 이용자의 개인정보보호) 도서관은 이용자의 개인정보 보호를 위하여 다음 각 호의 사항에 대한 시책을 강구하여야 한다.

1. 이용자의 정보수집과 관리, 공개 등에 관한 규정의 제정에 관한 사항
2. 도서관 직원에 대한 관련 교육의 실시에 관한 사항
3. 그 밖에 이용자의 개인정보보호와 관련하여 도서관장이 필요하다고 판단한 사항

제47조(금전 등의 기부) ① 누구든지 도서관의 설립 및 운영을 지원하기 위하여 금전 또는 그 밖의 재산을 도서관에 기부할 수 있다.

② 국가 또는 지방자치단체가 설립한 도서관은 제1항에 따른 기부가 있을 때에는 「기부금품의 모집 및 사용에 관한 법률」 제5조제2항 각 호 외의 부분 본문에도 불구하고 자발적으로 기탁되는 금품을 접수할 수 있다.

③ 제1항 및 제2항에 따른 기부 및 접수의 절차, 관리·운영 방법 등은 문화체육관광부령으로 정한다.

제7장 보칙

제48조(이용료) ① 공공도서관은 그 이용자에게 이용료 등을 받을 수 있다.

② 제1항에 따라 공공도서관이 이용자로부터 받을 수 있는 이용료 등의 범위는 대통령령으로 정한다.

제49조(보고 등) ① 제36조제1항에 따라 등록한 국립 공공도서관의 장, 시·도지사나 시·도교육감 또는 시장·군수·구청장은 매년 대통령령으로 정하는 바에 따라 해당 국립 공공도서관 또는 관할 등록 공공도서관의 관리·운영 현황을 다음 해 1월 20일까지 문화체육관광부장관에게 보고하여야 한다.

② 시·도지사나 시·도교육감 또는 시장·군수·구청장은 제36조제1항에 따른 공공도서관 등록이나 제38조제1항에 따른 등록취소 처분을 하면 그 처분한 날부터 7일 이내에 문화체육관광부장관에게 그 사실을 보고하여야 한다.

③ 문화체육관광부장관은 제1항에 따라 보고받은 등록 공공도서관의 관리·운영 현황을 공개하여야 한다.

제50조(청문) 문화체육관광부장관, 시·도지사나 시·도교육감 또는 시장·군수·구청장은 다음 각 호의 어느 하나에 해당하는 경우에는 청문을 실시하여야 한다.

1. 제38조제1항에 따라 등록을 취소하거나 운영정지를 명하려는 경우
2. 제44조에 따라 사서의 자격을 취소하려는 경우

제51조(권한의 위임·위탁) ① 문화체육관광부장관은 이 법에 따른 권한의 일부를 대통령령으로 정하는 바에 따라 시·도지사 및 시·도교육감 또는 소속 기관의 장에게 위임하거나 중앙행정기관의 장에게 위탁할 수 있다.

② 중앙행정기관의 장 또는 시·도지사 및 시·도교육감은 이 법에 따른 업무의 일부를 관련 기관 또는 단체에 위탁하여 실시할 수 있으며, 이 경우 필요한 경비를 보조할 수 있다.

제52조(유사명칭의 사용금지) 이 법에 따른 사서가 아니면 사서와 유사한 명칭을 사용할 수 없다. 이 경우 동일명칭의 사용금지에 관한 사항은 「자격기본법」에서 정하는 바에 따른다.

제53조(도서관의 해외 보급 지원) 국가는 국제개발협력을 위하여 도서관의 해외 보급에 필요한 행정적·재정적 지원을 할 수 있다.

제54조(국회 보고) 국가도서관위원회 위원장은 종합계획, 해당 연도 시행계획 및 전년도 추진실적을 확정한 후 지체 없이 국회 소관 상임위원회에 보고하여야 한다.

제8장 벌칙

제55조(과태료) ① 제21조제1항을 위반한 자에게는 해당 도서관자료 정가(그 자료가 비매자료인 경우에는 발행 원가)의 10배에 해당하는 금액 이하의 과태료를 부과한다.

② 제52조를 위반하여 유사명칭을 사용한 자에게는 500만원 이하의 과태료를

부과한다.

③ 제1항 및 제2항에 따른 과태료는 대통령령으로 정하는 바에 따라 문화체육관광부장관이 부과·징수한다.

부칙 〈제19592호, 2023. 8. 8.〉

(법률용어 정비를 위한 문화체육관광위원회 소관 43개 법률 일부개정법률)

이 법은 공포한 날부터 시행한다.

저작권법

[시행 2024. 8. 28.] [법률 제20358호, 2024. 2. 27., 일부개정]

제1장 총칙

제1조(목적) 이 법은 저작자의 권리와 이에 인접하는 권리를 보호하고 저작물의 공정한 이용을 도모함으로써 문화 및 관련 산업의 향상발전에 이바지함을 목적으로 한다. 〈개정 2009. 4. 22.〉

제2조(정의) 이 법에서 사용하는 용어의 뜻은 다음과 같다. 〈개정 2009. 4. 22., 2011. 6. 30., 2011. 12. 2., 2016. 3. 22., 2021. 5. 18., 2023. 8. 8.〉

1. "저작물"은 인간의 사상 또는 감정을 표현한 창작물을 말한다.
2. "저작자"는 저작물을 창작한 자를 말한다.
3. "공연"은 저작물 또는 실연(實演)·음반·방송을 상연·연주·가창·구연·낭독·상영·재생 그 밖의 방법으로 공중에게 공개하는 것을 말하며, 동일인의 점유에 속하는 연결된 장소 안에서 이루어지는 송신(전송은 제외한다)을 포함한다.
4. "실연자"는 저작물을 연기·무용·연주·가창·구연·낭독 그 밖의 예능적 방법으로 표현하거나 저작물이 아닌 것을 이와 유사한 방법으로 표현하는 실연을 하는 자를 말하며, 실연을 지휘, 연출 또는 감독하는 자를 포함한다.
5. "음반"은 음(음성·음향을 말한다. 이하 같다)이 유형물에 고정된 것(음을 디지털화한 것을 포함한다)을 말한다. 다만, 음이 영상과 함께 고정된 것은 제외한다.
6. "음반제작자"는 음반을 최초로 제작하는 데 있어 전체적으로 기획하고 책임을 지는 자를 말한다.

7. “공중송신”은 저작물, 실연·음반·방송 또는 데이터베이스(이하 “저작물등”이라 한다)를 공중이 수신하거나 접근하게 할 목적으로 무선 또는 유선통신의 방법에 의하여 송신하거나 이용에 제공하는 것을 말한다.

8. “방송”은 공중송신 중 공중이 동시에 수신하게 할 목적으로 음·영상 또는 음과 영상 등을 송신하는 것을 말한다.

8의2. “암호화된 방송 신호”란 방송사업자나 방송사업자의 동의를 받은 자가 정당한 권한 없이 방송(유선 및 위성 통신의 방법에 의한 방송으로 한정한다)을 수신하는 것을 방지하거나 억제하기 위하여 전자적으로 암호화한 방송 신호를 말한다.

9. “방송사업자”는 방송을 업으로 하는 자를 말한다.

10. “전송(傳送)”은 공중송신 중 공중의 구성원이 개별적으로 선택한 시간과 장소에서 접근할 수 있도록 저작물등을 이용에 제공하는 것을 말하며, 그에 따라 이루어지는 송신을 포함한다.

11. “디지털음성송신”은 공중송신 중 공중으로 하여금 동시에 수신하게 할 목적으로 공중의 구성원의 요청에 의하여 개시되는 디지털 방식의 음의 송신을 말하며, 전송은 제외한다.

12. “디지털음성송신사업자”는 디지털음성송신을 업으로 하는 자를 말한다.

13. “영상저작물”은 연속적인 영상(음의 수반여부는 가리지 아니한다)이 수록된 창작물로서 그 영상을 기계 또는 전자장치에 의하여 재생하여 볼 수 있거나 보고 들을 수 있는 것을 말한다.

14. “영상제작자”는 영상저작물의 제작에 있어 그 전체를 기획하고 책임을 지는 자를 말한다.

15. “응용미술저작물”은 물품에 동일한 형상으로 복제될 수 있는 미술저작물로서 그 이용된 물품과 구분되어 독자성을 인정할 수 있는 것을 말하며, 디자인 등을 포함한다.

16. “컴퓨터프로그램저작물”은 특정한 결과를 얻기 위하여 컴퓨터 등 정보처리능력을 가진 장치(이하 “컴퓨터”라 한다) 내에서 직접 또는 간접으로 사용되는 일련의 지시·명령으로 표현된 창작물을 말한다.

17. "편집물"은 저작물이나 부호·문자·음·영상 그 밖의 형태의 자료(이하 "소재"라 한다)의 집합물을 말하며, 데이터베이스를 포함한다.

18. "편집저작물"은 편집물로서 그 소재의 선택·배열 또는 구성에 창작성이 있는 것을 말한다.

19. "데이터베이스"는 소재를 체계적으로 배열 또는 구성한 편집물로서 개별적으로 그 소재에 접근하거나 그 소재를 검색할 수 있도록 한 것을 말한다.

20. "데이터베이스제작자"는 데이터베이스의 제작 또는 그 소재의 갱신·검증 또는 보충(이하 "갱신등"이라 한다)에 인적 또는 물적으로 상당한 투자를 한 자를 말한다.

21. "공동저작물"은 2명 이상이 공동으로 창작한 저작물로서 각자의 이바지한 부분을 분리하여 이용할 수 없는 것을 말한다.

22. "복제"는 인쇄·사진촬영·복사·녹음·녹화 그 밖의 방법으로 일시적 또는 영구적으로 유형물에 고정하거나 다시 제작하는 것을 말하며, 건축물의 경우에는 그 건축을 위한 모형 또는 설계도서에 따라 이를 시공하는 것을 포함한다.

23. "배포"는 저작물등의 원본 또는 그 복제물을 공중에게 대가를 받거나 받지 아니하고 양도 또는 대여하는 것을 말한다.

24. "발행"은 저작물 또는 음반을 공중의 수요를 충족시키기 위하여 복제·배포하는 것을 말한다.

25. "공표"는 저작물을 공연, 공중송신 또는 전시 그 밖의 방법으로 공중에게 공개하는 경우와 저작물을 발행하는 경우를 말한다.

26. "저작권신탁관리업"은 저작재산권자, 배타적발행권자, 출판권자, 저작인접권자 또는 데이터베이스제작자의 권리를 가진 자를 위하여 그 권리를 신탁받아 이를 지속적으로 관리하는 업을 말하며, 저작물등의 이용과 관련하여 포괄적으로 대리하는 경우를 포함한다.

27. "저작권대리중개업"은 저작재산권자, 배타적발행권자, 출판권자, 저작인접권자 또는 데이터베이스제작자의 권리를 가진 자를 위하여 그 권리의 이용에 관한 대리 또는 중개행위를 하는 업을 말한다.

28. "기술적 보호조치"란 다음 각 목의 어느 하나에 해당하는 조치를 말한다.

가. 저작권, 그 밖에 이 법에 따라 보호되는 권리의 행사와 관련하여 이 법에 따라 보호되는 저작물등에 대한 접근을 효과적으로 방지하거나 억제하기 위하여 그 권리자나 권리자의 동의를 받은 자가 적용하는 기술적 조치

나. 저작권, 그 밖에 이 법에 따라 보호되는 권리에 대한 침해 행위를 효과적으로 방지하거나 억제하기 위하여 그 권리자나 권리자의 동의를 받은 자가 적용하는 기술적 조치

29. "권리관리정보"는 다음 각 목의 어느 하나에 해당하는 정보나 그 정보를 나타내는 숫자 또는 부호로서 각 정보가 저작권, 그 밖에 이 법에 따라 보호되는 권리에 의하여 보호되는 저작물등의 원본이나 그 복제물에 붙여지거나 그 공연·실행 또는 공중송신에 수반되는 것을 말한다.

가. 저작물등을 식별하기 위한 정보

나. 저작권, 그 밖에 이 법에 따라 보호되는 권리를 가진 자를 식별하기 위한 정보

다. 저작물등의 이용 방법 및 조건에 관한 정보

30. "온라인서비스제공자"란 다음 각 목의 어느 하나에 해당하는 자를 말한다.

가. 이용자가 선택한 저작물등을 그 내용의 수정 없이 이용자가 지정한 지점 사이에서 정보통신망(「정보통신망 이용촉진 및 정보보호 등에 관한 법률」 제2조제1항제1호의 정보통신망을 말한다. 이하 같다)을 통하여 전달하기 위하여 송신하거나 경로를 지정하거나 연결을 제공하는 자

나. 이용자들이 정보통신망에 접속하거나 정보통신망을 통하여 저작물등을 복제·전송할 수 있도록 서비스를 제공하거나 그를 위한 설비를 제공 또는 운영하는 자

31. "업무상저작물"은 법인·단체 그 밖의 사용자(이하 "법인등"이라 한다)의 기획하에 법인등의 업무에 종사하는 자가 업무상 작성하는 저작물을 말한다.

32. "공중"은 불특정 다수인(특정 다수인을 포함한다)을 말한다.

33. "인증"은 저작물등의 이용허락 등을 위하여 정당한 권리자임을 증명하는 것을 말한다.

34. "프로그램코드역분석"은 독립적으로 창작된 컴퓨터프로그램저작물과 다

른 컴퓨터프로그램과의 호환에 필요한 정보를 얻기 위하여 컴퓨터프로그램저작물코드를 복제 또는 변환하는 것을 말한다.

35. "라벨"이란 그 복제물이 정당한 권한에 따라 제작된 것임을 나타내기 위하여 저작물등의 유형적 복제물·포장 또는 문서에 부착·동봉 또는 첨부되거나 그러한 목적으로 고안된 표지를 말한다.

36. "영화상영관등"이란 영화상영관, 시사회장, 그 밖에 공중에게 영상저작물을 상영하는 장소로서 상영자에 의하여 입장이 통제되는 장소를 말한다.

제2조의2(저작권 보호에 관한 시책 수립 등) ① 문화체육관광부장관은 이 법의 목적을 달성하기 위하여 다음 각 호의 시책을 수립·시행할 수 있다.

1. 저작권의 보호 및 저작물의 공정한 이용 환경 조성을 위한 기본 정책에 관한 사항
2. 저작권 인식 확산을 위한 교육 및 홍보에 관한 사항
3. 저작물등의 권리관리정보 및 기술적보호조치의 정책에 관한 사항

② 제1항에 따른 시책의 수립·시행에 필요한 사항은 대통령령으로 정한다.

[본조신설 2009. 4. 22.]

제3조(외국인의 저작물) ①외국인의 저작물은 대한민국이 가입 또는 체결한 조약에 따라 보호된다.

②대한민국 내에 상시 거주하는 외국인(무국적자 및 대한민국 내에 주된 사무소가 있는 외국법인을 포함한다)의 저작물과 맨 처음 대한민국 내에서 공표된 외국인의 저작물(외국에서 공표된 날부터 30일 이내에 대한민국 내에서 공표된 저작물을 포함한다)은 이 법에 따라 보호된다. 〈개정 2023. 8. 8.〉

③제1항 및 제2항에 따라 보호되는 외국인(대한민국 내에 상시 거주하는 외국인 및 무국적자는 제외한다. 이하 이 조에서 같다)의 저작물이라도 그 외국에서 대한민국 국민의 저작물을 보호하지 아니하는 경우에는 그에 상응하게 조약 및 이 법에 따른 보호를 제한할 수 있다. 〈개정 2011. 6. 30.〉

④ 제1항 및 제2항에 따라 보호되는 외국인의 저작물이라도 그 외국에서 보호기간이 만료된 경우에는 이 법에 따른 보호기간을 인정하지 아니한다. 〈신설

2011. 6. 30.〉

제2장 저작권

제1절 저작물

제4조(저작물의 예시 등) ①이 법에서 말하는 저작물을 예시하면 다음과 같다.

1. 소설·시·논문·강연·연설·각본 그 밖의 어문저작물
2. 음악저작물
3. 연극 및 무용·무언극 그 밖의 연극저작물
4. 회화·서예·조각·판화·공예·응용미술저작물 그 밖의 미술저작물
5. 건축물·건축을 위한 모형 및 설계도서 그 밖의 건축저작물
6. 사진저작물(이와 유사한 방법으로 제작된 것을 포함한다)
7. 영상저작물
8. 지도·도표·설계도·약도·모형 그 밖의 도형저작물
9. 컴퓨터프로그램저작물

② 삭제 〈2009. 4. 22.〉

제5조(2차적저작물) ①원저작물을 번역·편곡·변형·각색·영상제작 그 밖의 방법으로 작성한 창작물(이하 "2차적저작물"이라 한다)은 독자적인 저작물로서 보호된다.

②2차적저작물의 보호는 그 원저작물의 저작자의 권리에 영향을 미치지 아니한다.

제6조(편집저작물) ①편집저작물은 독자적인 저작물로서 보호된다.

②편집저작물의 보호는 그 편집저작물의 구성부분이 되는 소재의 저작권 그 밖에 이 법에 따라 보호되는 권리에 영향을 미치지 아니한다.

제7조(보호받지 못하는 저작물) 다음 각 호의 어느 하나에 해당하는 것은 이 법에 의한 보호를 받지 못한다. 〈개정 2023. 8. 8.〉

1. 헌법·법률·조약·명령·조례 및 규칙

2. 국가 또는 지방자치단체의 고시·공고·훈령 그 밖에 이와 유사한 것
3. 법원의 판결·결정·명령 및 심판이나 행정심판절차 그 밖에 이와 유사한 절차에 의한 의결·결정 등
4. 국가 또는 지방자치단체가 작성한 것으로서 제1호부터 제3호까지에 규정된 것의 편집물 또는 번역물
5. 사실의 전달에 불과한 시사보도

제2절 저작자

제8조(저작자 등의 추정) ①다음 각 호의 어느 하나에 해당하는 자는 저작자로서 그 저작물에 대한 저작권을 가지는 것으로 추정한다. 〈개정 2011. 6. 30.〉

1. 저작물의 원본이나 그 복제물에 저작자로서의 실명 또는 이명(예명·아호·약칭 등을 말한다. 이하 같다)으로서 널리 알려진 것이 일반적인 방법으로 표시된 자
2. 저작물을 공연 또는 공중송신하는 경우에 저작자로서의 실명 또는 저작자의 널리 알려진 이명으로서 표시된 자

②제1항 각 호의 어느 하나에 해당하는 저작자의 표시가 없는 저작물의 경우에는 발행자·공연자 또는 공표자로 표시된 자가 저작권을 가지는 것으로 추정한다. 〈개정 2009. 4. 22.〉

제9조(업무상저작물의 저작자) 법인등의 명의로 공표되는 업무상저작물의 저작자는 계약 또는 근무규칙 등에 다른 정함이 없는 때에는 그 법인등이 된다. 다만, 컴퓨터프로그램저작물(이하 "프로그램"이라 한다)의 경우 공표될 것을 요하지 아니한다. 〈개정 2009. 4. 22.〉

제10조(저작권) ①저작자는 제11조부터 제13조까지에 따른 권리(이하 "저작인격권"이라 한다)와 제16조부터 제22조까지에 따른 권리(이하 "저작재산권"이라 한다)를 가진다. 〈개정 2023. 8. 8.〉

②저작권은 저작물을 창작한 때부터 발생하며 어떠한 절차나 형식의 이행을 필요로 하지 아니한다.

제3절 저작인격권

제11조(공표권) ①저작자는 그의 저작물을 공표하거나 공표하지 아니할 것을 결정할 권리를 가진다.

②저작자가 공표되지 아니한 저작물의 저작재산권을 제45조에 따른 양도, 제46조에 따른 이용허락, 제57조에 따른 배타적발행권의 설정 또는 제63조에 따른 출판권의 설정을 한 경우에는 그 상대방에게 저작물의 공표를 동의한 것으로 추정한다. 〈개정 2009. 4. 22., 2011. 12. 2.〉

③저작자가 공표되지 아니한 미술저작물·건축저작물 또는 사진저작물(이하 "미술저작물등"이라 한다)의 원본을 양도한 경우에는 그 상대방에게 저작물의 원본의 전시방식에 의한 공표를 동의한 것으로 추정한다.

④원저작자의 동의를 얻어 작성된 2차적저작물 또는 편집저작물이 공표된 경우에는 그 원저작물도 공표된 것으로 본다.

⑤ 공표하지 아니한 저작물을 저작자가 제31조의 도서관등에 기증한 경우 별도의 의사를 표시하지 아니하면 기증한 때에 공표에 동의한 것으로 추정한다. 〈신설 2011. 12. 2., 2023. 8. 8.〉

제12조(성명표시권) ①저작자는 저작물의 원본이나 그 복제물에 또는 저작물의 공표 매체에 그의 실명 또는 이명을 표시할 권리를 가진다.

②저작물을 이용하는 자는 그 저작자의 특별한 의사표시가 없는 때에는 저작자가 그의 실명 또는 이명을 표시한 바에 따라 이를 표시하여야 한다. 다만, 저작물의 성질이나 그 이용의 목적 및 형태 등에 비추어 부득이하다고 인정되는 경우에는 그러하지 아니하다.

제13조(동일성유지권) ①저작자는 그의 저작물의 내용·형식 및 제호의 동일성을 유지할 권리를 가진다.

②저작자는 다음 각 호의 어느 하나에 해당하는 변경에 대하여는 이의(異議)할 수 없다. 다만, 본질적인 내용의 변경은 그러하지 아니하다. 〈개정 2009. 4. 22., 2023. 8. 8.〉

1. 제25조의 규정에 따라 저작물을 이용하는 경우에 학교교육 목적을 위하여

부득이하다고 인정되는 범위 안에서의 표현의 변경

2. 건축물의 증축·개축 그 밖의 변형

3. 특정한 컴퓨터 외에는 이용할 수 없는 프로그램을 다른 컴퓨터에 이용할 수 있도록 하기 위하여 필요한 범위에서의 변경

4. 프로그램을 특정한 컴퓨터에 보다 효과적으로 이용할 수 있도록 하기 위하여 필요한 범위에서의 변경

5. 그 밖에 저작물의 성질이나 그 이용의 목적 및 형태 등에 비추어 부득이하다고 인정되는 범위 안에서의 변경

제14조(저작인격권의 일신전속성) ①저작인격권은 저작자 일신에 전속한다.

②저작자의 사망 후에 그의 저작물을 이용하는 자는 저작자가 생존하였더라면 그 저작인격권의 침해가 될 행위를 하여서는 아니 된다. 다만, 그 행위의 성질 및 정도에 비추어 사회통념상 그 저작자의 명예를 훼손하는 것이 아니라고 인정되는 경우에는 그러하지 아니하다.

제15조(공동저작물의 저작인격권) ①공동저작물의 저작인격권은 저작자 전원의 합의에 의하지 아니하고는 이를 행사할 수 없다. 이 경우 각 저작자는 신의에 반하여 합의의 성립을 방해할 수 없다.

②공동저작물의 저작자는 그들 중에서 저작인격권을 대표하여 행사할 수 있는 자를 정할 수 있다.

③제2항의 규정에 따라 권리를 대표하여 행사하는 자의 대표권에 가하여진 제한이 있을 때에 그 제한은 선의의 제3자에게 대항할 수 없다.

제4절 저작재산권

제1관 저작재산권의 종류

제16조(복제권) 저작자는 그의 저작물을 복제할 권리를 가진다.

제17조(공연권) 저작자는 그의 저작물을 공연할 권리를 가진다.

제18조(공중송신권) 저작자는 그의 저작물을 공중송신할 권리를 가진다.

제19조(전시권) 저작자는 미술저작물등의 원본이나 그 복제물을 전시할 권리를 가진다.

제20조(배포권) 저작자는 저작물의 원본이나 그 복제물을 배포할 권리를 가진다. 다만, 저작물의 원본이나 그 복제물이 해당 저작재산권자의 허락을 받아 판매 등의 방법으로 거래에 제공된 경우에는 그러하지 아니하다. 〈개정 2009. 4. 22.〉

제21조(대여권) 제20조 단서에도 불구하고 저작자는 상업적 목적으로 공표된 음반(이하 "상업용 음반"이라 한다)이나 상업적 목적으로 공표된 프로그램을 영리를 목적으로 대여할 권리를 가진다. 〈개정 2009. 4. 22., 2016. 3. 22.〉

제22조(2차적저작물작성권) 저작자는 그의 저작물을 원저작물로 하는 2차적저작물을 작성하여 이용할 권리를 가진다.

제2관 저작재산권의 제한

제23조(재판 등에서의 복제) 다음 각 호의 어느 하나에 해당하는 경우에는 그 한도 안에서 저작물을 복제할 수 있다. 다만, 그 저작물의 종류와 복제의 부수 및 형태 등에 비추어 해당 저작재산권자의 이익을 부당하게 침해하는 경우에는 그러하지 아니하다. 〈개정 2020. 2. 4.〉

1. 재판 또는 수사를 위하여 필요한 경우
2. 입법·행정 목적을 위한 내부 자료로서 필요한 경우

[제목개정 2020. 2. 4.]

제24조(정치적 연설 등의 이용) 공개적으로 행한 정치적 연설 및 법정·국회 또는 지방의회에서 공개적으로 행한 진술은 어떠한 방법으로도 이용할 수 있다. 다만, 동일한 저작자의 연설이나 진술을 편집하여 이용하는 경우에는 그러하지 아니하다.

제24조의2(공공저작물의 자유이용) ① 국가 또는 지방자치단체가 업무상 작성하여 공표한 저작물이나 계약에 따라 저작재산권의 전부를 보유한 저작물은 허락 없이 이용할 수 있다. 다만, 저작물이 다음 각 호의 어느 하나에 해당하는 경우

에는 그러하지 아니하다. 〈개정 2020. 2. 4.〉

1. 국가안전보장에 관련되는 정보를 포함하는 경우
2. 개인의 사생활 또는 사업상 비밀에 해당하는 경우
3. 다른 법률에 따라 공개가 제한되는 정보를 포함하는 경우
4. 제112조에 따른 한국저작권위원회(이하 제111조까지 "위원회"라 한다)에 등록된 저작물로서 「국유재산법」에 따른 국유재산 또는 「공유재산 및 물품 관리법」에 따른 공유재산으로 관리되는 경우

② 국가는 「공공기관의 운영에 관한 법률」 제4조에 따른 공공기관이 업무상 작성하여 공표한 저작물이나 계약에 따라 저작재산권의 전부를 보유한 저작물의 이용을 활성화하기 위하여 대통령령으로 정하는 바에 따라 공공저작물 이용활성화 시책을 수립·시행할 수 있다.

③ 국가 또는 지방자치단체는 제1항제4호의 공공저작물 중 자유로운 이용을 위하여 필요하다고 인정하는 경우 「국유재산법」 또는 「공유재산 및 물품 관리법」에도 불구하고 대통령령으로 정하는 바에 따라 사용하게 할 수 있다.

[본조신설 2013. 12. 30.]

제25조(학교교육 목적 등에의 이용) ①고등학교 및 이에 준하는 학교 이하의 학교의 교육 목적을 위하여 필요한 교과용도서에는 공표된 저작물을 게재할 수 있다. 〈개정 2023. 8. 8.〉

② 교과용도서를 발행한 자는 교과용도서를 본래의 목적으로 이용하기 위하여 필요한 한도 내에서 제1항에 따라 교과용도서에 게재한 저작물을 복제·배포·공중송신할 수 있다. 〈신설 2020. 2. 4.〉

③ 다음 각 호의 어느 하나에 해당하는 학교·교육기관 또는 교육훈련기관이 수업 목적으로 이용하는 경우에는 공표된 저작물의 일부분을 복제·배포·공연·전시 또는 공중송신(이하 이 조에서 "복제등"이라 한다)할 수 있다. 다만, 공표된 저작물의 성질이나 그 이용의 목적 및 형태 등에 비추어 해당 저작물의 전부를 복제등을 하는 것이 부득이한 경우에는 전부 복제등을 할 수 있다. 〈개정 2020. 2. 4., 2024. 2. 27.〉

1. 특별법에 따라 설립된 학교

2. 「유아교육법」, 「초·중등교육법」 또는 「고등교육법」에 따른 학교

3. 국가나 지방자치단체가 운영하는 교육기관

4. 「학점인정 등에 관한 법률」 제3조에 따라 평가인정을 받은 학습과정을 운영하는 교육훈련기관(정보통신매체를 이용한 원격수업기반 학습과정에 한정한다)

④ 국가나 지방자치단체에 소속되어 제3항에 따른 학교 또는 교육기관의 수업을 지원하는 기관(이하 "수업지원기관"이라 한다)은 수업 지원을 위하여 필요한 경우에는 공표된 저작물의 일부분을 복제등을 할 수 있다. 다만, 공표된 저작물의 성질이나 그 이용의 목적 및 형태 등에 비추어 해당 저작물의 전부를 복제등을 하는 것이 부득이한 경우에는 전부 복제등을 할 수 있다. 〈신설 2020. 2. 4., 2024. 2. 27.〉

⑤제3항 각 호의 학교·교육기관 또는 교육훈련기관에서 교육을 받는 자는 수업목적을 위하여 필요하다고 인정되는 경우에는 제3항의 범위 내에서 공표된 저작물을 복제하거나 공중송신할 수 있다. 〈개정 2020. 2. 4., 2023. 8. 8., 2024. 2. 27.〉

⑥제1항부터 제4항까지의 규정에 따라 공표된 저작물을 이용하려는 자는 문화체육관광부장관이 정하여 고시하는 기준에 따른 보상금을 해당 저작재산권자에게 지급하여야 한다. 다만, 고등학교 및 이에 준하는 학교 이하의 학교에서 복제등을 하는 경우에는 보상금을 지급하지 아니한다. 〈개정 2008. 2. 29., 2009. 4. 22., 2020. 2. 4.〉

⑦제6항에 따른 보상을 받을 권리는 다음 각 호의 요건을 갖춘 단체로서 문화체육관광부장관이 지정하는 단체를 통하여 행사되어야 한다. 문화체육관광부장관이 그 단체를 지정할 때에는 미리 그 단체의 동의를 받아야 한다. 〈개정 2008. 2. 29., 2020. 2. 4.〉

1. 대한민국 내에서 보상을 받을 권리를 가진 자(이하 "보상권리자"라 한다)로 구성된 단체

2. 영리를 목적으로 하지 아니할 것

3. 보상금의 징수 및 분배 등의 업무를 수행하기에 충분한 능력이 있을 것

⑧제7항에 따른 단체는 그 구성원이 아니라도 보상권리자로부터 신청이 있을

때에는 그 자를 위하여 그 권리행사를 거부할 수 없다. 이 경우 그 단체는 자기의 명의로 그 권리에 관한 재판상 또는 재판 외의 행위를 할 권한을 가진다. 〈개정 2020. 2. 4.〉

⑨문화체육관광부장관은 제7항에 따른 단체가 다음 각 호의 어느 하나에 해당하는 경우에는 그 지정을 취소할 수 있다. 〈개정 2008. 2. 29., 2020. 2. 4., 2023. 8. 8.〉

1. 제7항에 따른 요건을 갖추지 못한 때
2. 보상관계 업무규정을 위배한 때
3. 보상관계 업무를 상당한 기간 정지하여 보상권리자의 이익을 해할 우려가 있을 때

⑩제7항에 따른 단체는 보상금 분배 공고를 한 날부터 5년이 지난 미분배 보상금에 대하여 문화체육관광부장관의 승인을 받아 다음 각 호의 어느 하나에 해당하는 목적을 위하여 사용할 수 있다. 다만, 보상권리자에 대한 정보가 확인되는 경우 보상금을 지급하기 위하여 일정 비율의 미분배 보상금을 대통령령으로 정하는 바에 따라 적립하여야 한다. 〈개정 2008. 2. 29., 2018. 10. 16., 2020. 2. 4.〉

1. 저작권 교육·홍보 및 연구
2. 저작권 정보의 관리 및 제공
3. 저작물 창작 활동의 지원
4. 저작권 보호 사업
5. 창작자 권익옹호 사업
6. 보상권리자에 대한 보상금 분배 활성화 사업
7. 저작물 이용 활성화 및 공정한 이용을 도모하기 위한 사업

⑪제7항·제9항 및 제10항에 따른 단체의 지정과 취소 및 업무규정, 보상금 분배 공고, 미분배 보상금의 사용 승인 등에 필요한 사항은 대통령령으로 정한다. 〈개정 2018. 10. 16., 2020. 2. 4.〉

⑫제2항부터 제4항까지의 규정에 따라 교과용도서를 발행한 자, 학교·교육기관·교육훈련기관 및 수업지원기관이 저작물을 공중송신하는 경우에는 저작권

그 밖에 이 법에 의하여 보호되는 권리의 침해를 방지하기 위하여 복제방지조치 등 대통령령으로 정하는 필요한 조치를 하여야 한다. 〈개정 2020. 2. 4., 2024. 2. 27.〉

제26조(시사보도를 위한 이용) 방송·신문 그 밖의 방법에 의하여 시사보도를 하는 경우에 그 과정에서 보이거나 들리는 저작물은 보도를 위한 정당한 범위 안에서 복제·배포·공연 또는 공중송신할 수 있다.

제27조(시사적인 기사 및 논설의 복제 등) 정치·경제·사회·문화·종교에 관하여 「신문 등의 진흥에 관한 법률」 제2조의 규정에 따른 신문 및 인터넷신문 또는 「뉴스통신진흥에 관한 법률」 제2조의 규정에 따른 뉴스통신에 게재된 시사적인 기사나 논설은 다른 언론기관이 복제·배포 또는 방송할 수 있다. 다만, 이용을 금지하는 표시가 있는 경우에는 그러하지 아니하다. 〈개정 2009. 7. 31.〉

제28조(공표된 저작물의 인용) 공표된 저작물은 보도·비평·교육·연구 등을 위하여는 정당한 범위 안에서 공정한 관행에 합치되게 이를 인용할 수 있다.

제29조(영리를 목적으로 하지 아니하는 공연·방송) ①영리를 목적으로 하지 아니하고 청중이나 관중 또는 제3자로부터 어떤 명목으로든지 대가를 지급받지 아니하는 경우에는 공표된 저작물을 공연(상업용 음반 또는 상업적 목적으로 공표된 영상저작물을 재생하는 경우는 제외한다) 또는 방송할 수 있다. 다만, 실연자에게 일반적인 보수를 지급하는 경우에는 그러하지 아니하다. 〈개정 2016. 3. 22., 2023. 8. 8.〉

②청중이나 관중으로부터 해당 공연에 대한 대가를 지급받지 아니하는 경우에는 상업용 음반 또는 상업적 목적으로 공표된 영상저작물을 재생하여 공중에게 공연할 수 있다. 다만, 대통령령으로 정하는 경우에는 그러하지 아니하다. 〈개정 2016. 3. 22., 2021. 5. 18., 2023. 8. 8.〉

제30조(사적이용을 위한 복제) 공표된 저작물을 영리를 목적으로 하지 아니하고 개인적으로 이용하거나 가정 및 이에 준하는 한정된 범위 안에서 이용하는 경우에는 그 이용자는 이를 복제할 수 있다. 다만, 공중의 사용에 제공하기 위하여 설

치된 복사기기, 스캐너, 사진기 등 문화체육관광부령으로 정하는 복제기기에 의한 복제는 그러하지 아니하다. 〈개정 2020. 2. 4.〉

제31조(도서관등에서의 복제 등) ①「도서관법」에 따른 도서관과 도서·문서·기록 그 밖의 자료(이하 "도서등"이라 한다)를 공중의 이용에 제공하는 시설 중 대통령령으로 정하는 시설(해당 시설의 장을 포함한다. 이하 "도서관등"이라 한다)은 다음 각 호의 어느 하나에 해당하는 경우에는 그 도서관등에 보관된 도서등(제1호의 경우에는 제3항에 따라 해당 도서관등이 복제·전송받은 도서등을 포함한다)을 사용하여 저작물을 복제할 수 있다. 다만, 제1호 및 제3호의 경우에는 디지털 형태로 복제할 수 없다. 〈개정 2021. 5. 18., 2023. 8. 8.〉

1. 조사·연구를 목적으로 하는 이용자의 요구에 따라 공표된 도서등의 일부분의 복제물을 1명당 1부에 한정하여 제공하는 경우
2. 도서등의 자체보존을 위하여 필요한 경우
3. 다른 도서관등의 요구에 따라 절판 그 밖에 이에 준하는 사유로 구하기 어려운 도서등의 복제물을 보존용으로 제공하는 경우

②도서관등은 컴퓨터를 이용하여 이용자가 그 도서관등의 안에서 열람할 수 있도록 보관된 도서등을 복제하거나 전송할 수 있다. 이 경우 동시에 열람할 수 있는 이용자의 수는 그 도서관등에서 보관하고 있거나 저작권 그 밖에 이 법에 따라 보호되는 권리를 가진 자로부터 이용허락을 받은 그 도서등의 부수를 초과할 수 없다. 〈개정 2009. 4. 22.〉

③도서관등은 컴퓨터를 이용하여 이용자가 다른 도서관등의 안에서 열람할 수 있도록 보관된 도서등을 복제하거나 전송할 수 있다. 다만, 그 전부 또는 일부가 판매용으로 발행된 도서등은 그 발행일부터 5년이 지나지 아니한 경우에는 그러하지 아니하다. 〈개정 2009. 4. 22., 2023. 8. 8.〉

④도서관등은 제1항제2호의 규정에 따른 도서등의 복제 및 제2항과 제3항의 규정에 따른 도서등의 복제의 경우에 그 도서등이 디지털 형태로 판매되고 있는 때에는 그 도서등을 디지털 형태로 복제할 수 없다.

⑤도서관등은 제1항제1호에 따라 디지털 형태의 도서등을 복제하는 경우 및 제3항에 따라 도서등을 다른 도서관등의 안에서 열람할 수 있도록 복제하거나 전송

하는 경우에는 문화체육관광부장관이 정하여 고시하는 기준에 따른 보상금을 해당 저작재산권자에게 지급하여야 한다. 다만, 국가, 지방자치단체 또는 「고등교육법」 제2조에 따른 학교를 저작재산권자로 하는 도서등(그 전부 또는 일부가 판매용으로 발행된 도서등은 제외한다)의 경우에는 그러하지 아니하다. 〈개정 2008. 2. 29., 2021. 5. 18.〉

⑥ 제5항의 보상금의 지급 등에 관하여는 제25조제7항부터 제11항까지의 규정을 준용한다. 〈개정 2020. 2. 4.〉

⑦제1항부터 제3항까지에 따라 도서등을 디지털 형태로 복제하거나 전송하는 경우에 도서관등은 저작권 그 밖에 이 법에 따라 보호되는 권리의 침해를 방지하기 위하여 복제방지조치 등 대통령령으로 정하는 필요한 조치를 하여야 한다. 〈개정 2021. 5. 18., 2023. 8. 8.〉

⑧ 「도서관법」 제22조에 따라 국립중앙도서관이 온라인 자료의 보존을 위하여 수집하는 경우에는 해당 자료를 복제할 수 있다. 〈신설 2009. 3. 25., 2021. 12. 7.〉

제32조(시험문제를 위한 복제 등) 학교의 입학시험이나 그 밖에 학식 및 기능에 관한 시험 또는 검정을 위하여 필요한 경우에는 그 목적을 위하여 정당한 범위에서 공표된 저작물을 복제·배포 또는 공중송신할 수 있다. 다만, 영리를 목적으로 하는 경우에는 그러하지 아니하다. 〈개정 2009. 4. 22., 2020. 2. 4.〉

[제목개정 2020. 2. 4.]

제33조(시각장애인등을 위한 복제 등) ①누구든지 공표된 저작물을 시각장애인과 독서에 장애가 있는 사람으로서 대통령령으로 정하는 사람(이하 "시각장애인등"이라 한다)을 위하여 「점자법」 제3조에 따른 점자로 변환하여 복제·배포할 수 있다. 〈개정 2023. 8. 8.〉

②시각장애인등의 복리증진을 목적으로 하는 시설 중 대통령령으로 정하는 시설(해당 시설의 장을 포함한다)은 영리를 목적으로 하지 아니하고 시각장애인등의 이용에 제공하기 위하여 공표된 저작물등에 포함된 문자 및 영상 등의 시각적 표현을 시각장애인등이 인지할 수 있는 대체자료로 변환하여 이를 복제·배포·공

연 또는 공중송신할 수 있다. 〈개정 2009. 3. 25., 2021. 5. 18., 2023. 8. 8.〉

③ 시각장애인등과 그의 보호자(보조자를 포함한다. 이하 이 조 및 제33조의2에서 같다)는 공표된 저작물등에 적법하게 접근하는 경우 시각장애인등의 개인적 이용을 위하여 그 저작물등에 포함된 문자 및 영상 등의 시각적 표현을 시각장애인등이 인지할 수 있는 대체자료로 변환하여 이를 복제할 수 있다. 〈신설 2023. 8. 8.〉

④제2항 및 제3항에 따른 대체자료의 범위는 대통령령으로 정한다. 〈개정 2023. 8. 8.〉

[제목개정 2023. 8. 8.]

제33조의2(청각장애인 등을 위한 복제 등) ① 누구든지 공표된 저작물을 청각장애인 등을 위하여 「한국수화언어법」 제3조제1호에 따른 한국수어로 변환할 수 있고, 이러한 한국수어를 복제·배포·공연 또는 공중송신할 수 있다. 〈개정 2016. 2. 3., 2023. 8. 8.〉

② 청각장애인 등의 복리증진을 목적으로 하는 시설 중 대통령령으로 정하는 시설(해당 시설의 장을 포함한다)은 영리를 목적으로 하지 아니하고 청각장애인 등의 이용에 제공하기 위하여 필요한 범위에서 공표된 저작물등에 포함된 음성 및 음향 등을 자막 등 청각장애인 등이 인지할 수 있는 대체자료로 변환하여 이를 복제·배포·공연 또는 공중송신할 수 있다. 〈개정 2023. 8. 8.〉

③ 청각장애인 등과 그의 보호자는 공표된 저작물등에 적법하게 접근하는 경우 청각장애인 등의 개인적 이용을 위하여 그 저작물등에 포함된 음성·음향 등을 자막 등 청각장애인 등이 인지할 수 있는 대체자료로 변환하여 이를 복제할 수 있다. 〈신설 2023. 8. 8.〉

④ 제1항부터 제3항까지에 따른 청각장애인 등의 범위와 제2항 및 제3항에 따른 대체자료의 범위는 대통령령으로 정한다. 〈개정 2023. 8. 8.〉

[본조신설 2013. 7. 16.]

제34조(방송사업자의 일시적 녹음·녹화) ①저작물을 방송할 권한을 가지는 방송사업자는 자신의 방송을 위하여 자체의 수단으로 저작물을 일시적으로 녹음하

거나 녹화할 수 있다.

②제1항의 규정에 따라 만들어진 녹음물 또는 녹화물은 녹음일 또는 녹화일부터 1년을 초과하여 보존할 수 없다. 다만, 그 녹음물 또는 녹화물이 기록의 자료로서 대통령령으로 정하는 장소에 보존되는 경우에는 그러하지 아니하다. 〈개정 2021. 5. 18., 2023. 8. 8.〉

제35조(미술저작물등의 전시 또는 복제) ①미술저작물등의 원본의 소유자나 그의 동의를 얻은 자는 그 저작물을 원본에 의하여 전시할 수 있다. 다만, 가로·공원·건축물의 외벽 그 밖에 공중에게 개방된 장소에 항시 전시하는 경우에는 그러하지 아니하다.

②제1항 단서의 규정에 따른 개방된 장소에 항시 전시되어 있는 미술저작물등은 어떠한 방법으로든지 이를 복제하여 이용할 수 있다. 다만, 다음 각 호의 어느 하나에 해당하는 경우에는 그러하지 아니하다.

1. 건축물을 건축물로 복제하는 경우
2. 조각 또는 회화를 조각 또는 회화로 복제하는 경우
3. 제1항 단서의 규정에 따른 개방된 장소 등에 항시 전시하기 위하여 복제하는 경우
4. 판매의 목적으로 복제하는 경우

③제1항의 규정에 따라 전시를 하는 자 또는 미술저작물등의 원본을 판매하고자 하는 자는 그 저작물의 해설이나 소개를 목적으로 하는 목록 형태의 책자에 이를 복제하여 배포할 수 있다.

④위탁에 의한 초상화 또는 이와 유사한 사진저작물의 경우에는 위탁자의 동의가 없는 때에는 이를 이용할 수 없다.

제35조의2(저작물 이용과정에서의 일시적 복제) 컴퓨터에서 저작물을 이용하는 경우에는 원활하고 효율적인 정보처리를 위하여 필요하다고 인정되는 범위 안에서 그 저작물을 그 컴퓨터에 일시적으로 복제할 수 있다. 다만, 그 저작물의 이용이 저작권을 침해하는 경우에는 그러하지 아니하다.

[본조신설 2011. 12. 2.]

제35조의3(부수적 복제 등) 사진촬영, 녹음 또는 녹화(이하 이 조에서 "촬영등"이라 한다)를 하는 과정에서 보이거나 들리는 저작물이 촬영등의 주된 대상에 부수적으로 포함되는 경우에는 이를 복제·배포·공연·전시 또는 공중송신할 수 있다. 다만, 그 이용된 저작물의 종류 및 용도, 이용의 목적 및 성격 등에 비추어 저작재산권자의 이익을 부당하게 해치는 경우에는 그러하지 아니하다.

[본조신설 2019. 11. 26.]

[종전 제35조의3은 제35조의5로 이동 〈2019. 11. 26.〉]

제35조의4(문화시설에 의한 복제 등) ① 국가나 지방자치단체가 운영하는 문화예술 활동에 지속적으로 이용되는 시설 중 대통령령으로 정하는 문화시설(해당 시설의 장을 포함한다. 이하 이 조에서 "문화시설"이라 한다)은 대통령령으로 정하는 기준에 해당하는 상당한 조사를 하였어도 공표된 저작물(제3조에 따른 외국인의 저작물은 제외한다. 이하 이 조에서 같다)의 저작재산권자나 그의 거소를 알 수 없는 경우 그 문화시설에 보관된 자료를 수집·정리·분석·보존하여 공중에게 제공하기 위한 목적(영리를 목적으로 하는 경우는 제외한다)으로 그 자료를 사용하여 저작물을 복제·배포·공연·전시 또는 공중송신할 수 있다. 〈개정 2023. 8. 8.〉

② 저작재산권자는 제1항에 따른 문화시설의 이용에 대하여 해당 저작물의 이용을 중단할 것을 요구할 수 있으며, 요구를 받은 문화시설은 지체 없이 해당 저작물의 이용을 중단하여야 한다.

③ 저작재산권자는 제1항에 따른 이용에 대하여 보상금을 청구할 수 있으며, 문화시설은 저작재산권자와 협의한 보상금을 지급하여야 한다.

④ 제3항에 따라 보상금 협의절차를 거쳤으나 협의가 성립되지 아니한 경우에는 문화시설 또는 저작재산권자는 문화체육관광부장관에게 보상금 결정을 신청하여야 한다.

⑤ 제4항에 따른 보상금 결정 신청이 있는 경우에 문화체육관광부장관은 저작물의 이용 목적·이용 형태·이용 범위 등을 고려하여 보상금 규모 및 지급 시기를 정한 후 이를 문화시설 및 저작재산권자에게 통보하여야 한다.

⑥ 제1항에 따라 문화시설이 저작물을 이용하고자 하는 경우에는 대통령령으

로 정하는 바에 따라 이용되는 저작물의 목록·내용 등과 관련된 정보의 게시, 저작권 및 그 밖에 이 법에 따라 보호되는 권리의 침해를 방지하기 위한 복제방지조치 등 필요한 조치를 하여야 한다.

⑦ 제2항부터 제5항까지의 규정에 따른 이용 중단 요구 절차와 방법, 보상금 결정 신청 및 결정 절차 등에 관하여 필요한 사항은 대통령령으로 정한다.

[본조신설 2019. 11. 26.]

제35조의5(저작물의 공정한 이용) ① 제23조부터 제35조의4까지, 제101조의3부터 제101조의5까지의 경우 외에 저작물의 일반적인 이용 방법과 충돌하지 아니하고 저작자의 정당한 이익을 부당하게 해치지 아니하는 경우에는 저작물을 이용할 수 있다. 〈개정 2016. 3. 22., 2019. 11. 26., 2023. 8. 8.〉

② 저작물 이용 행위가 제1항에 해당하는지를 판단할 때에는 다음 각 호의 사항 등을 고려하여야 한다. 〈개정 2016. 3. 22.〉

1. 이용의 목적 및 성격
2. 저작물의 종류 및 용도
3. 이용된 부분이 저작물 전체에서 차지하는 비중과 그 중요성
4. 저작물의 이용이 그 저작물의 현재 시장 또는 가치나 잠재적인 시장 또는 가치에 미치는 영향

[본조신설 2011. 12. 2.]

[제35조의3에서 이동 〈2019. 11. 26.〉]

제36조(번역 등에 의한 이용) ①제24조의2, 제25조, 제29조, 제30조, 제35조의3부터 제35조의5까지의 규정에 따라 저작물을 이용하는 경우에는 그 저작물을 번역·편곡 또는 개작하여 이용할 수 있다. 〈개정 2011. 12. 2., 2013. 12. 30., 2019. 11. 26.〉

②제23조·제24조·제26조·제27조·제28조·제32조·제33조 또는 제33조의2에 따라 저작물을 이용하는 경우에는 그 저작물을 번역하여 이용할 수 있다. 〈개정 2011. 12. 2., 2013. 7. 16.〉

제37조(출처의 명시) ①이 관에 따라 저작물을 이용하는 자는 그 출처를 명시하

여야 한다. 다만, 제26조, 제29조부터 제32조까지, 제34조 및 제35조의2부터 제35조의4까지의 경우에는 그러하지 아니하다. 〈개정 2011. 12. 2., 2019. 11. 26.〉

②출처의 명시는 저작물의 이용 상황에 따라 합리적이라고 인정되는 방법으로 하여야 하며, 저작자의 실명 또는 이명이 표시된 저작물인 경우에는 그 실명 또는 이명을 명시하여야 한다.

제37조의2(적용 제외) 프로그램에 대하여는 제23조·제25조·제30조 및 제32조를 적용하지 아니한다.

[본조신설 2009. 4. 22.]

제38조(저작인격권과의 관계) 이 관 각 조의 규정은 저작인격권에 영향을 미치는 것으로 해석되어서는 아니 된다.

제3관 저작재산권의 보호기간

제39조(보호기간의 원칙) ①저작재산권은 이 관에 특별한 규정이 있는 경우를 제외하고는 저작자가 생존하는 동안과 사망한 후 70년간 존속한다. 〈개정 2011. 6. 30.〉

②공동저작물의 저작재산권은 맨 마지막으로 사망한 저작자가 사망한 후 70년간 존속한다. 〈개정 2011. 6. 30.〉

제40조(무명 또는 이명 저작물의 보호기간) ①무명 또는 널리 알려지지 아니한 이명이 표시된 저작물의 저작재산권은 공표된 때부터 70년간 존속한다. 다만, 이 기간 내에 저작자가 사망한지 70년이 지났다고 인정할만한 정당한 사유가 발생한 경우에는 그 저작재산권은 저작자가 사망한 후 70년이 지났다고 인정되는 때에 소멸한 것으로 본다. 〈개정 2011. 6. 30.〉

②다음 각 호의 어느 하나에 해당하는 경우에는 제1항의 규정은 이를 적용하지 아니한다.

1. 제1항의 기간 이내에 저작자의 실명 또는 널리 알려진 이명이 밝혀진 경우

2. 제1항의 기간 이내에 제53조제1항의 규정에 따른 저작자의 실명등록이 있는 경우

제41조(업무상저작물의 보호기간) 업무상저작물의 저작재산권은 공표한 때부터 70년간 존속한다. 다만, 창작한 때부터 50년 이내에 공표되지 아니한 경우에는 창작한 때부터 70년간 존속한다. 〈개정 2011. 6. 30.〉

제42조(영상저작물의 보호기간) 영상저작물의 저작재산권은 제39조 및 제40조에도 불구하고 공표한 때부터 70년간 존속한다. 다만, 창작한 때부터 50년 이내에 공표되지 아니한 경우에는 창작한 때부터 70년간 존속한다. 〈개정 2009. 4. 22., 2011. 6. 30.〉

[제목개정 2011. 6. 30.]

제43조(계속적간행물 등의 공표시기) ①제40조제1항 또는 제41조에 따른 공표시기는 책·호 또는 회 등으로 공표하는 저작물의 경우에는 매책·매호 또는 매회 등의 공표 시로 하고, 일부분씩 순차적으로 공표하여 완성하는 저작물의 경우에는 최종부분의 공표 시로 한다. 〈개정 2011. 6. 30.〉

②일부분씩 순차적으로 공표하여 전부를 완성하는 저작물의 계속되어야 할 부분이 최근의 공표시기부터 3년이 지나도 공표되지 아니하는 경우에는 이미 공표된 맨 뒤의 부분을 제1항의 규정에 따른 최종부분으로 본다. 〈개정 2023. 8. 8.〉

제44조(보호기간의 기산) 이 관에 규정된 저작재산권의 보호기간을 계산하는 경우에는 저작자가 사망하거나 저작물을 창작 또는 공표한 다음 해부터 기산한다.

제4관 저작재산권의 양도·행사·소멸

제45조(저작재산권의 양도) ①저작재산권은 전부 또는 일부를 양도할 수 있다.

②저작재산권의 전부를 양도하는 경우에 특약이 없는 때에는 제22조에 따른 2차적저작물을 작성하여 이용할 권리는 포함되지 아니한 것으로 추정한다. 다만, 프로그램의 경우 특약이 없으면 2차적저작물작성권도 함께 양도된 것으로 추정한다. 〈개정 2009. 4. 22., 2023. 8. 8.〉

제46조(저작물의 이용허락) ①저작재산권자는 다른 사람에게 그 저작물의 이용을 허락할 수 있다.

②제1항의 규정에 따라 허락을 받은 자는 허락받은 이용 방법 및 조건의 범위 안에서 그 저작물을 이용할 수 있다.

③제1항의 규정에 따른 허락에 의하여 저작물을 이용할 수 있는 권리는 저작재산권자의 동의 없이 제3자에게 이를 양도할 수 없다.

제47조(저작재산권을 목적으로 하는 질권의 행사 등) ①저작재산권을 목적으로 하는 질권은 그 저작재산권의 양도 또는 그 저작물의 이용에 따라 저작재산권자가 받을 금전 그 밖의 물건(제57조에 따른 배타적발행권 및 제63조에 따른 출판권 설정의 대가를 포함한다)에 대하여도 행사할 수 있다. 다만, 이들의 지급 또는 인도 전에 이를 압류하여야 한다. 〈개정 2009. 4. 22., 2011. 12. 2.〉

② 질권의 목적으로 된 저작재산권은 설정행위에 특약이 없으면 저작재산권자가 이를 행사한다. 〈신설 2009. 4. 22., 2023. 8. 8.〉

[제목개성 2009. 4. 22.]

제48조(공동저작물의 저작재산권의 행사) ①공동저작물의 저작재산권은 그 저작재산권자 전원의 합의에 의하지 아니하고는 이를 행사할 수 없으며, 다른 저작재산권자의 동의가 없으면 그 지분을 양도하거나 질권의 목적으로 할 수 없다. 이 경우 각 저작재산권자는 신의에 반하여 합의의 성립을 방해하거나 동의를 거부할 수 없다.

②공동저작물의 이용에 따른 이익은 공동저작자 간에 특약이 없는 때에는 그 저작물의 창작에 이바지한 정도에 따라 각자에게 배분된다. 이 경우 각자의 이바지한 정도가 명확하지 아니한 때에는 균등한 것으로 추정한다.

③공동저작물의 저작재산권자는 그 공동저작물에 대한 자신의 지분을 포기할 수 있으며, 포기하거나 상속인 없이 사망한 경우에 그 지분은 다른 저작재산권자에게 그 지분의 비율에 따라 배분된다.

④제15조제2항 및 제3항의 규정은 공동저작물의 저작재산권의 행사에 관하여 준용한다.

제49조(저작재산권의 소멸) 저작재산권이 다음 각 호의 어느 하나에 해당하는 경우에는 소멸한다.

1. 저작재산권자가 상속인 없이 사망한 경우에 그 권리가 「민법」 그 밖의 법률의 규정에 따라 국가에 귀속되는 경우
2. 저작재산권자인 법인 또는 단체가 해산되어 그 권리가 「민법」 그 밖의 법률의 규정에 따라 국가에 귀속되는 경우

제5절 저작물 이용의 법정허락

제50조(저작재산권자 불명인 저작물의 이용) ①누구든지 대통령령으로 정하는 기준에 해당하는 상당한 노력을 기울였어도 공표된 저작물의 저작재산권자나 그의 거소를 알 수 없어 그 저작물의 이용허락을 받을 수 없는 경우에는 대통령령으로 정하는 바에 따라 문화체육관광부장관의 승인을 얻은 후 문화체육관광부장관이 정하는 기준에 의한 보상금을 위원회에 지급하고 이를 이용할 수 있다. 〈개정 2008. 2. 29., 2019. 11. 26., 2020. 2. 4.〉

②제1항의 규정에 따라 저작물을 이용하는 자는 그 뜻과 승인연월일을 표시하여야 한다.

③제1항의 규정에 따라 법정허락된 저작물이 다시 법정허락의 대상이 되는 때에는 제1항의 규정에 따른 대통령령으로 정하는 기준에 해당하는 상당한 노력의 절차를 생략할 수 있다. 다만, 그 저작물에 대한 법정허락의 승인 이전에 저작재산권자가 대통령령으로 정하는 절차에 따라 이의를 제기하는 때에는 그러하지 아니하다. 〈개정 2021. 5. 18.〉

④문화체육관광부장관은 대통령령으로 정하는 바에 따라 법정허락 내용을 정보통신망에 게시하여야 한다. 〈개정 2008. 2. 29., 2021. 5. 18.〉

⑤ 제1항에 따른 보상을 받을 권리는 위원회를 통하여 행사되어야 한다. 〈신설 2019. 11. 26., 2020. 2. 4.〉

⑥ 위원회는 제1항에 따라 보상금을 지급받은 날부터 10년이 지난 미분배 보상금에 대하여 문화체육관광부장관의 승인을 얻어 제25조제10항 각 호의 어느 하

나에 해당하는 목적을 위하여 사용할 수 있다. 〈신설 2019. 11. 26., 2020. 2. 4., 2023. 8. 8.〉

⑦ 제1항 및 제6항에 따른 보상금 지급 절차·방법 및 미분배 보상금의 사용 승인 등에 필요한 사항은 대통령령으로 정한다. 〈신설 2019. 11. 26.〉

제51조(공표된 저작물의 방송) 공표된 저작물을 공익을 위한 필요에 따라 방송하려는 방송사업자가 그 저작재산권자와 협의하였으나 협의가 성립되지 아니하는 경우에는 대통령령으로 정하는 바에 따라 문화체육관광부장관의 승인을 얻은 후 문화체육관광부장관이 정하는 기준에 따른 보상금을 해당 저작재산권자에게 지급하거나 공탁하고 이를 방송할 수 있다. 〈개정 2008. 2. 29., 2021. 5. 18., 2023. 8. 8.〉

제52조(상업용 음반의 제작) 상업용 음반이 우리나라에서 처음으로 판매되어 3년이 지난 경우 그 음반에 녹음된 저작물을 녹음하여 다른 상업용 음반을 제작하려는 자가 그 저작재산권자와 협의하였으나 협의가 성립되지 아니하는 때에는 대통령령으로 정하는 바에 따라 문화체육관광부장관의 승인을 얻은 후 문화체육관광부장관이 정하는 기준에 따른 보상금을 해당 저작재산권자에게 지급하거나 공탁하고 다른 상업용 음반을 제작할 수 있다. 〈개정 2008. 2. 29., 2016. 3. 22., 2021. 5. 18., 2023. 8. 8.〉

[제목개정 2016. 3. 22.]

제6절 등록 및 인증

제53조(저작권의 등록) ①저작자는 다음 각 호의 사항을 등록할 수 있다. 〈개정 2021. 5. 18.〉

1. 저작자의 실명·이명(공표 당시에 이명을 사용한 경우로 한정한다)·국적·주소 또는 거소
2. 저작물의 제호·종류·창작연월일
3. 공표의 여부 및 맨 처음 공표된 국가·공표연월일
4. 그 밖에 대통령령으로 정하는 사항

②저작자가 사망한 경우 저작자의 특별한 의사표시가 없는 때에는 그의 유언으로 지정한 자 또는 상속인이 제1항 각 호의 규정에 따른 등록을 할 수 있다.

③제1항 및 제2항에 따라 저작자로 실명이 등록된 자는 그 등록저작물의 저작자로, 창작연월일 또는 맨 처음의 공표연월일이 등록된 저작물은 등록된 연월일에 창작 또는 맨 처음 공표된 것으로 추정한다. 다만, 저작물을 창작한 때부터 1년이 지난 후에 창작연월일을 등록한 경우에는 등록된 연월일에 창작된 것으로 추정하지 아니한다. 〈개정 2009. 4. 22., 2023. 8. 8.〉

제54조(권리변동 등의 등록·효력) 다음 각 호의 사항은 이를 등록할 수 있으며, 등록하지 아니하면 제3자에게 대항할 수 없다. 〈개정 2011. 12. 2., 2023. 8. 8.〉

1. 저작재산권의 양도(상속 그 밖의 일반승계의 경우는 제외한다) 또는 처분제한
2. 제57조에 따른 배타적발행권 또는 제63조에 따른 출판권의 설정·이전·변경·소멸 또는 처분제한
3. 저작재산권, 제57조에 따른 배타적발행권 및 제63조에 따른 출판권을 목적으로 하는 질권의 설정·이전·변경·소멸 또는 처분제한

제55조(등록의 절차 등) ①제53조 및 제54조에 따른 등록은 위원회가 저작권등록부(프로그램의 경우에는 프로그램등록부를 말한다. 이하 같다)에 기록함으로써 한다. 〈개정 2008. 2. 29., 2009. 4. 22., 2020. 2. 4.〉

②위원회는 다음 각 호의 어느 하나에 해당하는 경우에는 신청을 반려할 수 있다. 다만, 신청의 흠결이 보정될 수 있는 경우에 신청인이 그 신청을 한 날에 이를 보정하였을 때에는 그러하지 아니하다. 〈개정 2008. 2. 29., 2020. 2. 4.〉

1. 등록을 신청한 대상이 저작물이 아닌 경우
2. 등록을 신청한 대상이 제7조에 따른 보호받지 못하는 저작물인 경우
3. 등록을 신청할 권한이 없는 자가 등록을 신청한 경우
4. 등록신청에 필요한 자료 또는 서류를 첨부하지 아니한 경우
5. 제53조제1항 또는 제54조에 따라 등록을 신청한 사항의 내용이 문화체육관광부령으로 정하는 등록신청서 첨부서류의 내용과 일치하지 아니하는 경우

6. 등록신청이 문화체육관광부령으로 정한 서식에 맞지 아니한 경우

③ 제2항에 따라 등록신청이 반려된 경우에 그 등록을 신청한 자는 반려된 날부터 1개월 이내에 위원회에 이의를 신청할 수 있다. 〈신설 2020. 2. 4.〉

④ 위원회는 제3항에 따른 이의신청을 받았을 때에는 신청을 받은 날부터 1개월 이내에 심사하여 그 결과를 신청인에게 통지하여야 한다. 〈신설 2020. 2. 4.〉

⑤ 위원회는 제2항에 따른 반려처분에 대한 이의신청을 각하 또는 기각하는 결정을 한 때에는 신청인에게 행정심판 또는 행정소송을 제기할 수 있다는 취지를 이의신청 결과를 통지할 때 함께 알려야 한다. 〈신설 2020. 2. 4., 2023. 5. 16.〉

⑥위원회는 제1항에 따라 저작권등록부에 기록한 등록 사항에 대하여 등록공보를 발행하거나 정보통신망에 게시하여야 한다. 〈개정 2008. 2. 29., 2020. 2. 4.〉

⑦ 위원회는 저작권등록부의 열람 또는 사본 발급을 신청하는 자가 있는 경우에는 이를 열람하게 하거나 그 사본을 내주어야 한다. 〈신설 2020. 2. 4.〉

⑧제1항부터 제7항까지에서 규정한 시항 외에 등록, 등록신청의 반려, 이의신청, 등록공보의 발행 또는 게시, 저작권등록부의 열람 및 사본의 발급 등에 필요한 사항은 대통령령으로 정한다. 〈개정 2020. 2. 4., 2021. 5. 18.〉

제55조의2(착오·누락의 통지 및 직권 경정) ① 위원회는 저작권등록부에 기록된 사항에 착오가 있거나 누락된 것이 있음을 발견하였을 때에는 지체 없이 그 사실을 제53조 또는 제54조에 따라 등록을 한 자(이하 "저작권 등록자"라 한다)에게 알려야 한다.

② 제1항의 착오나 누락이 등록 담당 직원의 잘못으로 인한 것인 경우에는 지체 없이 그 등록된 사항을 경정(更正)하고 그 내용을 저작권 등록자에게 알려야 한다.

③ 위원회는 제1항 및 제2항에 따른 등록 사항의 경정에 이해관계를 가진 제3자가 있는 경우에는 그 제3자에게도 착오나 누락의 내용과 그에 따른 경정사실을 알려야 한다.

[본조신설 2020. 2. 4.]

[종전 제55조의2는 제55조의5로 이동 〈2020. 2. 4.〉]

제55조의3(변경등록등의 신청 등) ① 저작권 등록자는 다음 각 호의 어느 하나에 해당하는 경우에는 문화체육관광부령으로 정하는 바에 따라 해당 신청서에 이를 증명할 수 있는 서류를 첨부하여 위원회에 변경·경정·말소등록 또는 말소한 등록의 회복등록(이하 "변경등록등"이라 한다)을 신청할 수 있다.

1. 저작권등록부에 기록된 사항이 변경된 경우
2. 등록에 착오가 있거나 누락된 것이 있는 경우
3. 등록의 말소를 원하는 경우
4. 말소된 등록의 회복을 원하는 경우

② 위원회는 변경등록등 신청서에 적힌 내용이 이를 증명하는 서류의 내용과 서로 맞지 아니하는 경우에는 신청을 반려할 수 있다.

③ 제2항에 따라 등록신청이 반려된 경우에 그 등록을 신청한 자는 이의를 신청할 수 있다. 이 경우 이의신청에 관하여는 제55조제3항부터 제5항까지 및 제8항을 준용한다.

④ 위원회는 변경등록등의 신청을 받아들였을 때에는 그 내용을 저작권등록부에 기록하여야 한다.

⑤ 그 밖에 변경등록등의 신청, 신청의 반려 등에 필요한 사항은 대통령령으로 정한다.

[본조신설 2020. 2. 4.]

제55조의4(직권 말소등록) ① 위원회는 제53조 또는 제54조에 따른 등록이 제55조제2항제1호부터 제3호까지 및 제5호의 어느 하나에 해당하는 것을 알게 된 경우에는 그 등록을 직권으로 말소할 수 있다.

② 위원회는 제1항에 따라 등록을 말소하려면 청문을 하여야 한다. 다만, 제1항에 따른 말소 사유가 확정판결로 확인된 경우에는 그러하지 아니하다.

③ 위원회는 제2항 단서에 따라 청문을 하지 아니하고 등록을 말소하는 경우에는 그 말소의 사실을 저작권 등록자 및 이해관계가 있는 제3자에게 알려야 한다.

[본조신설 2020. 2. 4.]

제55조의5(비밀유지의무) 제53조부터 제55조까지, 제55조의2부터 제55조의

4까지의 규정에 따른 등록 업무를 수행하는 직에 재직하는 사람과 재직하였던 사람은 직무상 알게 된 비밀을 다른 사람에게 누설하여서는 아니 된다. 〈개정 2020. 2. 4.〉

[본조신설 2009. 4. 22.]

[제55조의2에서 이동 〈2020. 2. 4.〉]

제56조(권리자 등의 인증) ①문화체육관광부장관은 저작물등의 거래의 안전과 신뢰보호를 위하여 인증기관을 지정할 수 있다. 〈개정 2008. 2. 29.〉

②제1항에 따른 인증기관의 지정과 지정취소 및 인증절차 등에 관하여 필요한 사항은 대통령령으로 정한다. 〈개정 2009. 4. 22.〉

③제1항의 규정에 따른 인증기관은 인증과 관련한 수수료를 받을 수 있으며 그 금액은 문화체육관광부장관이 정한다. 〈개정 2008. 2. 29.〉

제7절 배타적발행권 〈개정 2011. 12. 2.〉

제57조(배타적발행권의 설정) ① 저작물을 발행하거나 복제·전송(이하 "발행등"이라 한다)할 권리를 가진 자는 그 저작물을 발행등에 이용하고자 하는 자에 대하여 배타적 권리(이하 "배타적발행권"이라 하며, 제63조에 따른 출판권은 제외한다. 이하 같다)를 설정할 수 있다. 〈개정 2011. 12. 2.〉

② 저작재산권자는 그 저작물에 대하여 발행등의 방법 및 조건이 중첩되지 않는 범위 내에서 새로운 배타적발행권을 설정할 수 있다. 〈신설 2011. 12. 2.〉

③제1항에 따라 배타적발행권을 설정받은 자(이하 "배타적발행권자"라 한다)는 그 설정행위에서 정하는 바에 따라 그 배타적발행권의 목적인 저작물을 발행등의 방법으로 이용할 권리를 가진다. 〈개정 2011. 12. 2.〉

④저작재산권자는 그 저작물의 복제권·배포권·전송권을 목적으로 하는 질권이 설정되어 있는 경우에는 그 질권자의 허락이 있어야 배타적발행권을 설정할 수 있다. 〈개정 2011. 12. 2.〉

[제목개정 2011. 12. 2.]

제58조(배타적발행권자의 의무) ①배타적발행권자는 그 설정행위에 특약이 없

는 때에는 배타적발행권의 목적인 저작물을 복제하기 위하여 필요한 원고 또는 이에 상응하는 물건을 받은 날부터 9개월 이내에 이를 발행등의 방법으로 이용하여야 한다. 〈개정 2011. 12. 2., 2021. 5. 18.〉

②배타적발행권자는 그 설정행위에 특약이 없는 때에는 관행에 따라 그 저작물을 계속하여 발행등의 방법으로 이용하여야 한다. 〈개정 2011. 12. 2.〉

③배타적발행권자는 특약이 없는 때에는 각 복제물에 대통령령으로 정하는 바에 따라 저작재산권자의 표지를 하여야 한다. 다만, 「신문 등의 진흥에 관한 법률」 제9조제1항에 따라 등록된 신문과 「잡지 등 정기간행물의 진흥에 관한 법률」 제15조 및 제16조에 따라 등록 또는 신고된 정기간행물의 경우에는 그러하지 아니하다. 〈개정 2011. 12. 2., 2020. 2. 4.〉

[제목개정 2011. 12. 2.]

제58조의2(저작물의 수정증감) ①배타적발행권자가 배타적발행권의 목적인 저작물을 발행등의 방법으로 다시 이용하는 경우에 저작자는 정당한 범위 안에서 그 저작물의 내용을 수정하거나 증감할 수 있다. 〈개정 2011. 12. 2.〉

②배타적발행권자는 배타적발행권의 목적인 저작물을 발행등의 방법으로 다시 이용하고자 하는 경우에 특약이 없는 때에는 그때마다 미리 저작자에게 그 사실을 알려야 한다. 〈개정 2011. 12. 2.〉

[제59조에서 이동 〈2011. 12. 2.〉]

제59조(배타적발행권의 존속기간 등) ①배타적발행권은 그 설정행위에 특약이 없는 때에는 맨 처음 발행등을 한 날부터 3년간 존속한다. 다만, 저작물의 영상화를 위하여 배타적발행권을 설정하는 경우에는 5년으로 한다. 〈개정 2011. 12. 2., 2023. 8. 8.〉

②저작재산권자는 배타적발행권 존속기간 중 그 배타적발행권의 목적인 저작물의 저작자가 사망한 때에는 제1항에도 불구하고 저작자를 위하여 저작물을 전집 그 밖의 편집물에 수록하거나 전집 그 밖의 편집물의 일부인 저작물을 분리하여 이를 따로 발행등의 방법으로 이용할 수 있다. 〈개정 2011. 12. 2.〉

[제60조에서 이동 , 종전 제59조는 제58조의2로 이동 〈2011. 12. 2.〉]

[제목개정 2011. 12. 2.]

제60조(배타적발행권의 소멸통지) ①저작재산권자는 배타적발행권자가 제58조제1항 또는 제2항을 위반한 경우에는 6개월 이상의 기간을 정하여 그 이행을 최고하고 그 기간 내에 이행하지 아니하는 때에는 배타적발행권의 소멸을 통지할 수 있다. 〈개정 2011. 12. 2., 2021. 5. 18., 2023. 8. 8.〉

②저작재산권자는 배타적발행권자가 그 저작물을 발행등의 방법으로 이용하는 것이 불가능하거나 이용할 의사가 없음이 명백한 경우에는 제1항에도 불구하고 즉시 배타적발행권의 소멸을 통지할 수 있다. 〈개정 2011. 12. 2., 2023. 8. 8.〉

③제1항 또는 제2항에 따라 배타적발행권의 소멸을 통지한 경우에는 배타적발행권자가 통지를 받은 때에 배타적발행권이 소멸한 것으로 본다. 〈개정 2011. 12. 2., 2023. 8. 8.〉

④제3항의 경우에 저작재산권자는 배타적발행권자에 대하여 언제든지 원상회복을 청구하거나 발행등을 중지함으로 인한 손해의 배상을 청구할 수 있다. 〈개정 2011. 12. 2.〉

[제61조에서 이동, 종전 제60조는 제59조로 이동 〈2011. 12. 2.〉]

[제목개정 2011. 12. 2., 2023. 8. 8.]

제61조(배타적발행권 소멸 후의 복제물의 배포) 배타적발행권이 그 존속기간의 만료 그 밖의 사유로 소멸된 경우에는 그 배타적발행권을 가지고 있던 자는 다음 각 호의 어느 하나에 해당하는 경우를 제외하고는 그 배타적발행권의 존속기간 중 만들어진 복제물을 배포할 수 없다. 〈개정 2011. 12. 2.〉

1. 배타적발행권 설정행위에 특약이 있는 경우
2. 배타적발행권의 존속기간 중 저작재산권자에게 그 저작물의 발행에 따른 대가를 지급하고 그 대가에 상응하는 부수의 복제물을 배포하는 경우

[제62조에서 이동, 종전 제61조는 제60조로 이동 〈2011. 12. 2.〉]

[제목개정 2011. 12. 2.]

제62조(배타적발행권의 양도·제한 등) ① 배타적발행권자는 저작재산권자의 동의 없이 배타적발행권을 양도하거나 또는 질권의 목적으로 할 수 없다.

② 배타적발행권의 목적으로 되어 있는 저작물의 복제 등에 관하여는 제23조, 제24조, 제25조제1항부터 제5항까지, 제26조부터 제28조까지, 제30조부터 제33조까지, 제35조제2항 및 제3항, 제35조의2부터 제35조의5까지, 제36조 및 제37조를 준용한다. 〈개정 2019. 11. 26., 2020. 2. 4.〉

[전문개정 2011. 12. 2.]

[제63조에서 이동, 종전 제62조는 제61조로 이동 〈2011. 12. 2.〉]

제7절의2 출판에 관한 특례 〈신설 2011. 12. 2.〉

제63조(출판권의 설정) ① 저작물을 복제·배포할 권리를 가진 자(이하 "복제권자"라 한다)는 그 저작물을 인쇄 그 밖에 이와 유사한 방법으로 문서 또는 도화로 발행하고자 하는 자에 대하여 이를 출판할 권리(이하 "출판권"이라 한다)를 설정할 수 있다.

② 제1항에 따라 출판권을 설정받은 자(이하 "출판권자"라 한다)는 그 설정행위에서 정하는 바에 따라 그 출판권의 목적인 저작물을 원작 그대로 출판할 권리를 가진다.

③ 복제권자는 그 저작물의 복제권을 목적으로 하는 질권이 설정되어 있는 경우에는 그 질권자의 허락이 있어야 출판권을 설정할 수 있다.

[본조신설 2011. 12. 2.]

[종전 제63조는 제62조로 이동 〈2011. 12. 2.〉]

제63조의2(준용) 제58조부터 제62조까지는 출판권에 관하여 준용한다. 이 경우 "배타적발행권"은 "출판권"으로, "저작재산권자"는 "복제권자"로 본다.

[본조신설 2011. 12. 2.]

제3장 저작인접권

제1절 통칙

제64조(보호받는 실연·음반·방송) ①다음 각 호 각 목의 어느 하나에 해당하는

실연·음반 및 방송은 이 법에 따른 보호를 받는다. 〈개정 2011. 12. 2., 2021. 5. 18., 2023. 8. 8.〉

1. 실연

가. 대한민국 국민(대한민국 법률에 따라 설립된 법인 및 대한민국 내에 주된 사무소가 있는 외국법인을 포함한다. 이하 같다)이 행하는 실연

나. 대한민국이 가입 또는 체결한 조약에 따라 보호되는 실연

다. 제2호 각 목의 음반에 고정된 실연

라. 제3호 각 목의 방송에 의하여 송신되는 실연(송신 전에 녹음 또는 녹화되어 있는 실연은 제외한다)

2. 음반

가. 대한민국 국민을 음반제작자로 하는 음반

나. 음이 맨 처음 대한민국 내에서 고정된 음반

다. 대한민국이 가입 또는 체결한 조약에 따라 보호되는 음반으로서 조약체결국 내에서 최초로 고정된 음반

라. 대한민국이 가입 또는 체결한 조약에 따라 보호되는 음반으로서 조약체결국의 국민(해당 조약체결국의 법률에 따라 설립된 법인 및 해당 조약체결국 내에 주된 사무소가 있는 법인을 포함한다)을 음반제작자로 하는 음반

3. 방송

가. 대한민국 국민인 방송사업자의 방송

나. 대한민국 내에 있는 방송설비로부터 행하여지는 방송

다. 대한민국이 가입 또는 체결한 조약에 따라 보호되는 방송으로서 조약체결국의 국민인 방송사업자가 해당 조약체결국 내에 있는 방송설비로부터 행하는 방송

② 제1항에 따라 보호되는 외국인의 실연·음반 및 방송이라도 그 외국에서 보호기간이 만료된 경우에는 이 법에 따른 보호기간을 인정하지 아니한다. 〈신설 2011. 12. 2.〉

제64조의2(실연자 등의 추정) 이 법에 따라 보호되는 실연·음반·방송과 관련하여 실연자, 음반제작자 또는 방송사업자로서의 실명 또는 널리 알려진 이명이 일

반적인 방법으로 표시된 자는 실연자, 음반제작자 또는 방송사업자로서 그 실연·음반·방송에 대하여 각각 실연자의 권리, 음반제작자의 권리 또는 방송사업자의 권리를 가지는 것으로 추정한다.

[본조신설 2011. 6. 30.]

제65조(저작권과의 관계) 이 장 각 조의 규정은 저작권에 영향을 미치는 것으로 해석되어서는 아니 된다.

제2절 실연자의 권리

제66조(성명표시권) ①실연자는 그의 실연 또는 실연의 복제물에 그의 실명 또는 이명을 표시할 권리를 가진다.

②실연을 이용하는 자는 그 실연자의 특별한 의사표시가 없는 때에는 실연자가 그의 실명 또는 이명을 표시한 바에 따라 이를 표시하여야 한다. 다만, 실연의 성질이나 그 이용의 목적 및 형태 등에 비추어 부득이하다고 인정되는 경우에는 그러하지 아니하다.

제67조(동일성유지권) 실연자는 그의 실연의 내용과 형식의 동일성을 유지할 권리를 가진다. 다만, 실연의 성질이나 그 이용의 목적 및 형태 등에 비추어 부득이하다고 인정되는 경우에는 그러하지 아니한다.

제68조(실연자의 인격권의 일신전속성) 제66조 및 제67조에 규정된 권리(이하 "실연자의 인격권"이라 한다)는 실연자 일신에 전속한다.

제69조(복제권) 실연자는 그의 실연을 복제할 권리를 가진다.

제70조(배포권) 실연자는 그의 실연의 복제물을 배포할 권리를 가진다. 다만, 실연의 복제물이 실연자의 허락을 받아 판매 등의 방법으로 거래에 제공된 경우에는 그러하지 아니하다.

제71조(대여권) 실연자는 제70조 단서에도 불구하고 그의 실연이 녹음된 상업용 음반을 영리를 목적으로 대여할 권리를 가진다. 〈개정 2016. 3. 22., 2021. 5. 18.〉

제72조(공연권) 실연자는 그의 고정되지 아니한 실연을 공연할 권리를 가진다. 다만, 그 실연이 방송되는 실연인 경우에는 그러하지 아니하다.

제73조(방송권) 실연자는 그의 실연을 방송할 권리를 가진다. 다만, 실연자의 허락을 받아 녹음된 실연에 대하여는 그러하지 아니하다.

제74조(전송권) 실연자는 그의 실연을 전송할 권리를 가진다.

제75조(방송사업자의 실연자에 대한 보상) ①방송사업자가 실연이 녹음된 상업용 음반을 사용하여 방송하는 경우에는 상당한 보상금을 그 실연자에게 지급하여야 한다. 다만, 실연자가 외국인인 경우에 그 외국에서 대한민국 국민인 실연자에게 이 항의 규정에 따른 보상금을 인정하지 아니하는 때에는 그러하지 아니하다. 〈개정 2016. 3. 22.〉

② 제1항에 따른 보상금의 지급 등에 관하여는 제25조제7항부터 제11항까지의 규정을 준용한다. 〈개정 2020. 2. 4.〉

③제2항의 규정에 따른 단체가 보상권리자를 위하여 청구할 수 있는 보상금의 금액은 매년 그 단체와 방송사업자가 협의하여 정한다.

④제3항에 따른 협의가 성립되지 아니하는 경우에 그 단체 또는 방송사업자는 대통령령으로 정하는 바에 따라 위원회에 조정을 신청할 수 있다. 〈개정 2009. 4. 22., 2020. 2. 4.〉

제76조(디지털음성송신사업자의 실연자에 대한 보상) ①디지털음성송신사업자가 실연이 녹음된 음반을 사용하여 송신하는 경우에는 상당한 보상금을 그 실연자에게 지급하여야 한다.

② 제1항에 따른 보상금의 지급 등에 관하여는 제25조제7항부터 제11항까지의 규정을 준용한다. 〈개정 2020. 2. 4.〉

③제2항의 규정에 따른 단체가 보상권리자를 위하여 청구할 수 있는 보상금의 금액은 매년 그 단체와 디지털음성송신사업자가 대통령령으로 정하는 기간 내에 협의하여 정한다. 〈개정 2021. 5. 18.〉

④제3항의 규정에 따른 협의가 성립되지 아니한 경우에는 문화체육관광부장관

이 정하여 고시하는 금액을 지급한다. 〈개정 2008. 2. 29.〉

제76조의2(상업용 음반을 사용하여 공연하는 자의 실연자에 대한 보상) ① 실연이 녹음된 상업용 음반을 사용하여 공연을 하는 자는 상당한 보상금을 그 실연자에게 지급하여야 한다. 다만, 실연자가 외국인인 경우에 그 외국에서 대한민국 국민인 실연자에게 이 항의 규정에 따른 보상금을 인정하지 아니하는 때에는 그러하지 아니하다. 〈개정 2016. 3. 22.〉

② 제1항에 따른 보상금의 지급 및 금액 등에 관하여는 제25조제7항부터 제11항까지 및 제76조제3항·제4항을 준용한다. 〈개정 2020. 2. 4.〉

[본조신설 2009. 3. 25.]

[제목개정 2016. 3. 22.]

제77조(공동실연자) ①2명 이상이 공동으로 합창·합주 또는 연극등을 실연하는 경우에 이 절에 규정된 실연자의 권리(실연자의 인격권은 제외한다)는 공동으로 실연하는 자가 선출하는 대표자가 이를 행사한다. 다만, 대표자의 선출이 없는 경우에는 지휘자 또는 연출자 등이 이를 행사한다. 〈개정 2021. 5. 18.〉

②제1항의 규정에 따라 실연자의 권리를 행사하는 경우에 독창 또는 독주가 함께 실연된 때에는 독창자 또는 독주자의 동의를 얻어야 한다.

③제15조의 규정은 공동실연자의 인격권 행사에 관하여 준용한다.

제3절 음반제작자의 권리

제78조(복제권) 음반제작자는 그의 음반을 복제할 권리를 가진다.

제79조(배포권) 음반제작자는 그의 음반을 배포할 권리를 가진다. 다만, 음반의 복제물이 음반제작자의 허락을 받아 판매 등의 방법으로 거래에 제공된 경우에는 그러하지 아니하다.

제80조(대여권) 음반제작자는 제79조 단서에도 불구하고 상업용 음반을 영리를 목적으로 대여할 권리를 가진다. 〈개정 2016. 3. 22., 2021. 5. 18.〉

제81조(전송권) 음반제작자는 그의 음반을 전송할 권리를 가진다.

第82條(방송사업자의 음반제작자에 대한 보상) ①방송사업자가 상업용 음반을 사용하여 방송하는 경우에는 상당한 보상금을 그 음반제작자에게 지급하여야 한다. 다만, 음반제작자가 외국인인 경우에 그 외국에서 대한민국 국민인 음반제작자에게 이 항의 규정에 따른 보상금을 인정하지 아니하는 때에는 그러하지 아니하다. 〈개정 2016. 3. 22.〉

② 제1항에 따른 보상금의 지급 및 금액 등에 관하여는 제25조제7항부터 제11항까지 및 제75조제3항·제4항을 준용한다. 〈개정 2020. 2. 4.〉

第83條(디지털음성송신사업자의 음반제작자에 대한 보상) ①디지털음성송신사업자가 음반을 사용하여 송신하는 경우에는 상당한 보상금을 그 음반제작자에게 지급하여야 한다.

② 제1항에 따른 보상금의 지급 및 금액 등에 관하여는 제25조제7항부터 제11항까지 및 제76조제3항·제4항을 준용한다. 〈개정 2020. 2. 4.〉

第83條의2(상업용 음반을 사용하여 공연하는 자의 음반제작자에 대한 보상) ① 상업용 음반을 사용하여 공연을 하는 자는 상당한 보상금을 해당 음반제작자에게 지급하여야 한다. 다만, 음반제작자가 외국인인 경우에 그 외국에서 대한민국 국민인 음반제작자에게 이 항의 규정에 따른 보상금을 인정하지 아니하는 때에는 그러하지 아니하다. 〈개정 2016. 3. 22.〉

② 제1항에 따른 보상금의 지급 및 금액 등에 관하여는 제25조제7항부터 제11항까지 및 제76조제3항·제4항을 준용한다. 〈개정 2020. 2. 4.〉

[본조신설 2009. 3. 25.]

[제목개정 2016. 3. 22.]

제4절 방송사업자의 권리

第84條(복제권) 방송사업자는 그의 방송을 복제할 권리를 가진다.

第85條(동시중계방송권) 방송사업자는 그의 방송을 동시중계방송할 권리를 가진다.

제85조의2(공연권) 방송사업자는 공중의 접근이 가능한 장소에서 방송의 시청과 관련하여 입장료를 받는 경우에 그 방송을 공연할 권리를 가진다.
[본조신설 2011. 6. 30.]

제5절 저작인접권의 보호기간

제86조(보호기간) ①저작인접권은 다음 각 호의 어느 하나에 해당하는 때부터 발생하며, 어떠한 절차나 형식의 이행을 필요로 하지 아니한다. 〈개정 2011. 12. 2.〉
1. 실연의 경우에는 그 실연을 한 때
2. 음반의 경우에는 그 음을 맨 처음 음반에 고정한 때
3. 방송의 경우에는 그 방송을 한 때

②저작인접권(실연자의 인격권은 제외한다. 이하 같다)은 다음 각 호의 어느 하나에 해당하는 때의 다음 해부터 기산하여 70년(방송의 경우에는 50년)간 존속한다. 〈개정 2011. 12. 2., 2023. 8. 8.〉
1. 실연의 경우에는 그 실연을 한 때. 다만, 실연을 한 때부터 50년 이내에 실연이 고정된 음반이 발행된 경우에는 음반을 발행한 때
2. 음반의 경우에는 그 음반을 발행한 때. 다만, 음을 음반에 맨 처음 고정한 때의 다음 해부터 기산하여 50년이 지난 때까지 음반을 발행하지 아니한 경우에는 음을 음반에 맨 처음 고정한 때
3. 방송의 경우에는 그 방송을 한 때

제6절 저작인접권의 제한·양도·행사 등

제87조(저작인접권의 제한) ① 저작인접권의 목적이 된 실연·음반 또는 방송의 이용에 관하여는 제23조, 제24조, 제25조제1항부터 제5항까지, 제26조부터 제32조까지, 제33조제2항, 제34조, 제35조의2부터 제35조의5까지, 제36조 및 제37조를 준용한다. 〈개정 2011. 12. 2., 2019. 11. 26., 2020. 2. 4.〉

② 디지털음성송신사업자는 제76조제1항 및 제83조제1항에 따라 실연이 녹음된 음반을 사용하여 송신하는 경우에는 자체의 수단으로 실연이 녹음된 음반을 일시적으로 복제할 수 있다. 이 경우 복제물의 보존기간에 관하여는 제34조제2항을 준용한다. 〈신설 2009. 4. 22.〉

제88조(저작인접권의 양도·행사 등) 저작인접권의 양도에 관하여는 제45조제1항을, 실연·음반 또는 방송의 이용허락에 관하여는 제46조를, 저작인접권을 목적으로 하는 질권의 행사에 관하여는 제47조를, 저작인접권의 소멸에 관하여는 제49조를, 실연·음반 또는 방송의 배타적발행권의 설정 등에 관하여는 제57조부터 제62조까지의 규정을 각각 준용한다.

[전문개정 2011. 12. 2.]

제89조(실연·음반 및 방송이용의 법정허락) 제50조부터 제52조까지는 실연·음반 및 방송의 이용에 관하여 준용한다. 〈개정 2023. 8. 8.〉

제90조(저작인접권의 등록) 저작인접권 또는 저작인접권의 배타적발행권의 등록, 변경등록등에 관하여는 제53조부터 제55조까지 및 제55조의2부터 제55조의5까지의 규정을 준용한다. 이 경우 제55조, 제55조의2 및 제55조의3 중 "저작권등록부"는 "저작인접권등록부"로 본다.

[전문개정 2020. 2. 4.]

제4장 데이터베이스제작자의 보호

제91조(보호받는 데이터베이스) ①다음 각 호의 어느 하나에 해당하는 자의 데이터베이스는 이 법에 따른 보호를 받는다.

1. 대한민국 국민
2. 데이터베이스의 보호와 관련하여 대한민국이 가입 또는 체결한 조약에 따라 보호되는 외국인

②제1항의 규정에 따라 보호되는 외국인의 데이터베이스라도 그 외국에서 대한민국 국민의 데이터베이스를 보호하지 아니하는 경우에는 그에 상응하게 조약

및 이 법에 따른 보호를 제한할 수 있다.

제92조(적용 제외) 다음 각 호의 어느 하나에 해당하는 데이터베이스에 대하여는 이 장의 규정을 적용하지 아니한다.

1. 데이터베이스의 제작·갱신등 또는 운영에 이용되는 컴퓨터프로그램
2. 무선 또는 유선통신을 기술적으로 가능하게 하기 위하여 제작되거나 갱신등이 되는 데이터베이스

제93조(데이터베이스제작자의 권리) ①데이터베이스제작자는 그의 데이터베이스의 전부 또는 상당한 부분을 복제·배포·방송 또는 전송(이하 이 조에서 "복제등"이라 한다)할 권리를 가진다.

②데이터베이스의 개별 소재는 제1항에 따른 해당 데이터베이스의 상당한 부분으로 간주되지 아니한다. 다만, 데이터베이스의 개별 소재 또는 그 상당한 부분에 이르지 못하는 부분의 복제등이라 하더라도 반복적이거나 특정한 목적을 위하여 체계적으로 함으로써 해당 데이터베이스의 일반적인 이용과 충돌하거나 데이터베이스제작자의 이익을 부당하게 해치는 경우에는 해당 데이터베이스의 상당한 부분의 복제등으로 본다. 〈개정 2021. 5. 18., 2023. 8. 8.〉

③이 장에 따른 보호는 데이터베이스의 구성부분이 되는 소재의 저작권 그 밖에 이 법에 따라 보호되는 권리에 영향을 미치지 아니한다.

④이 장에 따른 보호는 데이터베이스의 구성부분이 되는 소재 그 자체에는 미치지 아니한다.

제94조(데이터베이스제작자의 권리제한) ① 데이터베이스제작자의 권리의 목적이 되는 데이터베이스의 이용에 관하여는 제23조, 제28조부터 제34조까지, 제35조의2, 제35조의4, 제35조의5, 제36조 및 제37조를 준용한다. 〈개정 2011. 12. 2., 2019. 11. 26.〉

②다음 각 호의 어느 하나에 해당하는 경우에는 누구든지 데이터베이스의 전부 또는 그 상당한 부분을 복제·배포·방송 또는 전송할 수 있다. 다만, 해당 데이터베이스의 일반적인 이용과 저촉되는 경우에는 그러하지 아니하다. 〈개정 2021. 5. 18., 2023. 8. 8.〉

1. 교육·학술 또는 연구를 위하여 이용하는 경우. 다만, 영리를 목적으로 하는 경우에는 그러하지 아니하다.

2. 시사보도를 위하여 이용하는 경우

제95조(보호기간) ①데이터베이스제작자의 권리는 데이터베이스의 제작을 완료한 때부터 발생하며, 그 다음 해부터 기산하여 5년간 존속한다.

②데이터베이스의 갱신등을 위하여 인적 또는 물적으로 상당한 투자가 이루어진 경우에 해당 부분에 대한 데이터베이스제작자의 권리는 그 갱신등을 한 때부터 발생하며, 그 다음 해부터 기산하여 5년간 존속한다. 〈개정 2021. 5. 18.〉

제96조(데이터베이스제작자의 권리의 양도·행사 등) 데이터베이스의 거래제공에 관하여는 제20조 단서를, 데이터베이스제작자의 권리의 양도에 관하여는 제45조제1항을, 데이터베이스의 이용허락에 관하여는 제46조를, 데이터베이스제작자의 권리를 목적으로 하는 질권의 행사에 관하여는 제47조를, 공동데이터베이스의 데이터베이스제작자의 권리행사에 관하여는 제48조를, 데이터베이스제작자의 권리의 소멸에 관하여는 제49조를, 데이터베이스의 배타적발행권의 설정 등에 관하여는 제57조부터 제62조까지의 규정을 각각 준용한다.

[전문개정 2011. 12. 2.]

제97조(데이터베이스 이용의 법정허락) 제50조 및 제51조의 규정은 데이터베이스의 이용에 관하여 준용한다.

제98조(데이터베이스제작자의 권리의 등록) 데이터베이스제작자의 권리 및 데이터베이스제작자 권리의 배타적발행권 등록, 변경등록등에 관하여는 제53조부터 제55조까지 및 제55조의2부터 제55조의5까지의 규정을 준용한다. 이 경우 제55조, 제55조의2 및 제55조의3 중 “저작권등록부”는 “데이터베이스제작자 권리등록부”로 본다.

[전문개정 2020. 2. 4.]

제5장 영상저작물에 관한 특례

제99조(저작물의 영상화) ①저작재산권자가 저작물의 영상화를 다른 사람에게 허락한 경우에 특약이 없는 때에는 다음 각 호의 권리를 포함하여 허락한 것으로 추정한다.

1. 영상저작물을 제작하기 위하여 저작물을 각색하는 것
2. 공개상영을 목적으로 한 영상저작물을 공개상영하는 것
3. 방송을 목적으로 한 영상저작물을 방송하는 것
4. 전송을 목적으로 한 영상저작물을 전송하는 것
5. 영상저작물을 그 본래의 목적으로 복제·배포하는 것
6. 영상저작물의 번역물을 그 영상저작물과 같은 방법으로 이용하는 것

②저작재산권자는 그 저작물의 영상화를 허락한 경우에 특약이 없는 때에는 허락한 날부터 5년이 지난 때에 그 저작물을 다른 영상저작물로 영상화하는 것을 허락할 수 있다. 〈개정 2023. 8. 8.〉

제100조(영상저작물에 대한 권리) ①영상제작자와 영상저작물의 제작에 협력할 것을 약정한 자가 그 영상저작물에 대하여 저작권을 취득한 경우 특약이 없으면 그 영상저작물의 이용을 위하여 필요한 권리는 영상제작자가 이를 양도 받은 것으로 추정한다. 〈개정 2023. 8. 8.〉

②영상저작물의 제작에 사용되는 소설·각본·미술저작물 또는 음악저작물 등의 저작재산권은 제1항의 규정으로 인하여 영향을 받지 아니한다.

③영상제작자와 영상저작물의 제작에 협력할 것을 약정한 실연자의 그 영상저작물의 이용에 관한 제69조의 규정에 따른 복제권, 제70조의 규정에 따른 배포권, 제73조의 규정에 따른 방송권 및 제74조의 규정에 따른 전송권은 특약이 없으면 영상제작자가 이를 양도 받은 것으로 추정한다. 〈개정 2023. 8. 8.〉

제101조(영상제작자의 권리) ①영상제작물의 제작에 협력할 것을 약정한 자로부터 영상제작자가 양도 받는 영상저작물의 이용을 위하여 필요한 권리는 영상저작물을 복제·배포·공개상영·방송·전송 그 밖의 방법으로 이용할 권리로 하며, 이를 양도하거나 질권의 목적으로 할 수 있다.

②실연자로부터 영상제작자가 양도 받는 권리는 그 영상저작물을 복제·배포·방송 또는 전송할 권리로 하며, 이를 양도하거나 질권의 목적으로 할 수 있다.

제5장의2 프로그램에 관한 특례 〈신설 2009. 4. 22.〉

제101조의2(보호의 대상) 프로그램을 작성하기 위하여 사용하는 다음 각 호의 사항에는 이 법을 적용하지 아니한다.

1. 프로그램 언어: 프로그램을 표현하는 수단으로서 문자·기호 및 그 체계
2. 규약: 특정한 프로그램에서 프로그램 언어의 용법에 관한 특별한 약속
3. 해법: 프로그램에서 지시·명령의 조합방법

[본조신설 2009. 4. 22.]

제101조의3(프로그램의 저작재산권의 제한) ① 다음 각 호의 어느 하나에 해당하는 경우에는 그 목적을 위하여 필요한 범위에서 공표된 프로그램을 복제 또는 배포할 수 있다. 다만, 프로그램의 종류·용도, 프로그램에서 복제된 부분이 차지하는 비중 및 복제의 부수 등에 비추어 프로그램의 저작재산권자의 이익을 부당하게 해치는 경우에는 그러하지 아니하다. 〈개정 2020. 2. 4., 2021. 5. 18., 2023. 8. 8.〉

1. 재판 또는 수사를 위하여 복제하는 경우

1의2. 제119조제1항제2호에 따른 감정을 위하여 복제하는 경우

2. 「유아교육법」, 「초·중등교육법」, 「고등교육법」에 따른 학교 및 다른 법률에 따라 설립된 교육기관(초등학교·중학교 또는 고등학교를 졸업한 것과 같은 수준의 학력이 인정되거나 학위를 수여하는 교육기관으로 한정한다)에서 교육을 담당하는 자가 수업과정에 제공할 목적으로 복제 또는 배포하는 경우

3. 「초·중등교육법」에 따른 학교 및 이에 준하는 학교의 교육목적을 위한 교과용 도서에 게재하기 위하여 복제하는 경우

4. 가정과 같은 한정된 장소에서 개인적인 목적(영리를 목적으로 하는 경우는 제외한다)으로 복제하는 경우

5. 「초·중등교육법」, 「고등교육법」에 따른 학교 및 이에 준하는 학교의 입학시

험이나 그 밖의 학식 및 기능에 관한 시험 또는 검정을 목적(영리를 목적으로 하는 경우는 제외한다)으로 복제 또는 배포하는 경우

6. 프로그램의 기초를 이루는 아이디어 및 원리를 확인하기 위하여 프로그램의 기능을 조사·연구·시험할 목적으로 복제하는 경우(정당한 권한에 따라 프로그램을 이용하는 자가 해당 프로그램을 이용 중인 경우로 한정한다)

② 컴퓨터의 유지·보수를 위하여 그 컴퓨터를 이용하는 과정에서 프로그램(정당하게 취득한 경우로 한정한다)을 일시적으로 복제할 수 있다. 〈신설 2011. 12. 2., 2021. 5. 18.〉

③ 제1항제3호에 따라 프로그램을 교과용 도서에 게재하려는 자는 문화체육관광부장관이 정하여 고시하는 기준에 따른 보상금을 해당 저작재산권자에게 지급하여야 한다. 이 경우 보상금 지급에 관하여는 제25조제7항부터 제11항까지의 규정을 준용한다. 〈개정 2011. 12. 2., 2020. 2. 4.〉

[본조신설 2009. 4. 22.]

제101조의4(프로그램코드역분석) ① 정당한 권한에 의하여 프로그램을 이용하는 자 또는 그의 허락을 받은 자는 호환에 필요한 정보를 쉽게 얻을 수 없고 그 획득이 불가피한 경우에는 해당 프로그램의 호환에 필요한 부분에 한정하여 프로그램의 저작재산권자의 허락을 받지 아니하고 프로그램코드역분석을 할 수 있다. 〈개정 2023. 8. 8.〉

② 제1항에 따른 프로그램코드역분석을 통하여 얻은 정보는 다음 각 호의 어느 하나에 해당하는 경우에는 이를 이용할 수 없다.

1. 호환 목적 외의 다른 목적을 위하여 이용하거나 제3자에게 제공하는 경우

2. 프로그램코드역분석의 대상이 되는 프로그램과 표현이 실질적으로 유사한 프로그램을 개발·제작·판매하거나 그 밖에 프로그램의 저작권을 침해하는 행위에 이용하는 경우

[본조신설 2009. 4. 22.]

제101조의5(정당한 이용자에 의한 보존을 위한 복제 등) ① 프로그램의 복제물을 정당한 권한에 의하여 소지·이용하는 자는 그 복제물의 멸실·훼손 또는 변질

등에 대비하기 위하여 필요한 범위에서 해당 복제물을 복제할 수 있다.

② 프로그램의 복제물을 소지·이용하는 자는 해당 프로그램의 복제물을 소지·이용할 권리를 상실한 때에는 그 프로그램의 저작재산권자의 특별한 의사표시가 없으면 제1항에 따라 복제한 것을 폐기하여야 한다. 다만, 프로그램의 복제물을 소지·이용할 권리가 해당 복제물이 멸실됨으로 인하여 상실된 경우에는 그러하지 아니하다. 〈개정 2023. 8. 8.〉

[본조신설 2009. 4. 22.]

제101조의6 삭제 〈2011. 12. 2.〉

제101조의7(프로그램의 임치) ① 프로그램의 저작재산권자와 프로그램의 이용허락을 받은 자는 대통령령으로 정하는 자(이하 이 조에서 "수치인"이라 한다)와 서로 합의하여 프로그램의 원시코드 및 기술정보 등을 수치인에게 임치할 수 있다.

② 프로그램의 이용허락을 받은 자는 제1항에 따른 합의에서 정한 사유가 발생한 때에 수치인에게 프로그램의 원시코드 및 기술정보 등의 제공을 요구할 수 있다.

[본조신설 2009. 4. 22.]

제6장 온라인서비스제공자의 책임 제한

제102조(온라인서비스제공자의 책임 제한) ① 온라인서비스제공자는 다음 각 호의 행위와 관련하여 저작권, 그 밖에 이 법에 따라 보호되는 권리가 침해되더라도 그 호의 분류에 따라 각 목의 요건을 모두 갖춘 경우에는 그 침해에 대하여 책임을 지지 아니한다. 〈개정 2011. 6. 30., 2011. 12. 2., 2020. 2. 4.〉

1. 내용의 수정 없이 저작물등을 송신하거나 경로를 지정하거나 연결을 제공하는 행위 또는 그 과정에서 저작물등을 그 송신을 위하여 합리적으로 필요한 기간 내에서 자동적·중개적·일시적으로 저장하는 행위

가. 온라인서비스제공자가 저작물등의 송신을 시작하지 아니한 경우

나. 온라인서비스제공자가 저작물등이나 그 수신자를 선택하지 아니한 경우

다. 저작권, 그 밖에 이 법에 따라 보호되는 권리를 반복적으로 침해하는 자의 계정(온라인서비스제공자가 이용자를 식별·관리하기 위하여 사용하는 이용권한

계좌를 말한다. 이하 이 조, 제103조의2, 제133조의2 및 제133조의3에서 같다)을 해지하는 방침을 채택하고 이를 합리적으로 이행한 경우

라. 저작물등을 식별하고 보호하기 위한 기술조치로서 대통령령으로 정하는 조건을 충족하는 표준적인 기술조치를 권리자가 이용한 때에는 이를 수용하고 방해하지 아니한 경우

2. 서비스이용자의 요청에 따라 송신된 저작물등을 후속 이용자들이 효율적으로 접근하거나 수신할 수 있게 할 목적으로 그 저작물등을 자동적·중개적·일시적으로 저장하는 행위

가. 제1호 각 목의 요건을 모두 갖춘 경우

나. 온라인서비스제공자가 그 저작물등을 수정하지 아니한 경우

다. 제공되는 저작물등에 접근하기 위한 조건이 있는 경우에는 그 조건을 지킨 이용자에게만 임시저장된 저작물등의 접근을 허용한 경우

라. 저작물등을 복제·전송하는 자(이하 "복제·전송자"라 한다)가 명시한, 컴퓨터나 정보통신망에 대하여 그 업계에서 일반적으로 인정되는 데이터통신규약에 따른 저작물등의 현행화에 관한 규칙을 지킨 경우. 다만, 복제·전송자가 그러한 저장을 불합리하게 제한할 목적으로 현행화에 관한 규칙을 정한 경우에는 그러하지 아니한다.

마. 저작물등이 있는 본래의 사이트에서 그 저작물등의 이용에 관한 정보를 얻기 위하여 적용한, 그 업계에서 일반적으로 인정되는 기술의 사용을 방해하지 아니한 경우

바. 제103조제1항에 따른 복제·전송의 중단요구를 받은 경우, 본래의 사이트에서 그 저작물등이 삭제되었거나 접근할 수 없게 된 경우, 또는 법원, 관계 중앙행정기관의 장이 그 저작물등을 삭제하거나 접근할 수 없게 하도록 명령을 내린 사실을 실제로 알게 된 경우에 그 저작물등을 즉시 삭제하거나 접근할 수 없게 한 경우

3. 복제·전송자의 요청에 따라 저작물등을 온라인서비스제공자의 컴퓨터에 저장하는 행위 또는 정보검색도구를 통하여 이용자에게 정보통신망상 저작물등의 위치를 알 수 있게 하거나 연결하는 행위

가. 제1호 각 목의 요건을 모두 갖춘 경우

나. 온라인서비스제공자가 침해행위를 통제할 권한과 능력이 있을 때에는 그 침해행위로부터 직접적인 금전적 이익을 얻지 아니한 경우

다. 온라인서비스제공자가 침해를 실제로 알게 되거나 제103조제1항에 따른 복제·전송의 중단요구 등을 통하여 침해가 명백하다는 사실 또는 정황을 알게 된 때에 즉시 그 저작물등의 복제·전송을 중단시킨 경우

라. 제103조제4항에 따라 복제·전송의 중단요구 등을 받을 자를 지정하여 공지한 경우

4. 삭제 〈2020. 2. 4.〉

② 제1항에도 불구하고 온라인서비스제공자가 제1항에 따른 조치를 취하는 것이 기술적으로 불가능한 경우에는 다른 사람에 의한 저작물등의 복제·전송으로 인한 저작권, 그 밖에 이 법에 따라 보호되는 권리의 침해에 대하여 책임을 지지 아니한다. 〈개정 2011. 6. 30.〉

③ 제1항에 따른 책임 제한과 관련하여 온라인서비스제공자는 자신의 서비스 안에서 침해행위가 일어나는지를 모니터링하거나 그 침해행위에 관하여 적극적으로 조사할 의무를 지지 아니한다. 〈신설 2011. 6. 30.〉

제103조(복제·전송의 중단) ①온라인서비스제공자(제102조제1항제1호의 경우는 제외한다. 이하 이 조에서 같다)의 서비스를 이용한 저작물등의 복제·전송에 따라 저작권, 그 밖에 이 법에 따라 보호되는 자신의 권리가 침해됨을 주장하는 자(이하 이 조에서 "권리주장자"라 한다)는 그 사실을 소명하여 온라인서비스제공자에게 그 저작물등의 복제·전송을 중단시킬 것을 요구할 수 있다. 〈개정 2011. 6. 30.〉

② 온라인서비스제공자는 제1항에 따른 복제·전송의 중단요구를 받은 경우에는 즉시 그 저작물등의 복제·전송을 중단시키고 권리주장자에게 그 사실을 통보하여야 한다. 다만, 제102조제1항제3호의 온라인서비스제공자는 그 저작물등의 복제·전송자에게도 이를 통보하여야 한다. 〈개정 2011. 6. 30., 2020. 2. 4.〉

③제2항에 따른 통보를 받은 복제·전송자가 자신의 복제·전송이 정당한 권리에 의한 것임을 소명하여 그 복제·전송의 재개를 요구하는 경우 온라인서비스제

공자는 재개요구사실 및 재개예정일을 권리주장자에게 지체 없이 통보하고 그 예정일에 복제·전송을 재개시켜야 한다. 다만, 권리주장자가 복제·전송자의 침해행위에 대하여 소를 제기한 사실을 재개예정일 전에 온라인서비스제공자에게 통보한 경우에는 그러하지 아니하다. 〈개정 2011. 12. 2.〉

④온라인서비스제공자는 제1항 및 제3항의 규정에 따른 복제·전송의 중단 및 그 재개의 요구를 받을 자(이하 이 조에서 "수령인"이라 한다)를 지정하여 자신의 설비 또는 서비스를 이용하는 자들이 쉽게 알 수 있도록 공지하여야 한다.

⑤온라인서비스제공자가 제4항에 따른 공지를 하고 제2항과 제3항에 따라 그 저작물등의 복제·전송을 중단시키거나 재개시킨 경우에는 다른 사람에 의한 저작권 그 밖에 이 법에 따라 보호되는 권리의 침해에 대한 온라인서비스제공자의 책임 및 복제·전송자에게 발생하는 손해에 대한 온라인서비스제공자의 책임을 면제한다. 다만, 이 항의 규정은 온라인서비스제공자가 다른 사람에 의한 저작물등의 복제·전송으로 인하여 그 저작권 그 밖에 이 법에 따라 보호되는 권리가 침해된다는 사실을 안 때부터 제1항에 따른 중단을 요구받기 전까지 발생한 책임에는 적용하지 아니한다. 〈개정 2011. 6. 30., 2011. 12. 2.〉

⑥정당한 권리 없이 제1항 및 제3항의 규정에 따른 그 저작물등의 복제·전송의 중단이나 재개를 요구하는 자는 그로 인하여 발생하는 손해를 배상하여야 한다.

⑦제1항부터 제4항까지의 규정에 따른 소명, 중단, 통보, 복제·전송의 재개, 수령인의 지정 및 공지 등에 관하여 필요한 사항은 대통령령으로 정한다. 이 경우 문화체육관광부장관은 관계중앙행정기관의 장과 미리 협의하여야 한다. 〈개정 2008. 2. 29., 2011. 6. 30.〉

제103조의2(온라인서비스제공자에 대한 법원 명령의 범위) ① 법원은 제102조제1항제1호에 따른 요건을 충족한 온라인서비스제공자에게 제123조제3항에 따라 필요한 조치를 명하는 경우에는 다음 각 호의 조치만을 명할 수 있다.

1. 특정 계정의 해지
2. 특정 해외 인터넷 사이트에 대한 접근을 막기 위한 합리적 조치

② 법원은 제102조제1항제2호 및 제3호의 요건을 충족한 온라인서비스제공자에게 제123조제3항에 따라 필요한 조치를 명하는 경우에는 다음 각 호의 조치

만을 명할 수 있다. 〈개정 2020. 2. 4.〉

1. 불법복제물의 삭제

2. 불법복제물에 대한 접근을 막기 위한 조치

3. 특정 계정의 해지

4. 그 밖에 온라인서비스제공자에게 최소한의 부담이 되는 범위에서 법원이 필요하다고 판단하는 조치

[본조신설 2011. 12. 2.]

제103조의3(복제·전송자에 관한 정보 제공의 청구) ① 권리주장자가 민사상의 소제기 및 형사상의 고소를 위하여 해당 온라인서비스제공자에게 그 온라인서비스제공자가 가지고 있는 해당 복제·전송자의 성명과 주소 등 필요한 최소한의 정보 제공을 요청하였으나 온라인서비스제공자가 이를 거절한 경우 권리주장자는 문화체육관광부장관에게 해당 온라인서비스제공자에 대하여 그 정보의 제공을 명령하여 줄 것을 청구할 수 있다.

② 문화체육관광부장관은 제1항에 따른 청구가 있으면 제122조의6에 따른 저작권보호심의위원회의 심의를 거쳐 온라인서비스제공자에게 해당 복제·전송자의 정보를 제출하도록 명할 수 있다. 〈개정 2016. 3. 22.〉

③ 온라인서비스제공자는 제2항의 명령을 받은 날부터 7일 이내에 그 정보를 문화체육관광부장관에게 제출하여야 하며, 문화체육관광부장관은 그 정보를 제1항에 따른 청구를 한 자에게 지체 없이 제공하여야 한다.

④ 제3항에 따라 해당 복제·전송자의 정보를 제공받은 자는 해당 정보를 제1항의 청구 목적 외의 용도로 사용하여서는 아니 된다.

⑤ 그 밖에 복제·전송자에 관한 정보의 제공에 필요한 사항은 대통령령으로 정한다.

[본조신설 2011. 12. 2.]

제104조(특수한 유형의 온라인 서비스제공자의 의무 등) ①다른 사람들 상호 간에 컴퓨터를 이용하여 저작물등을 전송하도록 하는 것을 주된 목적으로 하는 온라인서비스제공자(이하 "특수한 유형의 온라인서비스제공자"라 한다)는 권리자

의 요청이 있는 경우 해당 저작물등의 불법적인 전송을 차단하는 기술적인 조치 등 필요한 조치를 하여야 한다. 이 경우 권리자의 요청 및 필요한 조치에 관한 사항은 대통령령으로 정한다. 〈개정 2009. 4. 22.〉

②문화체육관광부장관은 제1항의 규정에 따른 특수한 유형의 온라인서비스제공자의 범위를 정하여 고시할 수 있다. 〈개정 2008. 2. 29.〉

③ 문화체육관광부장관은 제1항에 따른 기술적인 조치 등 필요한 조치의 이행 여부를 정보통신망을 통하여 확인하여야 한다. 〈신설 2020. 2. 4.〉

④ 문화체육관광부장관은 제3항에 따른 업무를 대통령령으로 정하는 기관 또는 단체에 위탁할 수 있다. 〈신설 2020. 2. 4.〉

제6장의2 기술적 보호조치의 무력화 금지 등 〈신설 2011. 6. 30.〉

제104조의2(기술적 보호조치의 무력화 금지) ① 누구든지 정당한 권한 없이 고의 또는 과실로 제2조제28호가목의 기술적 보호조치를 제거·변경하거나 우회하는 등의 방법으로 무력화하여서는 아니 된다. 다만, 다음 각 호의 어느 하나에 해당하는 경우에는 그러하지 아니하다. 〈개정 2020. 2. 4., 2021. 5. 18., 2024. 2. 27.〉

1. 암호 분야의 연구에 종사하는 자가 저작물등의 복제물을 정당하게 취득하여 저작물등에 적용된 암호 기술의 결함이나 취약점을 연구하기 위하여 필요한 범위에서 행하는 경우. 다만, 권리자로부터 연구에 필요한 이용을 허락받기 위하여 상당한 노력을 하였으나 허락을 받지 못한 경우로 한정한다.

2. 미성년자에게 유해한 온라인상의 저작물등에 미성년자가 접근하는 것을 방지하기 위하여 기술·제품·서비스 또는 장치에 기술적 보호조치를 무력화하는 구성요소나 부품을 포함하는 경우. 다만, 제2항에 따라 금지되지 아니하는 경우로 한정한다.

3. 개인의 온라인상의 행위를 파악할 수 있는 개인 식별 정보를 비공개적으로 수집·유포하는 기능을 확인하고, 이를 무력화하기 위하여 필요한 경우. 다만, 다른 사람들이 저작물등에 접근하는 것에 영향을 미치는 경우는 제외한다.

4. 국가의 법집행, 합법적인 정보수집 또는 안전보장 등을 위하여 필요한 경우
5. 제25조제3항 및 제4항에 따른 학교·교육기관·교육훈련기관 및 수업지원기관, 제31조제1항에 따른 도서관(비영리인 경우로 한정한다) 또는 「공공기록물 관리에 관한 법률」에 따른 기록물관리기관이 저작물등의 구입 여부를 결정하기 위하여 필요한 경우. 다만, 기술적 보호조치를 무력화하지 아니하고는 접근할 수 없는 경우로 한정한다.
6. 정당한 권한을 가지고 프로그램을 사용하는 자가 다른 프로그램과의 호환을 위하여 필요한 범위에서 프로그램코드역분석을 하는 경우
7. 정당한 권한을 가진 자가 오로지 컴퓨터 또는 정보통신망의 보안성을 검사·조사 또는 보정하기 위하여 필요한 경우
8. 기술적 보호조치의 무력화 금지에 의하여 특정 종류의 저작물등을 정당하게 이용하는 것이 불합리하게 영향을 받거나 받을 가능성이 있다고 인정되어 대통령령으로 정하는 절차에 따라 문화체육관광부장관이 정하여 고시하는 경우. 이 경우 그 예외의 효력은 3년으로 한다.

② 누구든지 정당한 권한 없이 다음과 같은 장치, 제품 또는 부품을 제조, 수입, 배포, 전송, 판매, 대여, 공중에 대한 청약, 판매나 대여를 위한 광고, 또는 유통을 목적으로 보관 또는 소지하거나, 서비스를 제공하여서는 아니 된다.
1. 기술적 보호조치의 무력화를 목적으로 홍보, 광고 또는 판촉되는 것
2. 기술적 보호조치를 무력화하는 것 외에는 제한적으로 상업적인 목적 또는 용도만 있는 것
3. 기술적 보호조치를 무력화하는 것을 가능하게 하거나 용이하게 하는 것을 주된 목적으로 고안, 제작, 개조되거나 기능하는 것

③ 제2항에도 불구하고 다음 각 호의 어느 하나에 해당하는 경우에는 그러하지 아니하다.
1. 제2조제28호가목의 기술적 보호조치와 관련하여 제1항제1호·제2호·제4호·제6호 및 제7호에 해당하는 경우
2. 제2조제28호나목의 기술적 보호조치와 관련하여 제1항제4호 및 제6호에 해당하는 경우

[본조신설 2011. 6. 30.]

제104조의3(권리관리정보의 제거·변경 등의 금지) ① 누구든지 정당한 권한 없이 저작권, 그 밖에 이 법에 따라 보호되는 권리의 침해를 유발 또는 은닉한다는 사실을 알거나 과실로 알지 못하고 다음 각 호의 어느 하나에 해당하는 행위를 하여서는 아니 된다. 〈개정 2011. 12. 2.〉

1. 권리관리정보를 고의로 제거·변경하거나 거짓으로 부가하는 행위
2. 권리관리정보가 정당한 권한 없이 제거 또는 변경되었다는 사실을 알면서 그 권리관리정보를 배포하거나 배포할 목적으로 수입하는 행위
3. 권리관리정보가 정당한 권한 없이 제거·변경되거나 거짓으로 부가된 사실을 알면서 해당 저작물등의 원본이나 그 복제물을 배포·공연 또는 공중송신하거나 배포를 목적으로 수입하는 행위

② 제1항은 국가의 법집행, 합법적인 정보수집 또는 안전보장 등을 위하여 필요한 경우에는 적용하지 아니한다.

[본조신설 2011. 6. 30.]

제104조의4(암호화된 방송 신호의 무력화 등의 금지) 누구든지 다음 각 호의 어느 하나에 해당하는 행위를 하여서는 아니 된다.

1. 암호화된 방송 신호를 방송사업자의 허락 없이 복호화(復號化)하는 데에 주로 사용될 것을 알거나 과실로 알지 못하고, 그러한 목적을 가진 장치·제품·주요부품 또는 프로그램 등 유·무형의 조치를 제조·조립·변경·수입·수출·판매·임대하거나 그 밖의 방법으로 전달하는 행위. 다만, 제104조의2제1항제1호·제2호 또는 제4호에 해당하는 경우에는 그러하지 아니하다.
2. 암호화된 방송 신호가 정당한 권한에 의하여 복호화된 경우 그 사실을 알고 그 신호를 방송사업자의 허락 없이 영리를 목적으로 다른 사람에게 공중송신하는 행위
3. 암호화된 방송 신호가 방송사업자의 허락없이 복호화된 것임을 알면서 그러한 신호를 수신하여 청취 또는 시청하거나 다른 사람에게 공중송신하는 행위

[본조신설 2011. 12. 2.]

[종전 제104조의4는 제104조의8로 이동 〈2011. 12. 2.〉]

제104조의5(라벨 위조 등의 금지) 누구든지 정당한 권한 없이 다음 각 호의 어느 하나에 해당하는 행위를 하여서는 아니 된다.

1. 저작물등의 라벨을 불법복제물이나 그 문서 또는 포장에 부착·동봉 또는 첨부하기 위하여 위조하거나 그러한 사실을 알면서 배포 또는 배포할 목적으로 소지하는 행위
2. 저작물등의 권리자나 권리자의 동의를 받은 자로부터 허락을 받아 제작한 라벨을 그 허락 범위를 넘어 배포하거나 그러한 사실을 알면서 다시 배포 또는 다시 배포할 목적으로 소지하는 행위
3. 저작물등의 적법한 복제물과 함께 배포되는 문서 또는 포장을 불법복제물에 사용하기 위하여 위조하거나 그러한 사실을 알면서 위조된 문서 또는 포장을 배포하거나 배포할 목적으로 소지하는 행위

[본조신설 2011. 12. 2.]

제104조의6(영상저작물 녹화 등의 금지) 누구든지 저작권으로 보호되는 영상저작물을 상영 중인 영화상영관등에서 저작재산권자의 허락 없이 녹화기기를 이용하여 녹화하거나 공중송신하여서는 아니 된다.

[본조신설 2011. 12. 2.]

제104조의7(방송전 신호의 송신 금지) 누구든지 정당한 권한 없이 방송사업자에게로 송신되는 신호(공중이 직접 수신하도록 할 목적의 경우에는 제외한다)를 제3자에게 송신하여서는 아니된다.

[본조신설 2011. 12. 2.]

제104조의8(침해의 정지·예방 청구 등) 저작권, 그 밖에 이 법에 따라 보호되는 권리를 가진 자는 제104조의2부터 제104조의4까지의 규정을 위반한 자에 대하여 침해의 정지·예방, 손해배상의 담보 또는 손해배상이나 이를 갈음하는 법정손해배상의 청구를 할 수 있으며, 고의 또는 과실 없이 제104조의2제1항의 행위를 한 자에 대하여는 침해의 정지·예방을 청구할 수 있다. 이 경우 제123조, 제125조, 제125조의2, 제126조 및 제129조를 준용한다. 〈개정 2011. 12. 2.〉

[본조신설 2011. 6. 30.]
[제104조의4에서 이동 <2011. 12. 2.>]

제7장 저작권위탁관리업

제105조(저작권위탁관리업의 허가 등) ①저작권신탁관리업을 하고자 하는 자는 대통령령으로 정하는 바에 따라 문화체육관광부장관의 허가를 받아야 하며, 저작권대리중개업을 하고자 하는 자는 대통령령으로 정하는 바에 따라 문화체육관광부장관에게 신고하여야 한다. 다만, 문화체육관광부장관은 「공공기관의 운영에 관한 법률」에 따른 공공기관을 저작권신탁관리단체로 지정할 수 있다. <개정 2008. 2. 29., 2016. 3. 22., 2021. 5. 18.>

②제1항에 따라 저작권신탁관리업을 하고자 하는 자는 다음 각 호의 요건을 갖추어야 하며, 대통령령으로 정하는 바에 따라 저작권신탁관리업무규정을 작성하여 이를 저작권신탁관리허가신청서와 함께 문화체육관광부장관에게 제출하여야 한다. 다만, 제1항 단서에 따른 공공기관의 경우에는 제1호의 요건을 적용하지 아니한다. <개정 2008. 2. 29., 2016. 3. 22., 2020. 2. 4.>

1. 저작물등에 관한 권리자로 구성된 단체일 것
2. 영리를 목적으로 하지 아니할 것
3. 사용료의 징수 및 분배 등의 업무를 수행하기에 충분한 능력이 있을 것

③ 제1항 본문에 따라 저작권대리중개업의 신고를 하려는 자는 대통령령으로 정하는 바에 따라 저작권대리중개업무규정을 작성하여 저작권대리중개업 신고서와 함께 문화체육관광부장관에게 제출하여야 한다. <신설 2020. 2. 4.>

④ 제1항에 따라 저작권신탁관리업의 허가를 받은 자가 문화체육관광부령으로 정하는 중요 사항을 변경하고자 하는 경우에는 문화체육관광부령으로 정하는 바에 따라 문화체육관광부장관의 변경허가를 받아야 하며, 저작권대리중개업을 신고한 자가 신고한 사항을 변경하려는 경우에는 문화체육관광부령으로 정하는 바에 따라 문화체육관광부장관에게 변경신고를 하여야 한다. <신설 2020. 2. 4.>

⑤ 문화체육관광부장관은 제1항 본문에 따른 저작권대리중개업의 신고 또는

제4항에 따른 저작권대리중개업의 변경신고를 받은 날부터 문화체육관광부령으로 정하는 기간 내에 신고·변경신고 수리 여부를 신고인에게 통지하여야 한다. 〈신설 2020. 2. 4.〉

⑥ 문화체육관광부장관이 제5항에서 정한 기간 내에 신고·변경신고 수리 여부나 민원 처리 관련 법령에 따른 처리기간의 연장을 신고인에게 통지하지 아니하면 그 기간이 끝난 날의 다음 날에 신고·변경신고를 수리한 것으로 본다. 〈신설 2020. 2. 4.〉

⑦다음 각 호의 어느 하나에 해당하는 자는 제1항에 따른 저작권신탁관리업 또는 저작권대리중개업(이하 "저작권위탁관리업"이라 한다)의 허가를 받거나 신고를 할 수 없다. 〈개정 2017. 3. 21., 2020. 2. 4., 2020. 12. 8.〉

1. 피성년후견인

2. 파산선고를 받고 복권되지 아니한 자

3. 금고 이상의 실형을 선고받고 그 집행이 종료(집행이 종료된 것으로 보는 경우를 포함한다)되거나 집행이 면제된 날부터 1년이 지나시 아니한 자

4. 금고 이상의 형의 집행유예 선고를 받고 그 유예기간 중에 있는 자

5. 이 법을 위반하거나 「형법」 제355조 또는 제356조를 위반하여 다음 각 목의 어느 하나에 해당하는 자

가. 금고 이상의 형의 선고유예를 받고 그 유예기간 중에 있는 자

나. 벌금형을 선고받고 1년이 지나지 아니한 자

6. 대한민국 내에 주소를 두지 아니한 자

7. 제1호부터 제6호까지의 어느 하나에 해당하는 사람이 대표자 또는 임원으로 되어 있는 법인 또는 단체

⑧제1항에 따라 저작권위탁관리업의 허가를 받거나 신고를 한 자(이하 "저작권위탁관리업자"라 한다)는 그 업무에 관하여 저작재산권자나 그 밖의 관계자로부터 수수료를 받을 수 있다. 〈개정 2020. 2. 4.〉

⑨제8항에 따른 수수료의 요율 또는 금액 및 저작권신탁관리업자가 이용자로부터 받는 사용료의 요율 또는 금액은 저작권신탁관리업자가 문화체육관광부장관의 승인을 받아 이를 정한다. 이 경우 문화체육관광부장관은 대통령령으로 정

하는 바에 따라 이해관계인의 의견을 수렴하여야 한다. 〈개정 2008. 2. 29., 2016. 3. 22., 2020. 2. 4.〉

⑩문화체육관광부장관은 제9항에 따른 승인을 하려면 위원회의 심의를 거쳐야 하며, 필요한 경우에는 기간을 정하거나 신청된 내용을 수정하여 승인할 수 있다. 〈개정 2008. 2. 29., 2009. 4. 22., 2020. 2. 4.〉

⑪문화체육관광부장관은 제9항에 따른 사용료의 요율 또는 금액에 관하여 승인 신청을 받거나 승인을 한 경우에는 대통령령으로 정하는 바에 따라 그 내용을 공고하여야 한다. 〈개정 2008. 2. 29., 2020. 2. 4.〉

⑫문화체육관광부장관은 저작재산권자 그 밖의 관계자의 권익보호 또는 저작물등의 이용 편의를 도모하기 위하여 필요한 경우에는 제9항에 따른 승인 내용을 변경할 수 있다. 〈개정 2008. 2. 29., 2020. 2. 4.〉

제106조(저작권신탁관리업자의 의무) ①저작권신탁관리업자는 그가 관리하는 저작물등의 목록과 이용계약 체결에 필요한 정보를 대통령령으로 정하는 바에 따라 분기별로 도서 또는 전자적 형태로 작성하여 주된 사무소에 비치하고 인터넷 홈페이지를 통하여 공개하여야 한다. 〈개정 2019. 11. 26., 2021. 5. 18.〉

②저작권신탁관리업자는 이용자가 서면으로 요청하는 경우에는 정당한 사유가 없으면 관리하는 저작물등의 이용계약을 체결하기 위하여 필요한 정보로서 대통령령으로 정하는 정보를 상당한 기간 이내에 서면으로 제공하여야 한다. 〈개정 2023. 8. 8.〉

③ 문화체육관광부장관은 음반을 사용하여 공연하는 자로부터 제105조제9항에 따른 사용료를 받는 저작권신탁관리업자 및 상업용 음반을 사용하여 공연하는 자로부터 제76조의2와 제83조의2에 따라 징수하는 보상금수령단체에 이용자의 편의를 위하여 필요한 경우 대통령령으로 정하는 바에 따라 통합 징수를 요구할 수 있다. 이 경우 그 요구를 받은 저작권신탁관리업자 및 보상금수령단체는 정당한 사유가 없으면 이에 따라야 한다. 〈신설 2016. 3. 22., 2020. 2. 4., 2023. 8. 8.〉

④ 저작권신탁관리업자 및 보상금수령단체는 제3항에 따라 사용료 및 보상금을 통합적으로 징수하기 위한 징수업무를 대통령령으로 정하는 자에게 위탁할

수 있다. 〈신설 2016. 3. 22.〉

⑤ 저작권신탁관리업자 및 보상금수령단체가 제4항에 따라 징수업무를 위탁한 경우에는 대통령령으로 정하는 바에 따라 위탁수수료를 지급하여야 한다. 〈신설 2016. 3. 22.〉

⑥ 제3항에 따라 징수한 사용료와 보상금의 정산 시기, 정산 방법 등에 관하여 필요한 사항은 대통령령으로 정한다. 〈신설 2016. 3. 22.〉

⑦ 저작권신탁관리업자는 다음 각 호의 사항을 대통령령으로 정하는 바에 따라 누구든지 열람할 수 있도록 주된 사무소에 비치하고 인터넷 홈페이지를 통하여 공개하여야 한다. 〈신설 2019. 11. 26.〉

1. 저작권 신탁계약 및 저작물 이용계약 약관, 저작권 사용료 징수 및 분배규정 등 저작권신탁관리 업무규정
2. 임원보수 등 대통령령으로 정하는 사항을 기재한 연도별 사업보고서
3. 연도별 저작권신탁관리업에 대한 결산서(재무제표와 그 부속서류를 포함한다)
4. 저작권신탁관리업에 대한 감사의 감사보고서
5. 그 밖에 권리자의 권익보호 및 저작권신탁관리업의 운영에 관한 중요한 사항으로서 대통령령으로 정하는 사항

제106조의2(이용허락의 거부금지) 저작권신탁관리업자는 정당한 이유가 없으면 관리하는 저작물등의 이용허락을 거부해서는 아니 된다.

[본조신설 2019. 11. 26.]

제107조(서류열람의 청구) 저작권신탁관리업자는 그가 신탁관리하는 저작물등을 영리목적으로 이용하는 자에게 해당 저작물등의 사용료 산정에 필요한 서류의 열람을 청구할 수 있다. 이 경우 이용자는 정당한 사유가 없으면 그 청구를 따라야 한다. 〈개정 2021. 5. 18., 2023. 8. 8.〉

제108조(감독) ①문화체육관광부장관은 저작권위탁관리업자에게 저작권위탁관리업의 업무에 관하여 필요한 보고를 하게 할 수 있다. 〈개정 2008. 2. 29.〉

②문화체육관광부장관은 저작자의 권익보호와 저작물의 이용편의를 도모하기 위하여 저작권위탁관리업자의 업무에 대하여 필요한 명령을 할 수 있다. 〈개정

2008. 2. 29.〉

③ 문화체육관광부장관은 저작자의 권익보호와 저작물의 이용편의를 도모하기 위하여 필요한 경우 소속 공무원으로 하여금 대통령령으로 정하는 바에 따라 저작권위탁관리업자의 사무 및 재산상황을 조사하게 할 수 있다. 〈신설 2019. 11. 26.〉

④ 문화체육관광부장관은 저작권위탁관리업자의 효율적 감독을 위하여 공인회계사나 그 밖의 관계 전문기관으로 하여금 제3항에 따른 조사를 하게 할 수 있다. 〈신설 2019. 11. 26.〉

⑤ 문화체육관광부장관은 제2항부터 제4항까지의 명령 및 조사를 위하여 개인정보 등 필요한 자료를 요청할 수 있으며, 요청을 받은 저작권위탁관리업자는 이에 따라야 한다. 〈신설 2019. 11. 26.〉

제108조의2(징계의 요구) 문화체육관광부장관은 저작권신탁관리업자의 대표자 또는 임원이 직무와 관련하여 다음 각 호의 어느 하나에 해당하는 경우에는 저작권신탁관리업자에게 해당 대표자 또는 임원의 징계를 요구할 수 있다.

1. 이 법 또는 「형법」 제355조 또는 제356조를 위반하여 벌금형 이상을 선고받아(집행유예를 선고받은 경우를 포함한다) 그 형이 확정된 경우

2. 회계부정, 부당행위 등으로 저작재산권, 그 밖에 이 법에 따라 보호되는 재산적 권리를 가진 자에게 손해를 끼친 경우

3. 이 법에 따른 문화체육관광부장관의 감독업무 수행을 방해하거나 기피하는 경우

[본조신설 2019. 11. 26.]

제109조(허가의 취소 등) ①문화체육관광부장관은 저작권위탁관리업자가 다음 각 호의 어느 하나에 해당하는 경우에는 6개월 이내의 기간을 정하여 업무의 정지를 명할 수 있다. 〈개정 2008. 2. 29., 2016. 3. 22., 2019. 11. 26., 2020. 2. 4., 2021. 5. 18.〉

1. 제105조제9항의 규정에 따라 승인된 수수료를 초과하여 받은 경우

2. 제105조제9항의 규정에 따라 승인된 사용료 이외의 사용료를 받은 경우

3. 제108조제1항에 따른 보고를 정당한 사유 없이 하지 아니하거나 거짓으로 한 경우

4. 제108조제2항의 규정에 따른 명령을 받고 정당한 사유 없이 이를 이행하지 아니한 경우

5. 제106조제3항에 따른 통합 징수 요구를 받고 정당한 사유 없이 이에 따르지 아니한 경우

6. 제106조제7항에 따라 공개하여야 하는 사항을 공개하지 않은 경우

7. 제108조제3항부터 제5항까지의 규정에 따른 조사 및 자료요청에 불응하거나 이를 거부·방해 또는 기피한 경우

8. 제108조의2에 따른 징계의 요구를 받고 정당한 사유 없이 그 요구를 이행하지 아니한 경우

9. 허가를 받거나 신고를 한 이후에 제105조제7항 각 호의 어느 하나의 사유에 해당하게 된 경우. 다만, 제105조제7항제7호에 해당하는 경우로서 6개월 이내에 그 대표자 또는 임원을 바꾸어 임명한 경우에는 그러하지 아니하다.

②문화체육관광부장관은 저작권위탁관리업자가 다음 각 호의 어느 하나에 해당하는 경우에는 저작권위탁관리업의 허가를 취소하거나 영업의 폐쇄명령을 할 수 있다. 〈개정 2008. 2. 29., 2023. 8. 8.〉

1. 거짓이나 그 밖의 부정한 방법으로 허가를 받거나 신고를 한 경우

2. 제1항의 규정에 따른 업무의 정지명령을 받고 그 업무를 계속한 경우

제110조(청문) 문화체육관광부장관은 제109조에 따라 저작권위탁관리업의 허가를 취소하거나 저작권위탁관리업자에 대하여 업무의 정지 또는 영업의 폐쇄를 명하려는 경우에는 청문을 실시하여야 한다. 〈개정 2008. 2. 29., 2020. 2. 4.〉

제111조(과징금 처분) ①문화체육관광부장관은 저작권위탁관리업자가 제109조제1항 각 호의 어느 하나에 해당하여 업무의 정지처분을 하여야 할 때에는 그 업무정지처분을 갈음하여 대통령령으로 정하는 바에 따라 직전년도 사용료 및 보상금 징수액의 100분의 1 이하의 과징금을 부과·징수할 수 있다. 다만, 징수금액을 산정하기 어려운 경우에는 10억원을 초과하지 아니하는 범위에서 과징

금을 부과·징수할 수 있다. 〈개정 2008. 2. 29., 2016. 3. 22., 2023. 8. 8.〉

②문화체육관광부장관은 제1항에 따라 과징금 부과처분을 받은 자가 과징금을 기한까지 납부하지 아니하는 때에는 국세체납처분의 예에 의하여 이를 징수한다. 〈개정 2008. 2. 29., 2016. 3. 22., 2023. 8. 8.〉

③제1항 및 제2항에 따라 징수한 과징금은 징수주체가 건전한 저작물 이용 질서의 확립을 위하여 사용할 수 있다. 〈개정 2016. 3. 22.〉

④제1항에 따라 과징금을 부과하는 위반행위의 종별·정도 등에 따른 과징금의 금액 및 제3항의 규정에 따른 과징금의 사용절차 등에 관하여 필요한 사항은 대통령령으로 정한다. 〈개정 2016. 3. 22.〉

제8장 한국저작권위원회 〈개정 2009. 4. 22.〉

제112조(한국저작권위원회의 설립) ① 저작권과 그 밖에 이 법에 따라 보호되는 권리(이하 이 장에서 "저작권"이라 한다)에 관한 사항을 심의하고, 저작권에 관한 분쟁(이하 "분쟁"이라 한다)을 알선·조정하며, 저작권 등록 관련 업무를 수행하고, 권리자의 권익증진 및 저작물등의 공정한 이용에 필요한 사업을 수행하기 위하여 한국저작권위원회(이하 "위원회"라 한다)를 둔다. 〈개정 2016. 3. 22., 2020. 2. 4.〉

② 위원회는 법인으로 한다.

③ 위원회에 관하여 이 법에서 정하지 아니한 사항에 대하여는 「민법」의 재단법인에 관한 규정을 준용한다. 이 경우 위원회의 위원은 이사로 본다.

④ 위원회가 아닌 자는 한국저작권위원회의 명칭을 사용하지 못한다.

[전문개정 2009. 4. 22.]

제112조의2(위원회의 구성) ① 위원회는 위원장 1명, 부위원장 2명을 포함한 20명 이상 25명 이내의 위원으로 구성한다.

② 위원은 다음 각 호의 사람 중에서 문화체육관광부장관이 위촉하며, 위원장과 부위원장은 위원 중에서 호선한다. 이 경우 문화체육관광부장관은 이 법에 따라 보호되는 권리의 보유자와 그 이용자의 이해를 반영하는 위원의 수가 균형을

이루도록 하여야 하며, 분야별 권리자 단체 또는 이용자 단체 등에 위원의 추천을 요청할 수 있다. 〈개정 2021. 5. 18., 2023. 8. 8.〉

1. 대학이나 공인된 연구기관에서 부교수 이상 또는 이에 상응하는 직위에 있거나 있었던 사람으로서 저작권 관련 분야를 전공한 사람

2. 판사 또는 검사의 직에 있는 사람 및 변호사의 자격이 있는 사람

3. 4급 이상의 공무원 또는 이에 상응하는 공공기관의 직에 있거나 있었던 사람으로서 저작권 또는 문화산업 분야에 실무경험이 있는 사람

4. 저작권 또는 문화산업 관련 단체의 임원의 직에 있거나 있었던 사람

5. 그 밖에 저작권 또는 문화산업 관련 업무에 관한 학식과 경험이 풍부한 사람

③ 위원의 임기는 3년으로 하며, 한 차례만 연임할 수 있다. 다만, 직위를 지정하여 위촉하는 위원의 임기는 해당 직위에 재임하는 기간으로 한다. 〈개정 2021. 5. 18.〉

④ 위원에 결원이 생겼을 때에는 제2항에 따라 보궐위원을 위촉하여야 하며, 그 보궐위원의 임기는 전임자 임기의 나머지 기간으로 한다. 다만, 위원의 수가 20명 이상인 경우에는 보궐위원을 위촉하지 아니할 수 있다.

⑤ 위원회의 업무를 효율적으로 수행하기 위하여 분야별로 분과위원회를 둘 수 있다. 분과위원회가 위원회로부터 위임받은 사항에 관하여 의결한 때에는 위원회가 의결한 것으로 본다.

⑥ 제1항부터 제5항까지에서 규정한 사항 외에 위원회의 구성과 운영에 필요한 사항은 대통령령으로 정한다. 〈신설 2021. 5. 18.〉

[본조신설 2009. 4. 22.]

제113조(업무) 위원회는 다음 각 호의 업무를 행한다. 〈개정 2008. 2. 29., 2009. 4. 22., 2020. 2. 4., 2020. 12. 8., 2021. 5. 18.〉

1. 저작권 등록에 관한 업무

2. 분쟁의 알선·조정

3. 제105조제10항에 따른 저작권위탁관리업자의 수수료 및 사용료의 요율 또는 금액에 관한 사항 및 문화체육관광부장관 또는 위원 3명 이상이 공동으로 회의에 부치는 사항의 심의

4. 저작물등의 이용질서 확립 및 저작물의 공정한 이용 도모를 위한 사업
5. 저작권 진흥 및 저작자의 권익 증진을 위한 국제협력
6. 저작권 연구·교육 및 홍보
7. 저작권 정책의 수립 지원
8. 기술적보호조치 및 권리관리정보에 관한 정책 수립 지원
9. 저작권 정보 제공을 위한 정보관리 시스템 구축 및 운영
10. 저작권의 침해 등에 관한 감정
11. 삭제 〈2016. 3. 22.〉
12. 법령에 따라 위원회의 업무로 정하거나 위탁하는 업무
13. 그 밖에 문화체육관광부장관이 위탁하는 업무

제113조의2(알선) ① 분쟁에 관한 알선을 받으려는 자는 알선신청서를 위원회에 제출하여 알선을 신청할 수 있다.

② 위원회가 제1항에 따라 알선의 신청을 받은 때에는 위원장이 위원 중에서 알선위원을 지명하여 알선을 하게 하여야 한다.

③ 알선위원은 알선으로는 분쟁해결의 가능성이 없다고 인정되는 경우에 알선을 중단할 수 있다.

④ 알선 중인 분쟁에 대하여 이 법에 따른 조정의 신청이 있는 때에는 해당 알선은 중단된 것으로 본다.

⑤ 알선이 성립한 때에 알선위원은 알선서를 작성하여 관계 당사자와 함께 기명날인하거나 서명하여야 한다. 〈개정 2018. 10. 16.〉

⑥ 알선의 신청 및 절차에 관하여 필요한 사항은 대통령령으로 정한다.

[본조신설 2009. 4. 22.]

제114조(조정부) ①위원회의 분쟁조정업무를 효율적으로 수행하기 위하여 위원회에 1명 또는 3명 이상의 위원으로 구성된 조정부를 두되, 그 중 1명은 변호사의 자격이 있는 사람이어야 한다. 〈개정 2021. 5. 18., 2023. 8. 8.〉

②제1항의 규정에 따른 조정부의 구성 및 운영 등에 관하여 필요한 사항은 대통령령으로 정한다.

제114조의2(조정의 신청 등) ① 분쟁의 조정을 받으려는 자는 신청취지와 원인을 기재한 조정신청서를 위원회에 제출하여 그 분쟁의 조정을 신청할 수 있다.

② 제1항에 따른 분쟁의 조정은 제114조에 따른 조정부가 행한다.

[본조신설 2009. 4. 22.]

제115조(비공개) 조정절차는 비공개를 원칙으로 한다. 다만, 조정부의 장은 당사자의 동의를 얻어 적당하다고 인정하는 자에게 방청을 허가할 수 있다. 〈개정 2020. 2. 4.〉

제116조(진술의 원용 제한) 조정절차에서 당사자 또는 이해관계인이 한 진술은 소송 또는 중재절차에서 원용하지 못한다.

제117조(조정의 성립) ①조정은 당사자 간에 합의된 사항을 조서에 기재함으로써 성립된다.

② 3명 이상의 위원으로 구성된 조정부는 다음 각 호의 어느 하나에 해당하는 경우 당사자들의 이익이나 그 밖의 모든 사정을 고려하여 신청 취지에 반하지 아니하는 한도에서 직권으로 조정을 갈음하는 결정(이하 "직권조정결정"이라 한다)을 할 수 있다. 이 경우 조정부의 장은 제112조의2제2항제2호에 해당하는 사람이어야 한다. 〈신설 2020. 2. 4.〉

1. 조정부가 제시한 조정안을 어느 한쪽 당사자가 합리적인 이유 없이 거부한 경우

2. 분쟁조정 예정가액이 1천만원 미만인 경우

③ 조정부는 직권조정결정을 한 때에는 직권조정결정서에 주문(主文)과 결정 이유를 적고 이에 관여한 조정위원 모두가 기명날인하여야 하며, 그 결정서 정본을 지체 없이 당사자에게 송달하여야 한다. 〈신설 2020. 2. 4.〉

④ 직권조정결정에 불복하는 자는 결정서 정본을 송달받은 날부터 2주일 이내에 불복사유를 구체적으로 밝혀 서면으로 조정부에 이의신청을 할 수 있다. 이 경우 그 결정은 효력을 상실한다. 〈신설 2020. 2. 4.〉

⑤다음 각 호의 어느 하나에 해당하는 경우에는 재판상의 화해와 동일한 효력이 있다. 다만, 당사자가 임의로 처분할 수 없는 사항에 관한 것은 그러하지 아니하

다. 〈개정 2020. 2. 4.〉

1. 조정 결과 당사자 간에 합의가 성립한 경우

2. 직권조정결정에 대하여 이의 신청이 없는 경우

제118조(조정비용 등) ①조정비용은 신청인이 부담한다. 다만, 조정이 성립된 경우로서 특약이 없는 때에는 당사자 각자가 균등하게 부담한다.

② 조정의 신청 및 절차, 조정비용의 납부방법에 관하여 필요한 사항은 대통령령으로 정한다. 〈신설 2009. 4. 22.〉

③제1항의 조정비용의 금액은 위원회가 정한다. 〈개정 2009. 4. 22.〉

[제목개정 2009. 4. 22.]

제118조의2(「민사조정법」의 준용) 조정절차에 관하여 이 법에서 규정한 것을 제외하고는 「민사조정법」을 준용한다.

[본조신설 2020. 2. 4.]

제119조(감정) ① 위원회는 다음 각 호의 어느 하나에 해당하는 경우에는 감정을 실시할 수 있다. 〈개정 2009. 4. 22.〉

1. 법원 또는 수사기관 등으로부터 재판 또는 수사를 위하여 저작권의 침해 등에 관한 감정을 요청받은 경우

2. 제114조의2에 따른 분쟁조정을 위하여 분쟁조정의 양 당사자로부터 프로그램 및 프로그램과 관련된 전자적 정보 등에 관한 감정을 요청받은 경우

②제1항의 규정에 따른 감정절차 및 방법 등에 관하여 필요한 사항은 대통령령으로 정한다.

③위원회는 제1항의 규정에 따른 감정을 실시한 때에는 감정 수수료를 받을 수 있으며, 그 금액은 위원회가 정한다.

제120조(저작권정보센터) ①제113조제8호 및 제9호의 업무를 효율적으로 수행하기 위하여 위원회 내에 저작권정보센터를 둔다. 〈개정 2009. 4. 22., 2020. 2. 4.〉

② 저작권정보센터의 운영에 필요한 사항은 대통령령으로 정한다. 〈신설 2009. 4. 22.〉

제121조 삭제 〈2009. 4. 22.〉

제122조(운영경비 등) ① 위원회의 운영에 필요한 경비는 다음 각 호의 재원(財源)으로 충당한다. 〈개정 2020. 2. 4.〉

1. 국가의 출연금 또는 보조금
2. 제113조 각 호의 업무 수행에 따른 수입금
3. 그 밖의 수입금

②개인·법인 또는 단체는 제113조제4호·제6호 및 제9호에 따른 업무 수행을 지원하기 위하여 위원회에 금전이나 그 밖의 재산을 기부할 수 있다. 〈개정 2020. 2. 4.〉

③제2항의 규정에 따른 기부금은 별도의 계정으로 관리하여야 하며, 그 사용에 관하여는 문화체육관광부장관의 승인을 얻어야 한다. 〈개정 2008. 2. 29.〉

[제목개정 2020. 2. 4.]

제8장의2 한국저작권보호원 〈신설 2016. 3. 22.〉

제122조의2(한국저작권보호원의 설립) ① 저작권 보호에 관한 사업을 하기 위하여 한국저작권보호원(이하 "보호원"이라 한다)을 둔다.

② 보호원은 법인으로 한다.

③ 정부는 보호원의 설립·시설 및 운영 등에 필요한 경비를 예산의 범위에서 출연 또는 지원할 수 있다.

④ 보호원에 관하여 이 법과 「공공기관의 운영에 관한 법률」에서 정한 것을 제외하고는 「민법」의 재단법인에 관한 규정을 준용한다.

⑤ 이 법에 따른 보호원이 아닌 자는 한국저작권보호원 또는 이와 비슷한 명칭을 사용하지 못한다.

[본조신설 2016. 3. 22.]

제122조의3(보호원의 정관) 보호원의 정관에는 다음 각 호의 사항이 포함되어야 한다. 〈개정 2020. 12. 8.〉

1. 목적
2. 명칭
3. 사무소 및 지사에 관한 사항
4. 임직원에 관한 사항
5. 이사회의 운영에 관한 사항
6. 제122조의6에 따른 저작권보호심의위원회에 관한 사항
7. 직무에 관한 사항
8. 재산 및 회계에 관한 사항
9. 정관의 변경에 관한 사항
10. 내부규정의 제정 및 개정·폐지에 관한 사항

[본조신설 2016. 3. 22.]

제122조의4(보호원의 임원) ① 보호원에는 원장 1명을 포함한 9명 이내의 이사와 감사 1명을 두고, 원장을 제외한 이사 및 감사는 비상임으로 하며, 원장은 이사회의 의장이 된다.

② 원장은 문화체육관광부장관이 임면한다.

③ 원장의 임기는 3년으로 한다.

④ 원장은 보호원을 대표하고, 보호원의 업무를 총괄한다.

⑤ 원장이 부득이한 사유로 직무를 수행할 수 없을 때에는 정관으로 정하는 순서에 따라 이사가 그 직무를 대행한다.

⑥ 「국가공무원법」 제33조 각 호의 어느 하나에 해당하는 사람은 제1항에 따른 보호원의 임원이 될 수 없다.

[본조신설 2016. 3. 22.]

제122조의5(업무) 보호원의 업무는 다음 각 호와 같다. 〈개정 2020. 12. 8.〉

1. 저작권 보호를 위한 시책 수립지원 및 집행
2. 저작권 침해실태조사 및 통계 작성
3. 저작권 보호 기술의 연구 및 개발

3의2. 저작권 보호를 위한 국제협력

3의3. 저작권 보호를 위한 연구·교육 및 홍보
4. 「사법경찰관리의 직무를 수행할 자와 그 직무범위에 관한 법률」 제5조제26호에 따른 저작권 침해 수사 및 단속 사무 지원
5. 제133조의2에 따른 문화체육관광부장관의 시정명령에 대한 심의
6. 제133조의3에 따른 온라인서비스제공자에 대한 시정권고 및 문화체육관광부장관에 대한 시정명령 요청
7. 법령에 따라 보호원의 업무로 정하거나 위탁하는 업무
8. 그 밖에 문화체육관광부장관이 위탁하는 업무
[본조신설 2016. 3. 22.]

제122조의6(심의위원회의 구성) ① 제103조의3, 제133조의2 및 제133조의3에 따른 심의 및 저작권 보호와 관련하여 보호원의 원장이 요청하거나 심의위원회의 위원장이 회의에 부치는 사항의 심의를 위하여 보호원에 저작권보호심의위원회(이하 "심의위원회"라 한다)를 둔다. 〈개정 2021. 5. 18.〉

② 심의위원회는 위원장 1명을 포함한 15명 이상 20명 이내의 위원으로 구성하되, 이 법에 따라 보호되는 권리 보유자의 이해를 반영하는 위원의 수와 이용자의 이해를 반영하는 위원의 수가 균형을 이루도록 하여야 한다. 〈개정 2016. 12. 20., 2019. 11. 26.〉

③ 심의위원회의 위원장은 위원 중에서 호선한다.

④ 심의위원회의 위원은 다음 각 호의 사람 중에서 문화체육관광부장관이 위촉한다. 이 경우 문화체육관광부장관은 분야별 권리자 단체 또는 이용자 단체 등에 위원의 추천을 요청할 수 있다. 〈개정 2019. 11. 26., 2021. 5. 18.〉
1. 「고등교육법」 제2조에 따른 학교의 법학 또는 저작권 보호와 관련이 있는 분야의 학과에서 부교수 이상 또는 이에 상응하는 직위에 있거나 있었던 사람
2. 판사 또는 검사의 직에 있는 사람 또는 변호사의 자격이 있는 사람
3. 4급 이상의 공무원 또는 이에 상응하는 공공기관의 직에 있거나 있었던 사람으로서 저작권 보호와 관련이 있는 업무에 관한 경험이 있는 사람
4. 저작권 또는 문화산업 관련 단체의 임원의 직에 있거나 있었던 사람
5. 이용자 보호기관 또는 단체의 임원의 직에 있거나 있었던 사람

6. 그 밖에 저작권 보호와 관련된 업무에 관한 학식과 경험이 풍부한 사람

⑤ 심의위원회 위원의 임기는 3년으로 하며, 한 차례만 연임할 수 있다. 〈개정 2019. 11. 26., 2021. 5. 18.〉

⑥ 심의위원회의 업무를 효율적으로 수행하기 위하여 분과위원회를 둘 수 있다. 분과위원회가 심의위원회로부터 위임받은 사항에 관하여 의결한 때에는 심의위원회가 의결한 것으로 본다. 〈신설 2019. 11. 26.〉

⑦ 그 밖에 심의위원회의 구성과 운영에 필요한 사항은 대통령령으로 정한다. 〈개정 2019. 11. 26.〉

[본조신설 2016. 3. 22.]

제122조의7(사무소·지사의 설치 등) 보호원은 그 업무 수행을 위하여 필요하면 정관으로 정하는 바에 따라 국내외의 필요한 곳에 사무소·지사 또는 주재원을 둘 수 있다.

[본조신설 2020. 12. 8.]

제9장 권리의 침해에 대한 구제

제123조(침해의 정지 등 청구) ①저작권 그 밖에 이 법에 따라 보호되는 권리(제25조·제31조·제75조·제76조·제76조의2·제82조·제83조 및 제83조의2의 규정에 따른 보상을 받을 권리는 제외한다. 이하 이 조에서 같다)를 가진 자는 그 권리를 침해하는 자에 대하여 침해의 정지를 청구할 수 있으며, 그 권리를 침해할 우려가 있는 자에 대하여 침해의 예방 또는 손해배상의 담보를 청구할 수 있다. 〈개정 2009. 3. 25., 2023. 8. 8.〉

②저작권 그 밖에 이 법에 따라 보호되는 권리를 가진 자는 제1항의 규정에 따른 청구를 하는 경우에 침해행위에 의하여 만들어진 물건의 폐기나 그 밖의 필요한 조치를 청구할 수 있다.

③제1항 및 제2항의 경우 또는 이 법에 따른 형사의 기소가 있는 때에는 법원은 원고 또는 고소인의 신청에 따라 담보를 제공하거나 제공하지 아니하게 하고, 임시로 침해행위의 정지 또는 침해행위로 말미암아 만들어진 물건의 압류 그 밖의

필요한 조치를 명할 수 있다.

④제3항의 경우에 저작권 그 밖에 이 법에 따라 보호되는 권리의 침해가 없다는 뜻의 판결이 확정된 때에는 신청자는 그 신청으로 인하여 발생한 손해를 배상하여야 한다.

제124조(침해로 보는 행위) ①다음 각 호의 어느 하나에 해당하는 행위는 저작권 그 밖에 이 법에 따라 보호되는 권리의 침해로 본다. 〈개정 2009. 4. 22.〉

1. 수입 시에 대한민국 내에서 만들어졌더라면 저작권 그 밖에 이 법에 따라 보호되는 권리의 침해로 될 물건을 대한민국 내에서 배포할 목적으로 수입하는 행위

2. 저작권 그 밖에 이 법에 따라 보호되는 권리를 침해하는 행위에 의하여 만들어진 물건(제1호의 수입물건을 포함한다)을 그 사실을 알고 배포할 목적으로 소지하는 행위

3. 프로그램의 저작권을 침해하여 만들어진 프로그램의 복제물(제1호에 따른 수입 물건을 포함한다)을 그 사실을 알면서 취득한 자가 이를 업무상 이용하는 행위

②저작자의 명예를 훼손하는 방법으로 저작물을 이용하는 행위는 저작인격권의 침해로 본다. 〈개정 2011. 6. 30.〉

③ 삭제 〈2011. 6. 30.〉

제125조(손해배상의 청구) ①저작재산권 그 밖에 이 법에 따라 보호되는 권리(저작인격권 및 실연자의 인격권은 제외한다)를 가진 자(이하 "저작재산권자등"이라 한다)가 고의 또는 과실로 권리를 침해한 자에 대하여 그 침해행위에 의하여 자기가 받은 손해의 배상을 청구하는 경우에 그 권리를 침해한 자가 그 침해행위에 의하여 이익을 받은 때에는 그 이익의 액을 저작재산권자등이 받은 손해의 액으로 추정한다. 〈개정 2023. 8. 8.〉

②저작재산권자등이 고의 또는 과실로 그 권리를 침해한 자에게 그 침해행위로 자기가 받은 손해의 배상을 청구하는 경우에 그 권리의 행사로 일반적으로 받을 수 있는 금액에 상응하는 액을 저작재산권자등이 받은 손해의 액으로 하여 그 손해배상을 청구할 수 있다. 〈개정 2021. 5. 18., 2023. 8. 8.〉

③제2항에도 불구하고 저작재산권자등이 받은 손해의 액이 제2항에 따른 금액

을 초과하는 경우에는 그 초과액에 대해서도 손해배상을 청구할 수 있다. 〈개정 2021. 5. 18.〉

④등록되어 있는 저작권, 배타적발행권(제88조 및 제96조에 따라 준용되는 경우를 포함한다), 출판권, 저작인접권 또는 데이터베이스제작자의 권리를 침해한 자는 그 침해행위에 과실이 있는 것으로 추정한다. 〈개정 2009. 4. 22., 2011. 12. 2.〉

제125조의2(법정손해배상의 청구) ① 저작재산권자등은 고의 또는 과실로 권리를 침해한 자에 대하여 사실심(事實審)의 변론이 종결되기 전에는 실제 손해액이나 제125조 또는 제126조에 따라 정하여지는 손해액을 갈음하여 침해된 각 저작물등마다 1천만원(영리를 목적으로 고의로 권리를 침해한 경우에는 5천만원) 이하의 범위에서 상당한 금액의 배상을 청구할 수 있다.

② 둘 이상의 저작물을 소재로 하는 편집저작물과 2차적저작물은 제1항을 적용하는 경우에는 하나의 저작물로 본다.

③ 저작재산권자등이 제1항에 따른 청구를 하기 위해서는 침해행위가 일어나기 전에 제53조부터 제55조까지의 규정(제90조 및 제98조에 따라 준용되는 경우를 포함한다)에 따라 그 저작물등이 등록되어 있어야 한다.

④ 법원은 제1항의 청구가 있는 경우에 변론의 취지와 증거조사의 결과를 고려하여 제1항의 범위에서 상당한 손해액을 인정할 수 있다.

[본조신설 2011. 12. 2.]

제126조(손해액의 인정) 법원은 손해가 발생한 사실은 인정되나 제125조의 규정에 따른 손해액을 산정하기 어려운 때에는 변론의 취지 및 증거조사의 결과를 참작하여 상당한 손해액을 인정할 수 있다.

제127조(명예회복 등의 청구) 저작자 또는 실연자는 고의 또는 과실로 저작인격권 또는 실연자의 인격권을 침해한 자에 대하여 손해배상을 갈음하거나 손해배상과 함께 명예회복을 위하여 필요한 조치를 청구할 수 있다. 〈개정 2023. 8. 8.〉

제128조(저작자의 사망 후 인격적 이익의 보호) 저작자가 사망한 후에 그 유족(사망한 저작자의 배우자·자·부모·손·조부모 또는 형제자매를 말한다)이나 유

언집행자는 해당 저작물에 대하여 제14조제2항을 위반하거나 위반할 우려가 있는 자에 대해서는 제123조에 따른 청구를 할 수 있으며, 고의 또는 과실로 저작인격권을 침해하거나 제14조제2항을 위반한 자에 대해서는 제127조에 따른 명예회복 등의 청구를 할 수 있다. 〈개정 2021. 5. 18.〉

제129조(공동저작물의 권리침해) 공동저작물의 각 저작자 또는 각 저작재산권자는 다른 저작자 또는 다른 저작재산권자의 동의 없이 제123조의 규정에 따른 청구를 할 수 있으며 그 저작재산권의 침해에 관하여 자신의 지분에 관한 제125조의 규정에 따른 손해배상의 청구를 할 수 있다.

제129조의2(정보의 제공) ① 법원은 저작권, 그 밖에 이 법에 따라 보호되는 권리의 침해에 관한 소송에서 당사자의 신청에 따라 증거를 수집하기 위하여 필요하다고 인정되는 경우에는 다른 당사자에 대하여 그가 보유하고 있거나 알고 있는 다음 각 호의 정보를 제공하도록 명할 수 있다.

1. 침해 행위나 불법복제물의 생산 및 유통에 관련된 자를 특정할 수 있는 정보
2. 불법복제물의 생산 및 유통 경로에 관한 정보

② 제1항에도 불구하고 다른 당사자는 다음 각 호의 어느 하나에 해당하는 경우에는 정보의 제공을 거부할 수 있다.

1. 다음 각 목의 어느 하나에 해당하는 자가 공소 제기되거나 유죄판결을 받을 우려가 있는 경우
   가. 다른 당사자
   나. 다른 당사자의 친족이거나 친족 관계가 있었던 자
   다. 다른 당사자의 후견인
2. 영업비밀(「부정경쟁방지 및 영업비밀 보호에 관한 법률」 제2조제2호의 영업비밀을 말한다. 이하 같다) 또는 사생활을 보호하기 위한 경우이거나 그 밖에 정보의 제공을 거부할 수 있는 정당한 사유가 있는 경우

③ 다른 당사자가 정당한 이유 없이 정보제공 명령에 따르지 아니한 경우에는 법원은 정보에 관한 당사자의 주장을 진실한 것으로 인정할 수 있다.

④ 법원은 제2항제2호에 규정된 정당한 사유가 있는지를 판단하기 위하여 필요

하다고 인정되는 경우에는 다른 당사자에게 정보를 제공하도록 요구할 수 있다. 이 경우 정당한 사유가 있는지를 판단하기 위하여 정보제공을 신청한 당사자 또는 그의 대리인의 의견을 특별히 들을 필요가 있는 경우 외에는 누구에게도 그 제공된 정보를 공개하여서는 아니 된다.

[본조신설 2011. 12. 2.]

제129조의3(비밀유지명령) ① 법원은 저작권, 그 밖에 이 법에 따라 보호되는 권리(제25조, 제31조, 제75조, 제76조, 제76조의2, 제82조, 제83조, 제83조의2 및 제101조의3에 따른 보상을 받을 권리는 제외한다. 이하 이 조에서 같다)의 침해에 관한 소송에서 그 당사자가 보유한 영업비밀에 대하여 다음 각 호의 사유를 모두 소명한 경우에는 그 당사자의 신청에 따라 결정으로 다른 당사자, 당사자를 위하여 소송을 대리하는 자, 그 밖에 해당 소송으로 인하여 영업비밀을 알게 된 자에게 해당 영업비밀을 해당 소송의 계속적인 수행 외의 목적으로 사용하거나 해당 영업비밀과 관계된 이 항에 따른 명령을 받은 자 외의 자에게 공개하지 아니할 것을 명할 수 있다. 다만, 그 신청 시까지 다른 당사자, 당사자를 위하여 소송을 대리하는 자, 그 밖에 해당 소송으로 인하여 영업비밀을 알게 된 자가 제1호에 따른 준비서면의 열람 및 증거조사 외의 방법으로 해당 영업비밀을 이미 취득한 경우에는 그러하지 아니하다. 〈개정 2023. 8. 8.〉

1. 이미 제출하였거나 제출하여야 할 준비서면 또는 이미 조사하였거나 조사하여야 할 증거(제129조의2제4항에 따라 제공된 정보를 포함한다)에 영업비밀이 포함되어 있다는 것

2. 제1호의 영업비밀이 해당 소송수행 외의 목적으로 사용되거나 공개되면 당사자의 영업에 지장을 줄 우려가 있어 이를 방지하기 위하여 영업비밀의 사용 또는 공개를 제한할 필요가 있다는 것

② 제1항에 따른 명령(이하 "비밀유지명령"이라 한다)의 신청은 다음 각 호의 사항을 적은 서면으로 하여야 한다.

1. 비밀유지명령을 받을 자

2. 비밀유지명령의 대상이 될 영업비밀을 특정하기에 충분한 사실

3. 제1항 각 호의 사유에 해당하는 사실

③ 비밀유지명령이 결정된 경우에는 그 결정서를 비밀유지명령을 받은 자에게 송달하여야 한다.

④ 비밀유지명령은 제3항의 결정서가 비밀유지명령을 받은 자에게 송달된 때부터 효력이 발생한다.

⑤ 비밀유지명령의 신청을 기각하거나 각하한 재판에 대하여는 즉시항고를 할 수 있다.

[본조신설 2011. 12. 2.]

제129조의4(비밀유지명령의 취소) ① 비밀유지명령을 신청한 자나 비밀유지명령을 받은 자는 제129조의3제1항에서 규정한 요건을 갖추지 못하였거나 갖추지 못하게 된 경우 소송기록을 보관하고 있는 법원(소송기록을 보관하고 있는 법원이 없는 경우에는 비밀유지명령을 내린 법원을 말한다)에 취소를 신청할 수 있다.

② 비밀유지명령의 취소신청에 대한 재판이 있는 경우에는 그 결정서를 그 신청인과 상대방에게 송달하여야 한다.

③ 비밀유지명령의 취소신청에 대한 재판에 대하여는 즉시항고를 할 수 있다.

④ 비밀유지명령을 취소하는 재판은 확정되어야 그 효력이 발생한다.

⑤ 비밀유지명령을 취소하는 재판을 한 법원은 비밀유지명령의 취소신청을 한 자와 상대방 외에 해당 영업비밀에 관한 비밀유지명령을 받은 자가 있는 경우에는 그 자에게 즉시 비밀유지명령의 취소재판을 한 취지를 통지하여야 한다.

[본조신설 2011. 12. 2.]

제129조의5(소송기록 열람 등 신청의 통지 등) ① 비밀유지명령이 내려진 소송(비밀유지명령이 모두 취소된 소송은 제외한다)에 관한 소송기록에 대하여 「민사소송법」 제163조제1항의 결정이 있었던 경우, 당사자가 같은 항에 규정하는 비밀 기재 부분의 열람 등을 해당 소송에서 비밀유지명령을 받지 아니한 자를 통하여 신청한 경우에는 법원서기관·법원사무관·법원주사 또는 법원주사보(이하 이 조에서 "법원사무관등"이라 한다)는 「민사소송법」 제163조제1항의 신청을 한 당사자(그 열람 등의 신청을 한 자는 제외한다)에게 그 열람 등의 신청 직후에 그 신청이 있었던 취지를 통지하여야 한다.

② 제1항의 경우 법원사무관등은 제1항의 신청이 있었던 날부터 2주일이 지날 때까지(그 신청 절차를 행한 자에 대한 비밀유지명령 신청이 그 기간 내에 행하여진 경우에 대하여는 그 신청에 대한 재판이 확정되는 시점까지를 말한다) 그 신청 절차를 행한 자에게 제1항의 비밀 기재 부분의 열람 등을 하게 하여서는 아니 된다.

③ 제2항은 제1항의 열람 등의 신청을 한 자에게 제1항의 비밀 기재 부분의 열람 등을 하게 하는 것에 대하여 「민사소송법」 제163조제1항의 신청을 한 당사자 모두의 동의가 있는 경우에는 적용하지 아니한다.

[본조신설 2011. 12. 2.]

제10장 보칙

제130조(권한의 위임 및 위탁) 문화체육관광부장관은 대통령령으로 정하는 바에 따라 이 법에 따른 권한의 일부를 특별시장·광역시장·특별자치시장·도지사·특별자치도지사에게 위임하거나 위원회, 보호원 또는 저작권 관련 단체에 위탁할 수 있다. 〈개정 2008. 2. 29., 2009. 4. 22., 2016. 3. 22., 2020. 2. 4.〉

제130조의2(저작권 침해에 관한 단속 사무의 협조) 문화체육관광부장관은 「사법경찰관리의 직무를 수행할 자와 그 직무범위에 관한 법률」 제5조제26호에 따른 저작권 침해에 관한 단속 사무와 관련하여 기술적 지원이 필요할 때에는 보호원 또는 저작권 관련 단체에 협조를 요청할 수 있다.

[본조신설 2020. 2. 4.]

제131조(벌칙 적용에서의 공무원 의제) 위원회의 위원·직원, 보호원의 임직원 및 심의위원회의 심의위원은 「형법」 제129조부터 제132조까지를 적용하는 경우에는 이를 공무원으로 본다. 〈개정 2016. 3. 22., 2023. 8. 8.〉

제132조(수수료) ① 이 법에 따라 다음 각 호의 어느 하나에 해당하는 사항의 신청 등을 하는 자는 문화체육관광부령으로 정하는 바에 따라 수수료를 납부하여야 한다. 〈개정 2008. 2. 29., 2009. 4. 22., 2011. 12. 2., 2020. 2. 4., 2023. 8. 8.〉

1. 제50조부터 제52조까지에 따른 법정허락 승인(제89조 및 제97조의 규정에 따라 준용되는 경우를 포함한다)을 신청하는 자

2. 제53조부터 제55조까지, 제55조의2부터 제55조의4까지의 규정에 따른 등록(제90조 및 제98조에 따라 준용되는 경우를 포함한다) 및 이와 관련된 절차를 밟는 자

3. 제105조의 규정에 따라 저작권위탁관리업의 허가를 신청하거나 신고하는 자

② 제1항에 따른 수수료는 문화체육관광부령으로 정하는 바에 따라 특별한 사유가 있으면 감액하거나 면제할 수 있다. 〈신설 2020. 2. 4.〉

제133조(불법 복제물의 수거·폐기 및 삭제) ①문화체육관광부장관, 특별시장·광역시장·특별자치시장·도지사·특별자치도지사 또는 시장·군수·구청장(자치구의 구청장을 말한다)은 저작권이나 그 밖에 이 법에 따라 보호되는 권리를 침해하는 복제물(정보통신망을 통하여 전송되는 복제물은 제외한다) 또는 저작물등의 기술적 보호조치를 무력하게 하기 위하여 제작된 기기·장치·정보 및 프로그램을 발견한 때에는 대통령령으로 정한 절차 및 방법에 따라 관계공무원으로 하여금 이를 수거·폐기 또는 삭제하게 할 수 있다. 〈개정 2008. 2. 29., 2009. 4. 22., 2020. 2. 4.〉

②문화체육관광부장관은 제1항의 규정에 따른 업무를 대통령령으로 정한 단체에 위탁할 수 있다. 이 경우 이에 종사하는 자는 공무원으로 본다. 〈개정 2008. 2. 29., 2021. 5. 18.〉

③문화체육관광부장관은 제1항 및 제2항에 따라 관계 공무원 등이 수거·폐기 또는 삭제를 하는 경우 필요한 때에는 관련 단체에 협조를 요청할 수 있다. 〈개정 2008. 2. 29., 2009. 4. 22.〉

④ 삭제 〈2009. 4. 22.〉

⑤문화체육관광부장관은 제1항에 따른 업무를 위하여 필요한 기구를 설치·운영할 수 있다. 〈개정 2008. 2. 29., 2009. 4. 22.〉

⑥제1항부터 제3항까지의 규정이 다른 법률의 규정과 경합하는 경우에는 이 법을 우선하여 적용한다. 〈개정 2009. 4. 22.〉

제133조의2(정보통신망을 통한 불법복제물등의 삭제명령 등) ① 문화체육관광부장관은 정보통신망을 통하여 저작권이나 그 밖에 이 법에 따라 보호되는 권리를 침해하는 복제물 또는 정보, 기술적 보호조치를 무력하게 하는 프로그램 또는 정보(이하 "불법복제물등"이라 한다)가 전송되는 경우에 심의위원회의 심의를 거쳐 대통령령으로 정하는 바에 따라 온라인서비스제공자에게 다음 각 호의 조치를 할 것을 명할 수 있다. 〈개정 2016. 3. 22.〉

1. 불법복제물등의 복제·전송자에 대한 경고
2. 불법복제물등의 삭제 또는 전송 중단

② 문화체육관광부장관은 제1항제1호에 따른 경고를 3회 이상 받은 복제·전송자가 불법복제물등을 전송한 경우에는 심의위원회의 심의를 거쳐 대통령령으로 정하는 바에 따라 온라인서비스제공자에게 6개월 이내의 기간을 정하여 해당 복제·전송자의 계정(이메일 전용 계정은 제외하며, 해당 온라인서비스제공자가 부여한 다른 계정을 포함한다. 이하 같다)을 정지할 것을 명할 수 있다. 〈개정 2011. 12. 2., 2016. 3. 22.〉

③ 제2항에 따른 명령을 받은 온라인서비스제공자는 해당 복제·전송자의 계정을 정지하기 7일 전에 대통령령으로 정하는 바에 따라 해당 계정이 정지된다는 사실을 해당 복제·전송자에게 통지하여야 한다.

④ 문화체육관광부장관은 온라인서비스제공자의 정보통신망에 개설된 게시판(「정보통신망 이용촉진 및 정보보호 등에 관한 법률」 제2조제1항제9호의 게시판 중 상업적 이익 또는 이용 편의를 제공하는 게시판을 말한다. 이하 같다) 중 제1항제2호에 따른 명령이 3회 이상 내려진 게시판으로서 해당 게시판의 형태, 게시되는 복제물의 양이나 성격 등에 비추어 해당 게시판이 저작권 등의 이용질서를 심각하게 훼손한다고 판단되는 경우에는 심의위원회의 심의를 거쳐 대통령령으로 정하는 바에 따라 온라인서비스제공자에게 6개월 이내의 기간을 정하여 해당 게시판 서비스의 전부 또는 일부의 정지를 명할 수 있다. 〈개정 2016. 3. 22.〉

⑤ 제4항에 따른 명령을 받은 온라인서비스제공자는 해당 게시판의 서비스를 정지하기 10일 전부터 대통령령으로 정하는 바에 따라 해당 게시판의 서비스가 정지된다는 사실을 해당 온라인서비스제공자의 인터넷 홈페이지 및 해당 게시판

에 게시하여야 한다.

⑥ 온라인서비스제공자는 제1항에 따른 명령을 받은 경우에는 명령을 받은 날부터 5일 이내에, 제2항에 따른 명령을 받은 경우에는 명령을 받은 날부터 10일 이내에, 제4항에 따른 명령을 받은 경우에는 명령을 받은 날부터 15일 이내에 그 조치결과를 대통령령으로 정하는 바에 따라 문화체육관광부장관에게 통보하여야 한다.

⑦ 문화체육관광부장관은 제1항, 제2항 및 제4항의 명령의 대상이 되는 온라인서비스제공자와 제2항에 따른 명령과 직접적인 이해관계가 있는 복제·전송자 및 제4항에 따른 게시판의 운영자에게 사전에 의견제출의 기회를 주어야 한다. 이 경우 「행정절차법」 제22조제4항부터 제6항까지 및 제27조를 의견제출에 관하여 준용한다.

⑧ 문화체육관광부장관은 제1항, 제2항 및 제4항에 따른 업무를 수행하기 위하여 필요한 기구를 설치·운영할 수 있다.

[본조신설 2009. 4. 22.]

제133조의3(시정권고 등) ① 보호원은 온라인서비스제공자의 정보통신망을 조사하여 불법복제물등이 전송된 사실을 발견한 경우에는 심의위원회의 심의를 거쳐 온라인서비스제공자에 대하여 다음 각 호에 해당하는 시정 조치를 권고할 수 있다. 〈개정 2016. 3. 22.〉

1. 불법복제물등의 복제·전송자에 대한 경고
2. 불법복제물등의 삭제 또는 전송 중단
3. 반복적으로 불법복제물등을 전송한 복제·전송자의 계정 정지

② 온라인서비스제공자는 제1항제1호 및 제2호에 따른 권고를 받은 경우에는 권고를 받은 날부터 5일 이내에, 제1항제3호의 권고를 받은 경우에는 권고를 받은 날부터 10일 이내에 그 조치결과를 보호원에 통보하여야 한다. 〈개정 2016. 3. 22.〉

③ 보호원은 온라인서비스제공자가 제1항에 따른 권고에 따르지 아니하는 경우에는 문화체육관광부장관에게 제133조의2제1항 및 제2항에 따른 명령을 하여 줄 것을 요청할 수 있다. 〈개정 2016. 3. 22.〉

④ 제3항에 따라 문화체육관광부장관이 제133조의2제1항 및 제2항에 따른 명령을 하는 경우에는 심의위원회의 심의가 필요하지 아니하다. 〈개정 2016. 3. 22., 2023. 8. 8.〉

[본조신설 2009. 4. 22.]

제134조(건전한 저작물 이용 환경 조성 사업) ① 문화체육관광부장관은 저작권이 소멸된 저작물등에 대한 정보 제공 등 저작물의 공정한 이용을 도모하기 위하여 필요한 사업을 할 수 있다. 〈개정 2009. 4. 22.〉

② 제1항에 따른 사업에 관하여 필요한 사항은 대통령령으로 정한다. 〈개정 2009. 4. 22.〉

③ 삭제 〈2009. 4. 22.〉

[제목개정 2009. 4. 22.]

제135조(저작재산권 등의 기증) ①저작재산권자등은 자신의 권리를 문화체육관광부장관에게 기증할 수 있다. 〈개정 2008. 2. 29.〉

②문화체육관광부장관은 저작재산권자등으로부터 기증된 저작물등의 권리를 공정하게 관리할 수 있는 단체를 지정할 수 있다. 〈개정 2008. 2. 29.〉

③제2항에 따라 지정된 단체는 영리를 목적으로 또는 해당 저작재산권자등의 의사에 반하여 저작물등을 이용할 수 없다. 〈개정 2021. 5. 18.〉

④제1항과 제2항의 규정에 따른 기증 절차와 단체의 지정 등에 관하여 필요한 사항은 대통령령으로 정한다.

제11장 벌칙

제136조(벌칙) ① 다음 각 호의 어느 하나에 해당하는 자는 5년 이하의 징역 또는 5천만원 이하의 벌금에 처하거나 이를 병과(倂科)할 수 있다. 〈개정 2011. 12. 2., 2021. 5. 18.〉

1. 저작재산권, 그 밖에 이 법에 따라 보호되는 재산적 권리(제93조에 따른 권리는 제외한다)를 복제, 공연, 공중송신, 전시, 배포, 대여, 2차적저작물 작성의 방법으로 침해한 자

2. 제129조의3제1항에 따른 법원의 명령을 정당한 이유 없이 위반한 자

②다음 각 호의 어느 하나에 해당하는 자는 3년 이하의 징역 또는 3천만원 이하의 벌금에 처하거나 이를 병과할 수 있다. 〈개정 2009. 4. 22., 2011. 6. 30., 2011. 12. 2.〉

1. 저작인격권 또는 실연자의 인격권을 침해하여 저작자 또는 실연자의 명예를 훼손한 자

2. 제53조 및 제54조(제90조 및 제98조에 따라 준용되는 경우를 포함한다)에 따른 등록을 거짓으로 한 자

3. 제93조에 따라 보호되는 데이터베이스제작자의 권리를 복제·배포·방송 또는 전송의 방법으로 침해한 자

3의2. 제103조의3제4항을 위반한 자

3의3. 업으로 또는 영리를 목적으로 제104조의2제1항 또는 제2항을 위반한 자

3의4. 업으로 또는 영리를 목적으로 제104조의3제1항을 위반한 자. 다만, 과실로 저작권 또는 이 법에 따라 보호되는 권리 침해를 유발 또는 은닉한다는 사실을 알지 못한 자는 제외한다.

3의5. 제104조의4제1호 또는 제2호에 해당하는 행위를 한 자

3의6. 제104조의5를 위반한 자

3의7. 제104조의7을 위반한 자

4. 제124조제1항에 따른 침해행위로 보는 행위를 한 자

5. 삭제 〈2011. 6. 30.〉

6. 삭제 〈2011. 6. 30.〉

[제목개정 2011. 12. 2.]

제137조(벌칙) ①다음 각 호의 어느 하나에 해당하는 자는 1년 이하의 징역 또는 1천만원 이하의 벌금에 처한다. 〈개정 2009. 4. 22., 2011. 12. 2., 2020. 2. 4.〉

1. 저작자 아닌 자를 저작자로 하여 실명·이명을 표시하여 저작물을 공표한 자

2. 실연자 아닌 자를 실연자로 하여 실명·이명을 표시하여 실연을 공연 또는 공중송신하거나 복제물을 배포한 자

3. 제14조제2항을 위반한 자

3의2. 제104조의4제3호에 해당하는 행위를 한 자
3의3. 제104조의6을 위반한 자
4. 제105조제1항에 따른 허가를 받지 아니하고 저작권신탁관리업을 한 자
5. 제124조제2항에 따라 침해행위로 보는 행위를 한 자
6. 자신에게 정당한 권리가 없음을 알면서 고의로 제103조제1항 또는 제3항에 따른 복제·전송의 중단 또는 재개요구를 하여 온라인서비스제공자의 업무를 방해한 자
7. 제55조의5(제90조 및 제98조에 따라 준용되는 경우를 포함한다)를 위반한 자
② 제1항제3호의3의 미수범은 처벌한다. 〈신설 2011. 12. 2.〉
[제목개정 2011. 12. 2.]

제138조(벌칙) 다음 각 호의 어느 하나에 해당하는 자는 500만원 이하의 벌금에 처한다. 〈개정 2011. 12. 2.〉
1. 제35조제4항을 위반한 자
2. 제37조(제87조 및 제94조에 따라 준용되는 경우를 포함한다)를 위반하여 출처를 명시하지 아니한 자
3. 제58조제3항(제63조의2, 제88조 및 제96조에 따라 준용되는 경우를 포함한다)을 위반하여 저작재산권자의 표지를 하지 아니한 자
4. 제58조의2제2항(제63조의2, 제88조 및 제96조에 따라 준용되는 경우를 포함한다)을 위반하여 저작자에게 알리지 아니한 자
5. 제105조제1항에 따른 신고를 하지 아니하고 저작권대리중개업을 하거나, 제109조제2항에 따른 영업의 폐쇄명령을 받고 계속 그 영업을 한 자
[제목개정 2011. 12. 2.]

제139조(몰수) 저작권, 그 밖에 이 법에 따라 보호되는 권리를 침해하여 만들어진 복제물과 그 복제물의 제작에 주로 사용된 도구나 재료 중 그 침해자·인쇄자·배포자 또는 공연자의 소유에 속하는 것은 몰수한다. 〈개정 2011. 12. 2.〉
[전문개정 2011. 6. 30.]

제140조(고소) 이 장의 죄에 대한 공소는 고소가 있어야 한다. 다만, 다음 각 호

의 어느 하나에 해당하는 경우에는 그러하지 아니하다. 〈개정 2009. 4. 22., 2011. 12. 2.〉

1. 영리를 목적으로 또는 상습적으로 제136조제1항제1호, 제136조제2항제3호 및 제4호(제124조제1항제3호의 경우에는 피해자의 명시적 의사에 반하여 처벌하지 못한다)에 해당하는 행위를 한 경우

2. 제136조제2항제2호 및 제3호의2부터 제3호의7까지, 제137조제1항제1호부터 제4호까지, 제6호 및 제7호와 제138조제5호의 경우

3. 삭제 〈2011. 12. 2.〉

제141조(양벌규정) 법인의 대표자나 법인 또는 개인의 대리인·사용인 그 밖의 종업원이 그 법인 또는 개인의 업무에 관하여 이 장의 죄를 저지른 때에는 행위자를 벌하는 외에 그 법인 또는 개인에 대하여도 각 해당조의 벌금형을 과한다. 다만, 법인 또는 개인이 그 위반행위를 방지하기 위하여 해당 업무에 관하여 상당한 주의와 감독을 게을리하지 아니한 경우에는 그러하지 아니하다. 〈개정 2009. 4. 22., 2023. 8. 8.〉

제142조(과태료) ① 제104조제1항에 따른 필요한 조치를 하지 아니한 자에게는 3천만원 이하의 과태료를 부과한다. 〈개정 2009. 4. 22.〉

② 다음 각 호의 어느 하나에 해당하는 자에게는 1천만원 이하의 과태료를 부과한다. 〈개정 2009. 4. 22., 2011. 12. 2., 2016. 3. 22., 2019. 11. 26.〉

1. 제103조의3제2항에 따른 문화체육관광부장관의 명령을 이행하지 아니한 자

2. 제106조에 따른 의무를 이행하지 아니한 자

2의2. 제106조의2를 위반하여 정당한 이유 없이 이용허락을 거부한 자

3. 제112조제4항을 위반하여 한국저작권위원회의 명칭을 사용한 자

3의2. 제122조의2제5항을 위반하여 한국저작권보호원의 명칭을 사용한 자

4. 제133조의2제1항·제2항 및 제4항에 따른 문화체육관광부장관의 명령을 이행하지 아니한 자

5. 제133조의2제3항에 따른 통지, 같은 조 제5항에 따른 게시, 같은 조 제6항에 따른 통보를 하지 아니한 자

③ 제1항 및 제2항에 따른 과태료는 대통령령으로 정하는 바에 따라 문화체육관광부장관이 부과·징수한다. 〈개정 2009. 4. 22.〉

④ 삭제 〈2009. 4. 22.〉

⑤ 삭제 〈2009. 4. 22.〉

부칙 〈제20358호, 2024. 2. 27.〉

이 법은 공포 후 6개월이 경과한 날부터 시행한다.

교과용 도서에 관한 규정

[시행 2023. 10. 24.] [대통령령 제33829호, 2023. 10. 24., 일부개정]

제1장 총칙

제1조(목적) 이 영은 「초·중등교육법」 제29조제2항에 따라 각 학교의 교과용도서의 범위·저작·검정·인정·발행·공급·선정 및 가격결정에 관하여 필요한 사항을 규정함을 목적으로 한다. 〈개정 2009. 8. 18.〉

제2조(정의) 이 영에서 사용하는 용어의 정의는 다음과 같다. 〈개정 2008. 2. 29., 2013. 3. 23., 2023. 10. 24.〉

1. "교과용도서"라 함은 교과서 및 지도서를 말한다.
2. "교과서"라 함은 학교에서 학생들의 교육을 위하여 사용되는 학생용의 서책, 지능정보화기술을 활용한 학습지원 소프트웨어(이하 "디지털교과서"라 한다) 및 그 밖에 음반·영상 등의 전자저작물 등을 말한다.
3. "지도서"라 함은 학교에서 학생들의 교육을 위하여 사용되는 교사용의 서책 및 그 밖에 음반·영상 등의 전자저작물 등을 말한다.
4. "국정도서"라 함은 교육부가 저작권을 가진 교과용도서를 말한다.
5. "검정도서"라 함은 교육부장관의 검정을 받은 교과용도서를 말한다.
6. "인정도서"라 함은 국정도서·검정도서가 없는 경우 또는 이를 사용하기 곤란하거나 보충할 필요가 있는 경우에 사용하기 위하여 교육부장관의 인정을 받은 교과용도서를 말한다.
7. "개편"이라 함은 교육과정(「국가교육위원회 설치 및 운영에 관한 법률」 제12조제1항에 따라 국가교육위원회가 고시하는 국가교육과정 및 법률 제18298

호 국가교육위원회 설치 및 운영에 관한 법률 부칙 제4조에 따라 교육부장관이 고시한 국가교육과정을 말한다. 이하 같다)의 전면개정 또는 부분개정이나 그 밖의 사유로 인하여 교과용도서의 총 쪽수(음반·영상·전자저작물 등의 경우에는 총 수록 내용)의 2분의 1을 넘는 내용을 변경하는 것을 말한다.

8. "수정"이라 함은 교육과정의 부분개정이나 그 밖의 사유로 인하여 교과용도서의 문구·문장·통계·삽화 등을 교정·증감·변경하는 것으로서 개편의 범위에 이르지 아니하는 것을 말한다.

제3조(교과용도서의 선정) ① 학교에서 사용할 교과용도서는 학교의 장이 선정한다. 다만, 신설되는 학교에서 최초로 사용할 교과용도서는 해당 학교를 관할하는 교육감 또는 교육장이 선정할 수 있다.

② 제1항에 따른 교과용도서는 다음 각 호의 구분에 따라 국정도서 또는 검정도서 중에서 선정한다.

1. 국정도서가 있고 검정도서는 없는 경우: 국정도서를 선정
2. 국정도서가 없고 검정도서는 있는 경우: 검정도서 중 선정
3. 국정도서와 검정도서가 모두 있는 경우: 국정도서와 검정도서 중 선정

③ 제2항에도 불구하고 다음 각 호의 어느 하나에 해당하는 경우에는 인정도서를 선정할 수 있다.

1. 국정도서와 검정도서가 모두 없는 경우
2. 국정도서 또는 검정도서를 선정·사용하기 곤란하여 인정도서로 대체 사용하려는 경우
3. 국정도서 또는 검정도서의 보충을 위하여 인정도서를 추가로 사용하려는 경우

④ 학교의 장은 제1항 본문에 따라 교과용도서를 선정하려는 경우 미리 소속 교원의 의견을 수렴한 후 학교운영위원회(학교운영위원회가 구성되지 않은 학교는 학교운영위원회의 구성 방법에 준하여 구성되는 학교운영에 관한 협의 기구를 말한다. 이하 같다)의 심의를 거쳐야 한다. 다만, 제2항제1호에 해당하여 국정도서를 선정하는 경우에는 그렇지 않다. 〈개정 2020. 1. 7., 2022. 3. 22.〉

1. 삭제 〈2020. 1. 7.〉
2. 삭제 〈2020. 1. 7.〉

⑤ 제1항부터 제4항까지에서 규정한 사항 외에 교과용도서의 선정에 필요한 세부사항은 교육부장관이 정한다.

[전문개정 2017. 2. 22.]

제2장 교과용도서의 편찬·검정 및 인정

제4조(국정도서) 국정도서는 교육부장관이 정하여 고시하는 교과목의 교과용도서로 한다. 〈개정 2008. 2. 29., 2013. 3. 23.〉

제5조(국정도서의 편찬) 국정도서는 교육부가 편찬한다. 다만, 교육부장관이 필요하다고 인정하는 국정도서는 연구기관 또는 대학 등에 위탁하여 편찬할 수 있다. 〈개정 2008. 2. 29., 2013. 3. 23.〉

제6조(검정도서) 검정도서는 교육부장관이 정하여 고시하는 교과목의 교과용도서로 한다. 〈개정 2008. 2. 29., 2013. 3. 23., 2017. 2. 22.〉

제7조(검정실시공고) ①교육부장관은 검정을 실시하려면 적어도 그 검정도서의 최초 사용 학년도가 시작되기 1년 6개월 이전까지 다음 각 호의 사항을 공고해야 한다. 〈개정 2008. 2. 29., 2013. 3. 23., 2017. 2. 22., 2020. 1. 7., 2023. 10. 24.〉

1. 검정할 교과용도서의 종류
2. 신청자의 자격
3. 신청기간
4. 검정기준
5. 편찬상의 유의점
6. 심사본의 제출 부수
7. 검정수수료 및 그 납부방법
8. 그 밖에 검정에 필요한 사항

②제1항의 공고는 교육부의 인터넷 홈페이지에 게시하고, 그 밖에 신문 등에 게재하는 방법으로 한다. 〈개정 2009. 8. 18., 2013. 3. 23.〉

제8조(검정신청) 검정신청은 그 원고를 집필한 자(이하 "저작자"라 한다) 또는 발행자가 하거나 저작자와 발행자가 공동으로 한다.

제9조(검정방법) ① 검정심사는 기초조사와 본심사로 구분하여 실시한다.

② 기초조사는 대상도서의 내용 오류, 표기·표현 오류 및 기술 결함(디지털교과서만 해당한다) 등을 조사한다. 〈개정 2023. 10. 24.〉

③ 본심사는 제7조제1항제4호의 검정기준에 따라 교과용도서로서의 적합성 여부(디지털교과서에 대해서는 기술·서비스의 적합성 여부를 포함한다)를 심사한다. 〈개정 2023. 10. 24.〉

④ 교육부장관은 제3항에 따른 본심사 과정에서 필요한 경우 국립국어원 등 전문기관에 감수를 요청할 수 있다. 〈신설 2015. 12. 15.〉

[전문개정 2009. 8. 18.]

제10조(합격결정) ①검정의 합격결정은 심사의 결과에 따라 교육부장관이 행한다. 〈개정 2008. 2. 29., 2013. 3. 23.〉

②동일 학년의 하나의 과목에 검정교과서가 2책 이상으로 구성되는 경우 그 중 하나라도 검정교과서로서 부적합하면 그 신청자가 신청한 해당 교과목의 도서는 모두 불합격으로 한다. 다만, 검정시기가 다른 경우로서 나중에 신청한 도서에 대하여 불합격의 결정을 하는 경우에는 그러하지 아니하다. 〈개정 2009. 8. 18.〉

③하나의 교과목의 교과서와 지도서 중 그 어느 하나라도 부적합한 경우에는 그 교과서와 지도서는 모두 불합격으로 한다.

제10조의2(이의신청) ① 제9조제3항에 따른 본심사 결과 불합격 결정을 받은 경우 교육부장관은 그 사유를 정확하게 적어 검정신청을 한 자에게 통지하여야 하고, 불합격 통지를 받은 자는 통지받은 날부터 1개월 이내에 교육부장관에게 별지 제1호서식에 따라 이의신청을 할 수 있다. 〈개정 2013. 3. 23., 2014. 2. 18.〉

② 교육부장관은 제1항에 따른 이의신청에 대하여 그 타당성 여부를 심사하고 접수한 날부터 60일 이내에 그 결과를 통지하여야 한다. 〈개정 2013. 3. 23.〉

③ 교육부장관은 이의신청에 대한 심사 결과 이를 받아들이지 아니하는 결정을 한 때에는 신청인에게 그 결정 또는 제1항에 따른 불합격 결정에 대하여 행정심

판 또는 행정소송을 제기할 수 있다는 취지를 제2항에 따른 결과통지와 함께 통지하여야 한다. 〈개정 2013. 3. 23.〉

[본조신설 2009. 8. 18.]

제11조(합격공고) 교육부장관은 제10조 및 제10조의2제2항에 따라 검정도서의 합격을 결정한 때에는 다음 각 호의 사항을 관보에 공고해야 한다.

1. 교과용도서에 관한 다음 각 목의 사항
   가. 검정도서명, 검정연월일 및 검정번호
   나. 사용대상 학교 및 최초 사용 학년도
   다. 저작자의 성명 및 발행자의 주소·성명
2. 교과용도서의 종류의 구분에 따른 다음 각 목의 사항
   가. 서책: 판형·쪽수·지질 및 제본방법
   나. 디지털교과서: 사용방법 안내 인터넷 홈페이지 및 사용환경
   다. 그 밖에 음반·영상 등의 전자저작물: 종류·수량·용량 및 사용환경

[전문개정 2023. 10. 24.]

제12조 삭제 〈2009. 8. 18.〉

제13조(검정수수료) ①검정을 신청하는 자는 교육부장관이 신청도서의 쪽수, 검정심사의 교과별 난이도 및 검정비용 등을 고려하여 결정·공고하는 검정수수료를 납부하여야 한다. 〈개정 2008. 2. 29., 2009. 8. 18., 2013. 3. 23.〉

②제1항의 규정에 의하여 납부한 수수료는 이를 반환하지 아니한다.

③ 교육부장관은 「행정권한의 위임 및 위탁에 관한 규정」 제45조에 따라 검정을 위탁한 기관에 예산의 범위에서 검정심사에 소요되는 비용을 지원할 수 있다. 〈신설 2009. 8. 18., 2010. 1. 6., 2013. 3. 23.〉

제14조(인정도서의 신청) ①교육부장관이 정하여 고시하는 교과목에 대하여 인정도서를 선정·사용하려는 경우에는 학교장, 저작자, 발행자 또는 저작자와 발행자가 공동으로 해당 도서를 선정·사용하려는 학기가 시작되는 날의 6개월 전까지 교육부장관에게 인정도서의 인정을 신청하여야 한다. 다만, 교육부장관은 교육과정의 개정 등 부득이한 사유가 있는 경우에는 인정도서의 인정신청기한을

달리 정하여 공고할 수 있다. 〈개정 2008. 2. 29., 2010. 5. 4., 2012. 4. 16., 2013. 3. 23., 2014. 10. 8.〉

② 삭제 〈2012. 4. 16.〉

③교육부장관이 정하여 고시하는 교과목 외의 교과목에 대하여 인정도서를 선정·사용하려는 경우에는 학교의 장이 해당 교과목의 교원자격을 가진 교원 중에서 지정 또는 위촉하는 3명 이상의 위원으로 구성되는 학교인정도서추천위원회 및 학교운영위원회의 심의를 거쳐 학기가 시작되는 날의 3개월 전까지 교육부장관에게 인정을 신청할 수 있다. 다만, 공립·사립의 초등학교 및 중학교의 경우에는 교육장을 거쳐 인정을 신청해야 한다. 〈개정 2008. 2. 29., 2009. 8. 18., 2012. 4. 16., 2013. 3. 23., 2014. 10. 8., 2015. 12. 15., 2020. 1. 7., 2023. 10. 24.〉

④ 교육부장관은 제3항 본문에도 불구하고 교육과정의 개정 등 부득이한 사유가 있는 경우에는 인정도서의 인정신청기한을 달리 정하여 공고할 수 있다. 〈신설 2023. 10. 24.〉

⑤ 제1항 및 제3항에 따라 인정도서의 인정을 신청하는 교과목 중 교육부장관이 따로 정하여 고시하는 교과목의 경우에는 인정을 신청할 때 교육부장관이 정하여 고시하는 바에 따라 실시한 해당 도서의 내용 오류, 표기·표현 오류 등에 대한 검증 결과를 제출해야 한다. 〈신설 2020. 1. 7., 2023. 10. 24.〉

제15조(인정기준) 교육부장관은 제14조의 규정에 의하여 인정신청을 받은 경우에는 제18조의 규정에 의한 교과용도서심의회의 심의를 거쳐 당해 도서의 인정기준을 정한다. 〈개정 2008. 2. 29., 2013. 3. 23.〉

제16조(인정도서의 인정) 인정도서의 인정에 관하여는 제9조(제14조제5항에 따라 검증 결과를 제출하는 교과목의 경우 제9조 중 기초조사에 관한 부분은 제외한다)·제10조·제10조의2 및 제13조의 규정을 준용한다. 이 경우 제9조제3항 중 "제7조제1항제4호의 검정기준"은 "제15조에 따른 인정기준"으로, "검정"은 "인정"으로 각각 본다. 〈개정 2020. 1. 7., 2023. 10. 24.〉

[전문개정 2015. 12. 15.]

제17조(인정도서의 사용범위 등) ①교육부장관이 제16조에 따라 인정도서를 인정한 경우 인정을 신청한 학교 외의 학교의 장은 별도의 인정신청 없이 그 인정도서를 선정·사용할 수 있다. 〈개정 2008. 2. 29., 2013. 3. 23., 2014. 10. 8., 2015. 12. 15.〉

② 교육부장관이 「자격기본법 시행령」 제8조제5항에 따라 개발한 국가직무능력표준 학습교재의 경우 학교의 장은 별도의 인정신청 없이 해당 학습교재를 인정도서로 선정·사용할 수 있다. 〈신설 2015. 12. 15.〉

③학교의 장은 국정도서 또는 검정도서를 보충할 목적으로 인정을 받은 인정도서를 국정도서 또는 검정도서에 갈음하여 선정·사용하여서는 아니된다. 〈개정 2014. 10. 8., 2015. 12. 15.〉

④교육부장관은 인정도서의 인정을 한 교과목에 관하여 국정도서 또는 검정도서가 있게 되거나 교육과정의 변경 등으로 당해 인정도서를 선정·사용하기 곤란하게 된 경우에는 인징도시의 인정을 취소할 수 있다. 이 경우 교육부장관은 인정을 받은 자에게 지체 없이 취소 사실을 통보하여야 한다. 〈개정 2008. 2. 29., 2013. 3. 23., 2014. 10. 8., 2015. 12. 15.〉

⑤제4항에 따른 취소는 통보 후 1년이 경과한 날부터 그 효력을 가진다. 〈개정 2015. 12. 15.〉

제17조의2(교과용도서의 사용기간) ① 교과용도서의 사용기간은 교육과정이 적용되는 기간(학교급별·학년별로 적용되는 기간을 말한다)에 따른다.

② 교육부장관은 교육과정 개정 후에도 제14조제3항에 따라 교육부장관이 정하여 고시하는 교과목 외의 교과목의 인정도서를 계속 사용하는 데 지장이 없다고 인정되는 경우에는 제1항에도 불구하고 그 인정도서의 사용기간을 달리 정할 수 있다. 이 경우 제18조에 따른 교과용도서심의회의 심의·의결을 거쳐야 한다.
[본조신설 2023. 10. 24.]

제3장 교과용도서심의회 등

제18조(교과용도서심의회의 설치) 교과용도서의 구분·편찬·검정·인정·가격결

정 및 발행 등에 관한 사항을 심의하기 위하여 교육부에 각급학교의 교과목 또는 도서별로 교과용도서심의회(이하 "심의회"라 한다)를 둔다. 〈개정 2004. 6. 19., 2008. 2. 29., 2009. 8. 18., 2013. 3. 23., 2023. 10. 24.〉

제19조(심의회의 구성) ① 각 심의회는 5명 이상의 위원(이하 "위원"이라 한다)으로 구성하되, 위원은 다음 각 호의 어느 하나에 해당하는 사람 중에서 교육부장관이 위촉 또는 임명한다. 〈개정 2004. 6. 19., 2008. 2. 29., 2013. 3. 23., 2023. 10. 24.〉

1. 교원
2. 산업체나 연구소의 연구경력을 가진 자
3. 행정기관 또는 교육연구기관에 근무하는 자
4. 학부모
5. 시민단체(비영리민간단체지원법 제2조의 규정에 의한 비영리민간단체를 말한다. 이하 같다)에서 추천한 자
6. 교과용도서의 발행에 전문지식이 있는 자
7. 물가조사기관·원가계산기관 소속 관계전문가
8. 그 밖에 당해 교과목 또는 도서에 관한 학식이 풍부한 자

② 위원의 임기는 2년으로 하며, 한 차례만 연임할 수 있다. 〈신설 2023. 10. 24.〉

제20조(위원장 등) ①각 심의회에 위원장 및 부위원장 각 1인을 두되, 그 심의회에서 호선한다. 다만, 검정에 관한 사항을 심의하기 위한 심의회 위원장은 교육부장관이 임명하고, 부위원장은 위원 중에서 위원장이 지명하는 자가 된다. 〈개정 2009. 8. 18., 2013. 3. 23.〉

②위원장은 각 심의회를 대표하고, 각 심의회의 업무를 총괄한다.

③부위원장은 위원장을 보좌하며, 위원장이 부득이한 사유로 직무를 수행할 수 없을 때에는 위원장의 직무를 대행한다.

제20조의2(위원의 제척·기피 및 회피) ① 위원은 다음 각 호의 어느 하나에 해당하는 경우에는 심의회의 심의·의결에서 제척(除斥)된다.

1. 위원 또는 그 배우자가 해당 안건의 당사자(당사자가 법인·단체 등인 경우에는 그 임원 또는 직원을 포함한다. 이하 이 호 및 제2호에서 같다)이거나 그 안건의 당사자와 공동권리자 또는 공동의무자인 경우

2. 위원이 해당 안건의 당사자와 가족(「민법」 제779조에 따른 가족을 말한다)인 경우

3. 위원이 해당 안건에 대하여 자문·조사·연구·용역 등을 한 경우

4. 위원이 최근 3년 이내에 해당 안건의 당사자인 법인·단체 등에서 임원 또는 직원으로 재직한 경우

② 당사자는 제1항에 따른 제척사유가 있거나 위원에게 공정한 심의·의결을 기대하기 어려운 사정이 있는 경우에는 심의회에 기피(忌避) 신청을 할 수 있고, 심의회는 의결로 기피 여부를 결정한다. 이 경우 기피 신청의 대상인 위원은 그 의결에 참여하지 못한다.

③ 위원은 제1항 또는 제2항의 사유에 해당하는 경우에는 스스로 해당 안건의 심의·의결에서 회피(回避)해야 한다.

[본조신설 2023. 10. 24.]

[종전 제20조의2는 제20조의3으로 이동 〈2023. 10. 24.〉]

제20조의3(위원의 해임 및 해촉) 교육부장관은 위원이 다음 각 호의 어느 하나에 해당하는 경우에는 해당 위원을 해임 또는 해촉(解囑)할 수 있다. 〈개정 2023. 10. 24.〉

1. 심신장애로 인하여 직무를 수행할 수 없게 된 경우

2. 직무와 관련된 비위사실이 있는 경우

3. 직무태만, 품위손상이나 그 밖의 사유로 인하여 위원으로 적합하지 아니하다고 인정되는 경우

4. 위원 스스로 직무를 수행하는 것이 곤란하다고 의사를 밝히는 경우

5. 제20조의2제1항 또는 제2항에 해당하는 데에도 불구하고 회피하지 않은 경우

[본조신설 2015. 12. 15.]

[제20조의2에서 이동 〈2023. 10. 24.〉]

제21조(회의) ①각 심의회의 회의는 위원장 또는 교육부장관이 소집하고, 위원장이 그 의장이 된다. 〈개정 2008. 2. 29., 2013. 3. 23.〉

②각 심의회의 회의는 재적위원 과반수의 출석으로 개의(開議)하고, 출석위원 과반수의 찬성으로 의결한다. 다만, 검정에 관한 회의는 재적위원 3분의 2 이상의 찬성으로 의결한다. 〈개정 2020. 1. 7.〉

제22조(간사) 각 심의회의 사무를 처리하기 위하여 각 심의회에 간사 1인을 두되, 교육부장관이 지명하는 자가 된다. 〈개정 2008. 2. 29., 2009. 8. 18., 2013. 3. 23.〉

제23조(연구위원) ①검정신청 도서의 내용·표현 또는 표기의 오류 그밖에 수정이 필요한 사항을 조사·연구하기 위하여 심의회에 검정신청 도서마다 3인 이내의 연구위원을 둘 수 있다.

②연구위원은 검정신청 도서에 관한 전문지식이 있는 자 중에서 교육부장관이 위촉한다. 〈개정 2008. 2. 29., 2009. 8. 18., 2013. 3. 23.〉

제23조의2(실무위원) ①제28조의 규정에 의한 인쇄·제본 및 발행능력에 관한 조사와 제32조제1항 및 제2항에 따른 예정가격 결정을 위한 원가산정에 관한 조서의 작성 등을 위하여 심의회에 15인 이내의 실무위원을 둘 수 있다. 〈개정 2009. 8. 18.〉

②제1항의 규정에 의한 실무위원은 다음 각호의 1에 해당하는 자중에서 교육부장관이 위촉 또는 임명한다. 〈개정 2008. 2. 29., 2013. 3. 23.〉

1. 인쇄·출판, 원가계산에 관한 전문지식이 있는 자
2. 교과용도서 발행사가 추천하는 인쇄·출판, 원가계산분야의 종사자
3. 교육부 소속공무원

[본조신설 2004. 6. 19.]

제24조(수당 등) 각 심의회의 위원·연구위원 및 실무위원에 대하여는 예산의 범위 안에서 수당 및 여비를 지급할 수 있다. 〈개정 2004. 6. 19.〉

제25조 삭제 〈2004. 6. 19.〉

제4장 수정 및 개편

제26조(수정) ①교육부장관은 교과용도서의 내용을 수정할 필요가 있다고 인정될 때에는 국정도서의 경우에는 이를 수정하고, 검정도서의 경우에는 저작자 또는 발행자에게 수정을 명할 수 있다. 〈개정 2008. 2. 29., 2013. 3. 23.〉

②제16조의 규정에 의하여 인정도서의 인정을 한 교육부장관은 인정도서의 내용을 검토하여 수정이 필요하다고 인정하는 때에는 당해 인정도서의 저작자에게 수정을 요청할 수 있다. 〈개정 2008. 2. 29., 2013. 3. 23.〉

③교과용도서를 편찬하거나 발행하는 자는 「국어기본법」 제18조에 따른 어문규범을 준수하여야 한다. 〈개정 2009. 8. 18.〉

제27조(개편) 교육부장관이 국정도서를 개편할 필요가 있다고 인정될 때에는 이를 개편할 수 있다. 〈개정 2008. 2. 29., 2013. 3. 23.〉

제5장 발행

제28조(발행자 선정) 교육부장관은 제32조제1항에 따른 국정도서 가격결정 입찰에 참가한 자 중에서 국정도서의 발행자를 선정한다.

[전문개정 2015. 1. 6.]

제29조 삭제 〈2009. 8. 18.〉

제30조(주문) 학교의 장은 매 학기에 사용할 교과용도서를 해당 학기 시작 4개월 전까지 「초·중등교육법」 제30조의4에 따른 교육정보시스템을 이용하여 해당 교과용도서의 발행자 또는 그 대리인에게 주문하여야 한다. 다만, 제26조에 따른 교과용도서의 내용 수정 등 특별한 사정이 있는 경우에는 교육부장관이 별도로 정한 기한까지 주문할 수 있다.

[전문개정 2014. 10. 8.]

제31조(공급) 발행자는 교과용도서를 제조하여 당해 도서를 교육과정운영에 지장을 초래하지 아니하도록 주문자에게 적기에 공급하여야 한다. 〈개정 2008. 2.

29., 2009. 8. 18.〉

제31조의2(교과용도서의 제출 요청) 교육부장관은 교과용도서가 새로 발행되거나 수정·개편하여 발행된 경우에는 해당 교과용도서의 내용·표현 또는 표기의 오류 사항 등을 수정·보완하고 교과용도서를 체계적으로 관리하기 위하여 발행자에게 해당 교과용도서의 제출을 요청할 수 있다.

[본조신설 2015. 12. 15.]

제6장 가격결정 〈개정 2009. 8. 18.〉

제32조(국정도서의 가격 등) ① 국정도서의 가격결정은 입찰과목군별 총액으로 예정가격을 산정하여 입찰을 통하여 한다.

② 제1항에 따른 예정가격의 결정을 위한 원가산정에 관한 세부사항은 교육부장관이 따로 정한다. 〈개정 2013. 3. 23.〉

③ 국정도서의 책당 정가는 입찰과목군별 총 계약금액을 총 발행쪽수로 나누어 얻은 쪽당 평균정가에 해당 책의 쪽수를 곱하여 계산한다.

[전문개정 2009. 8. 18.]

제33조(검정도서와 인정도서의 가격 등) ① 검정도서와 인정도서의 가격은 저작자와 약정한 출판사가 정한다.

② 제1항에도 불구하고 교육부장관은 다음 각 호의 사유로 검정도서와 인정도서의 가격이 부당하게 결정될 우려가 있거나 그 가격이 결정된 이후 도서개발에 투입된 비용(이하 "고정비"라 한다)을 출판사가 전부 회수하였음에도 이를 가격에 반영하지 아니하는 경우에는 심의회를 거쳐 그 가격의 조정을 명할 수 있다. 〈개정 2014. 2. 18.〉

1. 제조원가 중 도서의 개발 및 제조 과정에서 실제 발생하지 아니한 제조원가가 차지하는 비율이 1,000분의 15 이상인 경우

2. 가격결정 항목 또는 비목(費目) 구분에 잘못이 있는 경우

3. 예상발행부수보다 실제발행부수가 1천부 이상 많은 경우

③ 제2항에 따라 가격 조정 명령을 하는 경우 그 조정 금액은 재료비, 인쇄·제조

비 또는 제작비(교과용도서를 개발하거나 생산하기 위하여 투입하는 비용으로서 인쇄·제본비 또는 복제비, 고정비 및 고정비 이자를 합한 금액을 말한다), 일반관리비, 그 밖의 경비, 출판사 이윤, 저작자 인세, 도서개발 지원금, 공급수수료 등을 고려하여 산정하되, 항목별 세부사항은 교육부장관이 정하여 고시한다. 〈신설 2014. 2. 18., 2023. 10. 24.〉

④ 제2항에 따른 가격 조정 명령에 대하여 이의가 있는 자는 그 명령을 통지받은 날부터 1개월 이내에 별지 제2호서식에 따라 교육부장관에게 이의신청을 할 수 있다. 〈신설 2014. 2. 18.〉

⑤ 제4항에 따른 이의신청 심사결과 통지에 관하여는 제10조의2제2항 및 제3항을 준용한다. 〈신설 2014. 2. 18.〉

[전문개정 2009. 8. 18.]

제34조 삭제 〈2009. 8. 18.〉

제35조 삭제 〈2009. 8. 18.〉

제36조 삭제 〈2009. 8. 18.〉

제37조(정가의 고시) 교육부장관은 제32조제3항 및 제33조에 따라 국정도서의 책당 정가와 검정도서의 가격이 결정된 때에는 그 정가를 관보에 고시하여야 한다. 〈개정 2013. 3. 23.〉

[전문개정 2009. 8. 18.]

제7장 감독

제38조(검정합격취소 등) 교육부장관은 검정도서가 다음 각호의 1에 해당한 때에는 그 검정의 합격을 취소하거나 1년의 범위 안에서 그 발행을 정지시킬 수 있으며, 당해 교과용도서의 저작자에게 발행권 설정의 변경을 명할 수 있다. 〈개정 2008. 2. 29., 2013. 3. 23., 2023. 10. 24.〉

1. 저작자 또는 발행자가 이 영 또는 이 영에 의한 명령에 위반하였을 때
2. 내용, 체제, 지질, 사용환경, 주요기능 등이 검정한 것과 다를 때
3. 저작자의 성명표지가 검정 당시의 저작자와 다를 때

4. 그 밖에 검정도서로 존속시키기 곤란한 중대한 사유가 발생한 때

제39조(청문) 교육부장관은 다음 각 호의 어느 하나에 해당하는 처분을 하려는 경우에는 청문을 실시하여야 한다. 〈개정 2008. 2. 29., 2013. 3. 23., 2015. 12. 15.〉

1. 제17조제4항에 따른 인정도서의 인정취소
2. 제38조에 따른 검정합격의 취소

제8장 권한의 위임

제40조(권한의 위임 등) ①교육부장관은 「초·중등교육법」 제62조에 따라 같은 법 제29조에 따른 교육부장관의 교과용도서에 관한 권한 중 다음 각 호의 권한을 교육감에게 위임한다. 〈개정 2008. 2. 29., 2009. 8. 18., 2012. 4. 16., 2012. 11. 6., 2013. 3. 23., 2014. 2. 18., 2015. 12. 15., 2017. 2. 22., 2020. 1. 7., 2023. 10. 24.〉

1. 제14조 및 제16조에 따라 각급 학교(「국립학교 설치령」 별표 1 제5호에 따른 특수학교와 공립의 방송통신중학교 및 방송통신고등학교는 제외한다)에서 사용할 인정도서의 인정

2. 제1호의 규정에 의하여 교육감이 인정하는 인정도서에 관한 제15조의 규정에 의한 인정기준의 결정

3. 제1호에 따라 교육감이 인정한 인정도서에 대한 제17조제4항에 따른 인정의 취소처분

3의2. 제1호에 따라 교육감이 인정한 인정도서에 대한 제17조의2제2항에 따른 사용기간 결정

4. 제1호의 규정에 의하여 교육감이 인정한 인정도서에 대한 제26조제2항의 규정에 의한 내용수정의 요청

5. 제1호에 따라 교육감이 인정한 인정도서에 대한 제33조제2항에 따른 가격조정 명령, 같은 조 제5항에 따른 이의신청의 접수 및 결과통지

6. 제3호의 규정에 의하여 교육감이 행한 취소처분에 대한 제39조제1호의 규

정에 의한 청문

②교육감은 제1항제1호 또는 제5호에 따라 인정도서를 인정하거나 인정도서에 대한 가격 조정 명령을 한 경우에는 이에 관한 사항을 연 1회 교육부장관에게 보고하여야 한다. 〈개정 2008. 2. 29., 2013. 3. 23., 2014. 2. 18.〉

③제1항에 따라 교육감에게 위임된 사항을 심의하기 위하여 특별시·광역시·특별자치시·도 및 특별자치도의 교육청에 인정도서심의회를 둔다. 이 경우 인정도서심의회의 구성 및 운영 등에 관하여 필요한 사항은 교육규칙으로 정한다. 〈개정 2009. 8. 18., 2014. 2. 18., 2015. 12. 15., 2023. 10. 24.〉

④ 제3항 전단에 따른 인정도서심의회의 심의·의결을 거친 경우에는 제18조에 따른 교과용도서심의회의 심의·의결을 거친 것으로 본다. 〈신설 2023. 10. 24.〉

제41조(규제의 재검토) 교육부장관은 제33조제2항에 따른 검정도서와 인정도서에 대한 가격 조정 명령에 대하여 2018년 1월 1일을 기준으로 2년마다(매 2년이 되는 해의 1월 1일 전까지를 말한다) 그 타당성을 검토하여 개선 등의 조치를 하여야 한다. 〈개정 2017. 12. 12.〉

[본조신설 2014. 2. 18.]

부칙 〈제33829호, 2023. 10. 24.〉

제1조(시행일) 이 영은 공포한 날부터 시행한다.

제2조(심의회 위원의 제척·기피 및 회피에 관한 적용례) 제20조의2의 개정규정은 이 영 시행 이후 심의회를 개최하는 경우부터 적용한다.

제3조(심의회 위원의 연임에 관한 경과조치) 이 영 시행 전에 최초로 위촉되어 임기 중에 있는 위원은 그 임기 만료 후 한 차례만 연임할 수 있고, 이 영 시행 전에 한 차례 이상 연임하여 임기 중에 있는 위원은 그 임기 만료 후에는 연임할 수 없다.

참고문헌

국립중앙도서관. 한국문헌자동화목록형식 : 통합서지용. 서울 : 한국도서관협회, 2006.
국립중앙도서관. 한국문헌자동화목록형식 : 고서용. 2000.
국립중앙도서관. 한국문헌자동화목록기술규칙 : 고서용. 2000.
권기원. 도서관자료보존에 관한 연구. 성균관대학교대학원 도서관학과 박사학위논문, 1987.
김남석. 도서편목법: KORMARC. 개정증보판. 대구: 계명대학교출판부, 1995.
김남석. 도서편목법: KORMARC(통합서지용). 제3개정증보판. 대구: 계명대학교출판부, 2007.
김연경. 문헌자료조직론. 서울: 경인문화사, 2002.
김정현. 목록조직의 실제. 제3판. 대구: 태일사, 2011.
김중권. 고서의 피두방 연구. 중앙대학교대학원 문헌정보학과 석사학위논문, 1989.
동아 새 국어사전. 동아출판사, 1993.
동아 신콘사이스 국어사전. 동아출판사, 1978.
박신흥. 출판학사전. 서울: 경인문화사, 1991.
사공철. 문헌정보학용어사전. 서울: 한국도서관협회,1996.
서지학개론편찬위원회. 서지학개론. 파주: 한울아카데미, 2023.
윤병태. 한국서지학개론. 서울: 한국서지정보학회, 1985.
이경식. 분석서지학. 서울: 서울대학교출판부, 1995.
이석호. 화일처리론. 서울: 정익사, 1987

이수상. 디지털도서관운영론. 서울: 한국도서관협회, 2008.
이희재. 서지학신론. 서울: 한국도서관협회, 2003.
천혜봉. 한국서지학 서울: 민음사, 1992. 개정판 1997.
한국도서관협회문헌정보학용어사전편찬위원회. 문헌정보학용어사전(개정판). 서울: 한국도서관협회, 2010.
Furrie, Betty. MARC의 이해. 오동근 역. 대구: 태일사, 2001.

서지학용어사전

1판 1쇄 인쇄_2025년 9월 10일
1판 1쇄 발행_2025년 9월 15일

지은이_김연경
펴낸이_홍정표
펴낸곳_글로벌콘텐츠
등록_제25100-2008-000024호

공급처_(주)글로벌콘텐츠출판그룹
대표_홍정표 이사_김미미 편집_백찬미 강민욱 남혜인 홍명지 권군오 기획·마케팅_이종훈 홍민지
주소_서울특별시 강동구 풍성로 87-6
전화_02) 488-3280 팩스_02) 488-3281
홈페이지_http://www.gcbook.co.kr
이메일_edit@gcbook.co.kr

값 22,000원
ISBN 979-11-5852-603-0 91010